Florian Huber

Rache der Verlierer

Die Erfindung des Rechtsterrors in Deutschland

BERLIN VERLAG

Mehr über unsere Autorinnen, Autoren und Bücher:
www.berlinverlag.de

Von Florian Huber sind im Berlin Verlag erschienen:
Kind, versprich mir, dass du dich erschießt. Der Untergang der kleinen Leute (2015) und *Hinter den Türen warten die Gespenster. Das Familiendrama der Nachkriegszeit* (2017).

MIX
Papier aus verantwortungsvollen Quellen
FSC® C014496

ISBN: 978-3-8270-1412-2

Umschlagabbildung vorne: Landesarchiv Baden-Württemberg, Staatsarchiv Freiburg, F179-4 Nr. 20, Bild 9–12, 14, 16–18 (5-68430-9)
Gesetzt aus der Adobe Garamond
Satz: Fotosatz Amann, Memmingen
Litho: Lorenz & Zeller, Inning am Ammersee
Druck und Bindung: GGP Media GmbH, Pößneck
Printed in Germany

Inhalt

Wie die Geschichte wiederkehrt

Vor hundert Jahren brachte eine schier endlose Mordserie die erste deutsche Demokratie an den Rand des Untergangs. Wo es bis dahin kaum politische Verbrechen gegeben hatte, geschahen sie auf einmal an jedem dritten oder vierten Tag. Im Haus, auf der Straße, im Wald oder im fahrenden Auto. Knapp vierhundert Menschen starben in nur vier Jahren, darunter waren Politiker, Arbeiter, Frauen und Kinder, eine Freiheitsikone, ein Finanzminister und ein Außenminister. Fast immer wollten die Täter ihre Heimat rächen, reinigen oder retten. »Deutschland« war ihr Motiv. Ein Jahrhundert später leben wir noch immer im Zeitalter des Rechtsterrors, aber kaum einer weiß mehr, wie es angefangen hat – und warum.

Bei dem Begriff »Rechtsterror« denkt heute kaum jemand an die Jahre *vor* dem Nationalsozialismus. Die ersten rechten Attentäter sind nahezu vergessen, weil der Schatten Adolf Hitlers, der den Rechtsterrorismus zur Staatsräson erhob, sie im kollektiven Gedächtnis überdeckt. Außerhalb von Fachkreisen spielen Freikorps, die »Brigade Ehrhardt« oder die geheime »Organisation Consul« keine Rolle. Niemand verbindet noch etwas mit den Namen Hermann Ehrhardt, Manfred von Killinger, Friedrich Wilhelm Heinz oder Erwin Kern. Die verblassende Geltung eines Ernst von Salomon rührt nicht von seiner Komplizenschaft beim spektakulärsten Terroranschlag der 1920er-Jahre her, sondern von seinem aufsässigen Buch über die Entnazifizierung nach 1945.

Dabei ist mit diesen Figuren ein Phänomen über Deutschland gekommen, das uns nicht wieder verlassen hat und mit dem jede Generation aufs Neue Bekanntschaft schließen muss. War es in den 1970er-Jahren der Linksterrorismus, so verbreitet seit den Achtzigern vor allem der Terror der Rechten in auf- und ablaufenden Wellen seinen Schrecken. Seit Jahrzehnten leben wir mit Anschlägen auf Ausländer und Einwanderer, Juden und Muslime, Polizisten, Politiker und Zufallsopfer. Manche dieser Ereignisse beschäftigen die Behörden und die Gesellschaft auf Jahre hinaus. Wir haben lernen müssen, dass es jederzeit und überall passieren kann und wohl niemals zu Ende geht. Darüber haben wir vergessen, wie es begann und was uns das heute zu sagen hat.

Wie rasch der Blick auf diese Anfänge in unsere Gegenwart führt, ist mir zum ersten Mal bewusst geworden, als ich ein altes Foto betrachtete, auf dem Motiv und Hintergrund nicht recht zusammenzupassen scheinen: zwei junge Männer, die in einem altertümlichen Himmelbett nebeneinanderliegen, hingelagert zwischen Kissen und Bettzeug, am helllichten Tag in scheinbar friedlichem Schlummer. In Wahrheit zeigt dieses Polizeifoto aus dem Juli 1922 den Schlusspunkt eines landesweit verfolgten Dramas.

Hier liegen zwei Tote nebeneinander, in einem Turmzimmer der Burg Saaleck, fünfzig Kilometer nordöstlich von Erfurt. Es sind zwei Terroristen aus dem nationalistischen Untergrund, deren Verfolgung die Bevölkerung aufgewühlt hat. Den einen hat die Polizei erschossen, der andere sich selbst. Vier Wochen zuvor hatten sie den bekanntesten Politiker des Reiches ermordet aus Überliebe zu Deutschland und aus Hass auf die angeblichen Verräter ihres Volkes. Ihre Tat sollte eine Botschaft sein, ein Fanal zum Angriff auf die Demokratie, um das Traumbild einer verlorenen Heimat in Erfüllung gehen zu lassen, autoritär, männlich und rassenrein. Die beiden wurden von einem Netzwerk aus Helfern und Gesinnungsfreunden getragen, das die Sicherheitsbehörden niemals durchdrungen haben.

Daneben schiebt sich ein zweites Bild, aufgenommen ein Jahrhundert später in Eisenach, fünfzig Kilometer westlich von Erfurt. Wieder klaffen äußerlicher Rahmen und Geschehen auseinander. In einem Wohnmobil, Symbol von behaglichem Wohlstand, liegen die Körper zweier Männer. Wieder zeigt die Polizeiaufnahme zwei junge Täter einer Terrorzelle am Ende ihres Kamikaze-Trips, der sie kreuz und quer durch Deutschland geführt hat. Der eine hat den anderen erschossen und Minuten später sich selbst. Zehn Morde haben sie verübt, weil sie ein anderes Deutschland wollten, das sein sollte wie früher: mit deutschen Werten, deutscher Sprache und deutschen Gesichtern. Ihre Botschaft ist die Tat und ihr Mittel der Mord. Hinter ihnen steht ein verzweigtes Netzwerk von Dutzenden, wenn nicht Hunderten Gleichgesinnter und Unterstützer, das bis zum heutigen Tag Fragen aufwirft. Hundert Jahre, zwei Geschichten, und doch eine Erzählung vom Gestern im Heute: die Erzählung der Rache der Verlierer.

Im Lauf dieser hundert Jahre, die zwischen den Tätern der »Organisation Consul« und denen des »Nationalsozialistischen Untergrunds« liegen, haben sich die politischen Landkarten und gesellschaftlichen Wirklichkeiten grundlegend verändert. Die bundesdeutsche Gegenwart ist mit den Zuständen von Weimar nicht gleichzusetzen. Aber selbst wenn die Analogien dieses Schicksalspaars in mancher Hinsicht zufällig sein mögen, widerlegt das nicht die Erkenntnis, dass sich Phänomene der Geschichte wiederholen oder fortsetzen, über Zeiten und Räume hinweg. Weniger im historischen Detail, sondern vor allem in der Wiederkehr von Denkweisen und Sprachfiguren, von Feindbildern und Atmosphären, und in der Gewöhnung an das Skandalöse erkennen wir die Züge unserer eigenen Zeit. Wenn sich Geschichte wiederholt, dann in den Strukturen, Milieus und

Mentalitäten, die in den letzten hundert Jahren nie mehr verschwunden und jederzeit möglich sind.

Die Verschwörer gegen die Republik von Weimar hatten die gleichen Ressentiments, Motive und Ziele wie die Rechtsterroristen unserer Tage. Sie waren Menschen, die ihre Heimat verloren glaubten und in ihrer Zeit kein Lebensziel fanden, die sich überflüssig fühlten und aus ihrer inneren Leere heraus dem »System« den Krieg erklärten. Viele Züge der ersten deutschen Terrorbewegung finden wir in der jüngeren Geschichte bis zur globalen Gegenwart wieder. Ihr besessener Männlichkeitskult begegnet uns in der »Wehrsportgruppe Hoffmann« und ähnlichen Kampforganisationen. Von ihrem Ziel, die Republik zu stürzen und die Demokratie abzuschaffen, träumten auch die Mitglieder der »Revolution Chemnitz« und der »Gruppe S.«. Der kalte Professionalismus der Hauptfiguren verweist auf Extremtäter wie den norwegischen Massenmörder Anders Breivik, den Christchurch-Attentäter Brenton Tarrant oder den Mörder von Hanau Tobias Rathjen, ihre Taten auf die Anatomie von politischen Mordanschlägen wie den auf Walter Lübcke. Die Rolle rechtsextremer Parteien im damaligen Reichstag erinnert an die Haltung gegenwärtiger Rechtsparteien wie der AfD.

Dieses Buch erzählt eine Geschichte von politischen Träumen und Albträumen, die sich über eine Zeitspanne von vier Jahren aufgebaut und entladen haben. Die Perspektive konzentriert sich auf eine Handvoll Männer, die in der Bewegung eine entscheidende Rolle spielten und sich später in Rechtfertigungsschriften oder anderen Selbstzeugnissen dazu erklärt haben. Zwar sind diese Erinnerungen von stark gefärbter Wahrnehmung der Ereignisse, Personen und Fakten, doch geben sie Aufschluss über die Gedankenwelt ihrer Verfasser. Ihnen gegenüber stehen die Opfer aus den Reihen ihrer Gegner, Republikaner und Demokraten, die sich jederzeit bewusst waren, was sie riskierten. An jedes Kapitel schließt sich eine Darstellung der Welt von Außenminister Walther Rathenau an, geschrieben entlang des Verlaufs seines letzten Lebenstags.

Vier Jahre und 24 Stunden – bis beide Linien aufeinandertreffen, auf einer Deutschlandreise jenseits bekannter Schauplätze. Sie beginnt an den herbstkalten Kaimauern der Marinestadt Wilhelmshaven, verläuft über revolutionsfiebrige Straßen in Frankfurt am Main bis ins Herz einer tiefschwarzen Bohème in München-Schwabing. Sie führt in Berliner Amtsstuben und hinter Villenfassaden in Grunewald. Banale Orte erlangen plötzlich Bedeutung: eine einsame Spitzkehre mitten im Schwarzwald, eine unübersichtliche S-Kurve im Großstadtverkehr, die Gemächer einer Burg über dem Saalefluss. Zur großen Bühne wird der Deutsche Reichstag. Auf seinen Fluren, in seinen Hallen und Sitzungssälen treffen jene politischen Leidenschaften und Illusionen direkt aufeinander, die aus dem politischen Drama eine Tragödie machten.

»Wir sind die letzten Deutschen«, so beschrieb einer der ersten Männer, die gegen die demokratische Republik in den Krieg zogen, ihr Lebensgefühl. Das hat sich als Irrtum erwiesen. Diese letzten Deutschen sterben nicht aus.

Verlierer

»Wir werden als Beute Stufe für Stufe die Treppe hinabgeschleift. Während unser Kopf auf jede Stufe knallt, gehen uns drei Dinge nicht aus dem Sinn: Erstens sind wir noch längst nicht ganz unten, zweitens müssen wir, sollten wir uns berappeln, Stufe für Stufe wieder hinaufsteigen, und drittens: eigentlich sind wir viel zu groß für diese Katze, die uns da hinter sich herzerrt.«

Götz Kubitschek, Verleger und Publizist der Neuen Rechten,
10. April 2017

Hermann Ehrhardt war ein Verlierer. Zum Verlierer geboren war er jedoch nicht. Als er in jungen Jahren am Anfang seines Weges stand, begriff er, was von einem Mann wie ihm gefordert wurde, um in der Gesellschaft geachtet und erfolgreich zu sein. Innerhalb ihrer Grenzen und Möglichkeiten traf er eine Wahl, die gut zu ihm passte. Er spielte nach ihren Regeln und kam weit damit. Hermann Ehrhardt, Kind seiner Zeit, wollte nichts anderes sein als das, was er war. Er konnte nicht voraussehen, dass er seine Laufbahn einer Ordnung verschrieben hatte, die sich im Herbst 1918 innerhalb weniger Wochen in Nichts auflöste.

Als damit auch die Regeln verschwanden, an denen er sich ausgerichtet, und die Privilegien, die er sich auf diese Weise verdient hatte, brach für ihn alles auseinander. In dem Modell, das danach kam, fand er sich nicht wieder. Auch wenn er selbst es nicht so gesehen hätte, weil es nicht zu seinem Bild von einem deutschen Mann passte, weil er alle Kämpfe gewonnen zu haben glaubte und zudem eine verschworene Gefolgschaft hinter sich wusste, so gehörte Ehrhardt im neuen Deutschland nach dem Ersten Weltkrieg zu den Verlierern. Da er aber nicht bereit war, sich mit diesem Los wie ein Versager abzufinden, beschloss er, um seine Welt zu kämpfen mit Mitteln, wie er sie gelernt hatte. Das Schicksal des Verlierers und seine Weigerung, dieses anzunehmen, sollten sein weiteres Leben bestimmen, und nicht nur das seine. Dieser Weg führte ihn und viele andere aus der Mitte der Gesellschaft an den Rand und darüber hinaus.

Seine Jugend hatte Hermann Ehrhardt in einem evangelischen Pfarrhaus am Rand des Südschwarzwalds verbracht. Wie Vater und Großvater sollte er Pastor werden, doch das vertrug sich schlecht mit seinem Temperament, in dem sich Stolz und Verletzbarkeit die Waage hielten. Im großen Zeitalter des Ehrgefühls im wilhelminischen Deutschland lernten schon die Kinder, um ihrer Ehre willen in den Ring zu steigen. Als er das Gymnasium besuchte, genügte dem Schüler Hermann dafür eine herablassende Bemerkung seines Schulmeisters. »Dieser Mensch höhnte mich noch, und die Klasse hinter mir grinste!« Der Schüler ohrfeigte seinen Lehrer und flog dafür von der Schule.

Drei Jahrzehnte später ließ Ehrhardt den Münchner Schriftsteller Friedrich Freksa einen biografischen Roman über sein Leben verfassen. Der Autor lässt den Erzähler in der ersten Person von sich sprechen, als führte Ehrhardt selbst die Feder. In der Episode um seinen Rauswurf aus dem Gymnasium deutet sich an, was diesen Mann später einmal zum Machtfaktor im Spiel um Deutschlands Zukunft werden ließ. Er zeigt sich hier als jemand, der einer Demütigung seinen Trotz entgegenstellt, der auf Rache sinnt, der in der Gewalt sein Mittel sieht und Konflikte aus dem Impuls heraus löst. Rücksichtnahme auf andere und Sorge um die eigene Sicherheit spielen eine untergeordnete Rolle. Damit wurde Hermann Ehrhardt zu einem Repräsentanten seiner Generation der Übergangszeit.

Weil ihm der Schwarzwald zu eng geworden war, entschied sich Ehrhardt für die kaiserliche Marine. Ende des 19. Jahrhunderts rückte diese ins Zentrum der deutschen Außenpolitik, in der sich die Überzeugung durchgesetzt hatte, der Kampf um Weltgeltung werde auf See entschieden. Die Deutschen mit Kaiser Wilhelm II. an der Spitze, die weder eine Hochseeflotte noch ein Kolonialimperium von Rang besaßen, wollten nicht weiter abseitsstehen. Das Flottengesetz von 1898 brachte ein Schiffsbauprogramm auf den Weg, das die kaiserliche Marine der ersten Seemacht Großbritannien ebenbürtig machen sollte. Dieser Traum von Größe bot für eine kämpferisch eingestellte Jugend die Aussicht auf Bedeutung und Glanz, und Hermann Ehrhardt wollte teilhaben an diesem Aufbruch. »Der Kaiser brauchte Seekadetten. In allen Zeitungen standen Aufforderungen zur Meldung. Drei oder vier Tage waren noch Frist bis zur Aufnahme für die Marineschule. Kurz entschlossen fuhr ich nach

Kiel und bestand unter Aufbietung all meines Trotzes die Prüfung glücklich. Meine gute Mutter aber weinte sehr und sagte: ›Jetzt habe ich meinen Sohn verloren.‹«

Deutschlands Zukunft, hatte der Kaiser gesagt, liegt auf dem Meer. 1899 schlug Ehrhardt seine Laufbahn als Marineoffizier ein, die ihn mit den preußischen Werten imprägnierte: Wille zur Selbstbehauptung, Bewusstsein der Stärke, Verachtung des Todes und Verleugnung der eigenen Bedürfnisse. Sein erster Krieg, der Vernichtungsfeldzug gegen die aufständischen Herero in der Kolonie Deutsch-Südwestafrika 1904, infizierte ihn mit dem Virus der Gewalt »wie ein elektrischer Schlag«. Als 1914 der Erste Weltkrieg ausbrach, war Ehrhardt aufgestiegen zum Kapitänleutnant, umgeben von Gleichgesinnten, mit einem gepflegten Privatleben in einem Villenviertel bei Wilhelmshaven. Der Schulversager hatte seine Heimat in der Marine gefunden, und diese konnte sich keinen besseren Gefolgsmann wünschen. Der Vater seiner Frau, die aus Hamburg stammte, war vermögend genug, dem jungen Paar in einem Villenvorort der Marinestadt Wilhelmshaven ein Häuschen zu bauen. Später zogen sie mit ihren Kindern weiter nach Kiel, wo es der Familie besser gefiel als im diesigen Wilhelmshaven. Ehrhardt war in der besten seiner Welten angekommen, und der Kaiser war ihm ein wunderbarer Herrscher.

Männer wie er sahen im Krieg keine Bedrohung, sondern die Chance, sich auszuzeichnen und mit Deutschland zur Weltmacht aufzurücken. Ehrhardts Biograf schildert, wie er sich aus langweiligen Schreibtischpflichten heraus direkt auf ein Torpedoboot trickste. In der Seeschlacht am Skagerrak zwischen der britischen und der deutschen Flotte stieg er von seinem sinkenden Schiff auf ein anderes um und führte von dort umstandslos das Kommando weiter. Seinen eigenen Schilderungen zufolge ging Ehrhardt aus allen Gefechten als Sieger hervor. Ehrhardt der Entschlossene, der Eisenharte. Sein Ruf verbreitete sich über

Hermann Ehrhardt, um 1916

den Kreis seiner Männer hinaus, unter denen er höchsten Respekt genoss.

Auf einer zeitgenössischen Porträtaufnahme sieht man den zum Korvettenkapitän beförderten Ehrhardt im dramatischen Helldunkel, das an schmauchenden Pulverdampf denken lässt. Kerzengerade steht er da, die Uniform mit Ornat und drei goldenen Ärmeltressen, die Mütze mit Kokarde, Eichenlaub und Kaiserkrone wie aufs Haupt geschraubt. Senkrecht, fingerbreit der Kinnbart, ein waagerechter Strich der Schnurrbart, den Blick fest in die Linse. Für Kapitän Ehrhardt verlief alles nach Plan. Mit einer Niederlage rechnete er nicht. Verlierer sein, diese Möglichkeit hatte in seinen Vorstellungen keinen Platz.

Die meisten Deutschen hatten seit dem Sommer 1918, gebannt von den Schlagzeilen über eine Großoffensive, den Sieg vor Augen geglaubt, als die Nachrichten der ersten Novembertage sie aus ihren Illusionen rissen. Alles ging sehr schnell. In Kiel meuterten

Matrosen, in München siegte die Revolution, in Berlin wurde gleich zweimal die Republik ausgerufen. In einem Wald in Nordfrankreich diktierten die Feinde den deutschen Unterhändlern den Waffenstillstand, während Kaiser Wilhelm II. in einem Sonderzug ins niederländische Exil davonrollte. Mit dem Monarchen verschwand ein System von Hierarchien aus Deutschland, das alle verinnerlicht hatten, vom Adligen und Offizier bis zum Angestellten, Arbeiter und Dienstboten. Millionen hatten sich für diese Ordnung in den Schützengräben und der Heimat aufgeopfert, um sie nun in ein paar novemberklammen Tagen zergehen zu sehen.

Das hatte etwas Unwirkliches, Unannehmbares an sich. Viele wähnten sich in einem nicht endenden Albtraum und, hinter dem Schleier der November-Ereignisse, einer Verschwörung finsterer Kräfte. Der Sohn eines kaiserlichen Beamten aus dem Berliner Villenvorort Zehlendorf schildert diese Stimmung: »Wir waren besiegt; aber das in seiner Existenz bedrohte Bürgertum und erst recht die in ihrer soldatischen Ehre gekränkten Offiziere sowie die ihrer Privilegien beraubte Aristokratie, sie alle weigerten sich, die Niederlage zu akzeptieren. Man fand sich mit der Tatsache, besiegt zu sein, nicht ab: Es grassierte die betrügerische Parole: ›Im Felde unbesiegt …‹ Man wähnte sich, durch die Machenschaften von Sozialisten und Juden, um den Endsieg betrogen. Man richtete sich in der Lebenslüge ein.«

Tief saß der Schock bei der kaiserlichen Marine. Das strategische Patt der Seemächte Deutschland und Großbritannien hatte sie im Krieg zu einer Nebenrolle degradiert. Während in den Feldern die Materialschlachten hin und her wogten, dümpelten ihre Großkampfschiffe die meiste Zeit vor Anker. Tatenlos zusehen zu müssen, wie die anderen ihren Krieg führten, hatte am Stolz der Offiziere genagt. Als wären sie damit nicht geschlagen genug, erhoben sich aus ihrer Mitte die Aufrührer, die die herrschende Klasse vom Sockel stürzten.

Mehr als tausend Matrosen der Hochseeflotte sahen allen Grund zu meutern. Obwohl der Waffenstillstand abzusehen war, hatte sich die deutsche Seekriegsleitung Ende Oktober 1918 zu einem Showdown gegen die britischen Verbände entschlossen, ein letztes Gefecht um der gekränkten Ehre willen, wodurch die Marine den Makel der Untätigkeit abstreifen konnte. Eine sinnlose Todesfahrt im Namen einer verlorenen Sache, so sahen es die Matrosen und verweigerten den Befehl. Zuerst in Wilhelmshaven und kurz darauf in Kiel, den wichtigsten Marinehäfen, erhoben sich Tausende gegen ihre Führung, was im preußisch gedrillten Militär ein Vorgang ohne Beispiel war. Bald griffen die Unruhen auf andere Städte über und führten zur Bildung von Arbeiter- und Soldatenräten. Die Revolution war ausgebrochen in Deutschland, und die Marine war ihr Ausgangspunkt.

Hermann Ehrhardt erlebte in wenigen Tagen den Untergang seines Weltbilds. Er konnte nicht verhindern, dass bei seiner eigenen Flottillenbesatzung in Wilhelmshaven die Disziplin über Bord ging. Manche ergriffen Partei für die Meuterer, viele ergaben sich ins Nichtstun. Schlendrian, Suff, Widerworte – für den kaiserlichen Korvettenkapitän verrieten diese Männer alles, was ihm zur Natur geworden war. Ein letztes Gefecht um der Ehre willen, wie es die Admiralität wollte? Er, Korvettenkapitän Ehrhardt, wäre im knatternden Schwarz-Weiß-Rot der Kriegsflagge mit voller Maschinenkraft hineingedampft. »Aber der Verwesungsprozeß in der Flotte schritt so rasch vorwärts, daß, wer am Montag noch von einer letzten Schlacht träumte, am Dienstag sich beim Anblick der widerlich besoffenen roten Horden sagen mußte: Die Wirklichkeit ist anders als der Traum.«

Verlierer sein wird zum Schicksal, wenn es seine Macht über die Niederlage hinaus entfaltet. Die Gesellschaft fordert von Verlierern, ihre Niederlage einzugestehen, aber dann will sie keiner mehr dabeihaben. Woran sie geglaubt, was sie geliebt und wofür sie gekämpft haben, dient nur noch als Negativfolie für das Neue, das sich durchgesetzt hat. Die Geschichte, so heißt es dann, sei über sie hinweggegangen. So schreibt sich die Version der Sieger, während die der Verlierer niemand hören will. Ihnen bleibt nur, sich vom Platz zu schleichen. Man hält ihre Rolle für ausgespielt und sie selber für Gespenster von gestern.

Das ist ein Irrtum, denn der Erdboden hat sie nicht etwa verschlungen. Sie sind noch da, und mit ihnen ihr Schmerz, der nicht vergeht. Sie leben weiter Tür an Tür mit den anderen, missverstanden und abgesondert von der Gesellschaft, während kaum ein Tag vergeht, da sie dieser Schmerz nicht zwingt zu fragen, wie dieses Schicksal über sie kommen konnte: warum sie zu Verlierern wurden; wer die Schuld daran trägt; und ob dies das letzte Wort gewesen sein soll. In diesen Fragen staut sich eine zerstörerische Energie, die darauf wartet, freigesetzt zu werden.

Ehrhardts Traum vom Leben zerrann im Novemberregen an den Wilhelmshavener Kaimauern. Gemäß den Bedingungen des Waffenstillstands bekam er Weisung, seine Flottillenboote den Briten am Stützpunkt Scapa Flow vor Schottland auszuliefern. Eine kampflose Preisgabe an den Feind, nachdem er in der Schlacht nie besiegt worden war – irgendwie gelang es dem Korvettenkapitän, den Militärgouverneur ans Telefon zu kriegen, um sich mit seinem Offiziersstolz gegen diese Erniedrigung aufzulehnen. Aber Befehl war Befehl und der neue Kurs wichtiger als seine persönliche Ehre oder die der Flotte. Seinen Wurzeln entrissen und ohne Orientierung, so beschrieb Ehrhardt es später, beugte er sich dem Reflex preußischen Gehorsams und steuerte seine Flottille über die Nordsee in die Bucht von Scapa Flow.

Dort musste er auf Befehl der Engländer von Bord gehen und, Gipfel der Erniedrigung, mit dem Gepäck auf dem Rücken die Strickleiter des abgetakelten Transportdampfers emporklettern, der sie zurück in die Heimat brachte. Während der Rückkehr riss er gegen die meuternde Besatzung das Kommando an sich und steuerte das Schiff durch den Minensperrgürtel nach

Wilhelmshaven. Dort fand er alles in Auflösung. Kurz entschlossen stellte er einen Stoßtrupp von Offizieren zusammen, mit denen er eine von kommunistischen Revolutionären besetzte Kaserne zurückeroberte. Der Krieg war vorbei, doch Hermann Ehrhardt hatte sein neues Feindbild: Meuterer und Revolutionäre – die Verräter des Vaterlands.

Im Januar 1919 war Ehrhardt 37 Jahre alt. Den Kaiser gab es nicht mehr und damit auch nicht jenen kaiserlichen Marineoffizier, der als Junge aus dem Südschwarzwald aufgebrochen war, um seinem Reich zu dienen. Der stand nun an der Schwelle zu einem zweiten Leben aus eigener Ermächtigung. Von nun an würde er die Dinge selbst in die Hand nehmen, ohne Kompromiss. Er würde seinen eigenen Kampf führen gegen jene, die ihm die Welt aus den Angeln gerissen hatten. Er wusste, dass es viele gab wie ihn, die auf nichts anderes brannten.

Einer von ihnen, ebenfalls Offizier, machte zur gleichen Zeit in der Marinegarnison Wilhelmshaven eines kalten Morgens eine Beobachtung, die ihm von großer Symbolik erschien. Er hielt sie in seinem Erlebnisbericht über seine Zeit mit Hermann Ehrhardt fest. Er sah, wie sich ein Revolutionssoldat auf seinem Wachtposten ganz allein im Exerzieren übte, streng nach dem preußischen Reglement. Der rote Winkel am Arm und das lässig verkehrt herum gehängte Gewehr verrieten ihn als Mitglied der »Roten Garde«. Zweifellos hatte dieser Mann mit der wilhelminischen Vergangenheit gebrochen. »Aber trotzdem man es nach diesen Feststellungen nicht vermuten sollte, übte er Parademarsch – ›Exerziermarsch‹, wie es in der Vorschrift des näheren festgelegt ist. Er zog leicht und sauber die Fußspitzen durch den Schnee, auf und ab marschierend hinter seinem Gartengitter.«

Selbst dieser Revolutionär hielt, in einem unbemerkten Moment, an den Ritualen des alten Militärstaates fest. Aus diesem Grund, so schloss der Offizier seine Betrachtung, würde der deutsche Soldatengeist bald wieder hinter der Revolution zum Vorschein kommen. Er selbst reihte sich in die Gefolgschaft von Hermann Ehrhardt ein. Mit seinem Sinnbild vom Exerziermarsch sollte er recht behalten.

Verlierersein ist keine Frage des Alters, es trifft die Älteren wie die Jüngeren. Man muss sein Leben nicht gelebt haben, um sich darum betrogen zu fühlen. Wer als junger Mensch dem Untergang der Welt seiner Eltern beiwohnt, ist mehr als nur Zeuge. Ihre Gewohnheiten, Sprache und Gefühle waren auch die seinen. Er ist aufgewachsen mit ihren Versprechungen und Erwartungen, doch nach dem Zusammenbruch bleibt von ihrem Erbe kaum mehr als ein Häuflein verbrauchter Anekdoten. Diese Erinnerungen sind noch da, aber wertlos geworden, und so taumeln die Älteren betäubt vom grellen Licht einer unbekannten Welt, während die Jungen sich darin selbst überlassen bleiben. Jenseits vom Schmerz ihrer Eltern haben sie ihren eigenen Schmerz der Desillusion. Sie waren unterwegs zu Karrieren, die es nicht mehr geben wird, und die gelernte Sprache ist nicht mehr die richtige. Dagegen können sie sich auflehnen, gegen ihre Eltern mit ihrem falschen Vorbild oder gegen die, die sich an ihre Stelle gesetzt haben. Die plötzliche Leere im Leben einer Umbruchgeneration schürt die Sehnsucht nach einem radikalen Ausweg.

Der Waffenstillstand hatte in Deutschland Scharen von jungen Soldaten in ein Weiterleben entlassen, in dem sie ihre Heimat nicht mehr so vorfanden, wie sie sie verlassen und in ihren Träumen vermisst hatten. Was sie einte, aber von den anderen trennte, war das Fronterlebnis in der Schicksalsgemeinschaft von Männern, das sich mit den Begrifflichkeiten der Heimat nicht zur Deckung bringen ließ. Diese Gemeinsamkeit suchten sie in ihren Veteranenkreisen und Männerbünden, wo sie ihrem Opfer in gemeinsamer Beschwörung einen Sinn abringen konnten. Hier waren sie nicht mehr allein mit ihrer Niederlage, die sie als unverdientes Schicksal empfanden. Im Echo der gegenseitigen Anerkennung steigerte sich ihr Drang, sich dagegen aufzulehnen. In drastischen Büchern und Bildern versuchten sie, ihre Erlebnisse zu verarbeiten und daraus Schlüsse für die Zukunft zu ziehen. Der Stil dieser Erinnerungsliteratur ist durchweg düster und von fordernder Dringlichkeit. Sie richtet sich nicht so sehr gegen den Krieg, sondern gegen die Mächte des Bösen, die den Verlierern vermeintlich tiefes Unrecht zugefügt hatten.

Die Schriften des Leutnants Friedrich Wilhelm Heinz sind beherrscht von diesem untergründigen Hass. In einem seiner Bücher stellt er im Telegrammstil seinen Lebenslauf an die Stelle eines Vorworts. »Mit 16 Jahren Kriegsfreiwilliger im Garde-Füsilier-Regiment. Mit 18 Jahren aktiver Leutnant im Infanterie-Regiment 46. Somme, Flandern, Tankschlacht, Märzoffensive, Abwehrschlachten, Grenzschutz, Ehrhardtbrigade, Kapp-Putsch, Oberschlesien, Schwarze Reichswehr, Ruhrkrieg, Feldherrnhalle. Viermal verwundet. Schwerkriegsbeschädigt. Sechsmal verhaftet. Vierzehn Gefängnisse des Staates von Weimar kennengelernt. Nicht vorbestraft.« Ein solches Leben brauchte keine Erklärung, es brauchte nicht einmal vollständige Sätze. Es stand für eine Generation, jeder Name war ein Mythos, jede Station eine Auszeichnung.

Aber anders als die meisten schreibenden Veteranen beschied sich Heinz nicht damit, das Kriegserlebnis als Feuerprobe mannhaften Heldentums zu stilisieren. Für ihn bedeutete Krieg geistige Auseinandersetzung. Seine Erziehung im bürgerlichen Elternhaus schildert er als nationalistisch, antidemokratisch und kriegsbegeistert. Auf dem Schlachtfeld erfasste Heinz der Zweifel am Überlieferten. »Der alte Staat hatte uns in Schule und Heer kein Ziel gegeben, dessen schöpferischer Sinn das ganze Leben in seiner Allmacht und Fülle hätte umspannen können. Beim Einschlag der ersten Granate wußten wir, und dieses Wissen wurde mit jeder Stunde unseres Einsatzes immer

Friedrich Wilhelm Heinz

bedrückender, daß alles angeblich Sichere unsicher geworden war, daß alle Berufs- und Fachhoffnungen belanglos waren vor einem ersehnten Ziel, das der Krieg der Nation gesetzt haben mußte und das allein die Opfer rechtfertigen konnte. Aber niemand gab uns dieses Ziel.«

Das Kriegsende verbrachte Heinz in einem Lazarett in seiner Heimatstadt Frankfurt am Main. Anfang November fielen dort Matrosen aus Kiel ein und errichteten eine provisorische Regierung aus Arbeiter- und Soldatenräten. Heinz schleppte sich zum Generalkommando mit dem Vorsatz, an der Spitze eines Freiwilligentrupps der Meuterei ein Ende zu bereiten. Doch er musste erfahren, dass der Stadtgeneral in den Urlaub abgereist war. Der Befehlshaber der kaiserlichen Armee hatte, wie sein oberster Dienstherr, im Angesicht des Umsturzes seinen Posten geräumt. Wenig später wehte auf dem Generalkommando in Frankfurt die rote Fahne. Das alte Regime hatte sich in Luft aufgelöst.

Ein paar Wochen zuvor hatte sich Heinz dafür noch zusammenschießen lassen, nun musste er zusehen, wie die Revolutionäre seine Reste in Grund und Boden trampelten. Er beschrieb die meuternden Matrosen und Soldatenräte, Deserteure und Schieber, die selbstherrlich die Macht an sich rissen. »Aufrufe von Friede, Freiheit, Schönheit, Würde und Brot, deren Verfasser sich anschließend viehisch besoffen und von galizischen Großgaunern Trinkgelder schenken ließen, am nächsten Tage aber von den Fenstern des Regierungsgebäudes aus, festgehalten am Rockzipfel, Versprechungen unter das Volk warfen, die von sozialer Gerechtigkeit troffen; ein Bürgertum, das die Rolläden herunterließ, das in dumpfer Selbstaufgabe sein Schicksal erwartete; Offiziere, die schmachvoll ihren Posten verließen, Generale, die in ihrem Fahneneid nur ein Phantom, ein Nichts, eine hohle Formel sahen.«

In den Szenen der Revolution von 1918, die er in seiner Heimatstadt beobachtete, trat der Verrat als Leitmotiv in Heinz' Leben. Seine neuen Feinde waren die Exponenten der Gegenwart, ja die Zeit selbst war ihm zum Feind geworden. Mochten sie alle den Krieg für beendet erklären, Friedrich Wilhelm Heinz wusste es besser. Für ihn war die Nachkriegsphase nichts anderes als das erweiterte Schlachtfeld der vorangegangenen Kämpfe. Vier Wochen später verließ er das Lazarett, um sich weit im Osten seinem alten Regiment anzuschließen, das sich dort im fortgesetzten Kampf um die deutschen Grenzen befand.

Der Schatten dieser Frontgeneration fiel auf jene, die nur wenig jünger als sie gewesen waren, geboren zwischen 1900 und 1910. Sie waren zu jung zum Kämpfen, und so hatte der Krieg ihre Jugend auf andere Weise dominiert. Im Kindesalter hörten sie täglich von bösen Feinden und gutem Vaterland, Volk und Nation. Das Wort »Deutschland« hatte für sie eine Aura von Gefährdung. Der im Jahr 1903 geborene Günther Gründel schrieb über seine

Erfahrung, als Kind des Krieges aufzuwachsen: »Hier wurde erstmals Todesangst und vielleicht auch Haß in unsere harmlosen Kinderherzen getragen, die aus ihrer unbekümmerten Kindlichkeit mit einem Schlage hinein in die rauhe Wirklichkeit gerissen worden waren. Was die ganze Generation erlebte: den Kampf um die bedrohte Heimat im weitesten Sinne, durchlebten wir damals mit besonderer, reflexionsloser, unmittelbarster Eindringlichkeit.«

Im Kriegsverlauf kamen dieser Jugend die Vorbilder abhanden, denen sie hätten nacheifern sollen. Die Väter und jüngeren Lehrer waren an der Front, graue Ruheständler traten an ihre Stelle. Je mehr das Deutsche Reich einer trostlosen Festung glich, desto mehr stellten die Jungen die Vorgaben dieser Erzieher infrage. Am Ende brach das hergebrachte Autoritätsmodell der Gesellschaft in sich zusammen. Die Welt der alten Generation war in Konkurs gegangen.

Anfang Dezember 1918 kehrten die deutschen Kampftruppen von der Westfront heim ins Reich. Vier Jahre hatten sie unter den Gesetzen des Krieges gelebt, jetzt kamen sie zurück in eine Heimat, in der vieles nicht mehr so war wie zuvor. Deutschland war weder zerstört noch besetzt, aber der Krieg war verloren, und der Kaiser, für den sie ihr Leben eingesetzt hatten, war im Exil. Manche erinnerten sich an den August vier Jahre zuvor, als das Heer in großer Begeisterung ausgezogen war, wo sich im Deutschen Reich selbst ärgste Feinde die Hände gereicht hatten. Wie eine Siegesfeier hatte sich das angefühlt. Die jetzt zurückerwartet wurden, waren bloß Übriggebliebene. Niemand wusste so recht, wie man Verlierer empfängt.

Ein Dezembertag im nassgrauen deutschen Regenwinter von 1918. In den Straßen von Frankfurt am Main warteten die Menschen auf die Soldaten der 213. Infanterie-Division. Oben an den Häusern hingen ein paar Reichsfahnen in Schwarz-Weiß-Rot, unten sah man Mädchen mit Blumenkörben und Geschenkpaketen. Wachleute hielten eine Gasse für die Truppe frei. Eine Erregung hatte die Menge erfasst, ihr Gemurmel pflanzte sich fort, wann würden sie kommen, wie würden sie aussehen, gäbe es eine Parade?

Mitten in der Menge stand der sechzehn Jahre alte Schüler Ernst von Salomon. Auch wenn ihn die Nähe der fremden Leiber würgte, teilte er doch ihre Erregung, da er sich von den Frontsoldaten eine »Lösung« erhoffte, die Erlösung vom Niedergang der zurückliegenden Wochen, der ihn in eine Seelenkrise gestürzt hatte.

Ernst von Salomon war kein Schüler wie jeder andere. Der Sohn eines früheren Offiziers und Polizeikommissars besuchte die preußischen Kadettenanstalten in Karlsruhe und Berlin, militärische Eliteschmieden, in denen sich der Nachwuchs des Deutschen Reiches für die Offizierslaufbahn drillen ließ. Die Hauptkadettenanstalt in Groß-Lichterfelde bei Berlin, in der er sich seit 1917 auf das Abitur vorbereitete, stand im Ruf, eine der besten Militärschulen der Welt zu sein. Wer in der HKA die Ausbildung durchlief, musste sich mit Haut und Haar ihrem Gesetz unterwerfen. Die gesamte Persönlichkeit des jungen Menschen nach dem Ideal des Soldaten zu formen, das war der Anspruch, um die künftigen Führungsfiguren der kaiserlichen Armee heranzuzüchten.

In einem Buch beschrieb von Salomon später den Alltag der preußischen Kadetten in ihrer Anstalt. Abgeschottet hinter rotem Backstein begann der Tag mit dem Appell auf dem Kasernenhof. Nach dem Schulunterricht lernten sie fechten, reiten, exerzieren und schießen, und sich zu panzern gegen Gebrüll, Schmerzen und Mitgefühl. Für jedes Schlappmachen gab es einen Katalog von Strafen. Oft blieb es den Kadetten selbst überlassen, sich gegenseitig mit Stockhieben zu züchtigen. Alles war öffentlich, vom Schlafsaal bis zum Briefverkehr, alles durchgeplant im Kosmos der preußischen Erziehung. Wer zu schwach war, verschwand von heute auf morgen. Ernst von Salomon verschwand nicht. Mit zwölf war er zu den Kadetten gekommen und hatte ihre Begriffe von Ehre, Gehorsam und Loyalität zu Kaiser und Staat verinnerlicht. Die Welt des Elternhauses rückte in immer weitere Ferne. Die Kadettenausbildung hatte ihn nicht nur hart gemacht, ein Teil der Maschinerie zu sein gab ihm ein Gefühl von Heimat und Zukunft und lehrte ihn, die Ordnung zu lieben und das Chaos zu verabscheuen. Unter dem Befehl zu leben, empfand er als Glück.

Seit dem August 1914 sahen die jungen Offiziersanwärter ihre Bestimmung, in den Krieg zu ziehen, zum Greifen nah. Ernst von Salomon betete vergeblich darum, dass dieser nicht zu Ende gehen möge, ehe sie ihre Bewährungsprobe bekämen. Während

Ernst von Salomon

der Herbstrevolution 1918 besetzten revolutionäre Soldaten die Hauptkadettenanstalt in Lichterfelde. Sie schlossen die Schule und schickten die Kadetten nach Hause. Von Salomon beschrieb den Schock der Leere, der ihn erfasste. »Der äußerste Schmerz, der uns bewegte, war der, so gut wie ausgeschaltet zu sein, nicht mitwirken zu können, für und gegen, mit unserer wachen Kraft und Bereitschaft abseits stehen zu müssen als Reserve ohne Front, aufgespart für nichts, und unseren Willen gerichtet in eine gespensterhafte Leere, dorthin, wo soeben noch ein Staat war, und nun nichts mehr sein sollte als ein allgemeines Gefühl. Dies war unser Schrecken, es schien, als seien wir überflüssig geworden.«

Tagelang streifte er durch die Straßen seiner Heimatstadt Frankfurt: überflüssig. Er sah die roten Matrosen, die die Revolution hierhergetragen hatte. Hinter der Fahne schoben sich Haufen von wütenden Arbeitern, Soldaten und Frauen durch die Gassen. Pack und Pöbel, ging es Salomon bei diesem Anblick von Menschen und Meinungen durch den Kopf – das Gesicht der Masse, die ihn sein Kadettenkodex zu verachten gelehrt hatte. Jetzt aber, wo er nicht mehr im Gleichschritt seiner Kompanie aufgehoben war, wurde ihm die Masse gefährlich. Er sah, wie sie einem Soldaten den Kneifer ins Gesicht schlugen. Weil er selbst die Achselklappen seines Militärmantels nicht preisgeben wollte, ließ er sich blutig prügeln. Er fing an, Waffen einzusammeln, die in den Häusern seiner Bekannten herumlagen. Nachts schleppte er sie in seine Dachkammer, für einen nie geführten Einsatz. Keiner seiner Kameraden wollte ihm folgen bei dem Plan, das Hauptquartier der Roten im Polizeipräsidium hochzunehmen. Am Ende half ihm alles nichts gegen die Einsicht, dass er auf verlorenem Posten stand. Den Krieg verpasst und verloren, den Kaiser, den Staat, seinen Befehl verloren.

Jetzt stand von Salomon in der Masse im Frankfurter Dezemberregen. Was ihn ausharren ließ, war die Aussicht auf die Männer von der Front. Sie würden wieder Ordnung schaffen, Soldaten wie er. Auf einmal erfasste eine Bewegung die Menge, und er schwappte mit nach vorn gegen die Kette der Wachleute. Von fern konnte er die Helme aufblitzen sehen, die Gewehre auf den Schultern der grauen Gestalten, die in Viererreihen vorbeieilten. Keiner sprach. Die Rufe aus der Menge erstarben.

Zügig marschierten diese Männer, die Augen in Abwehr an ihnen vorbeigerichtet. Von Salomon spürte in der Kälte, die von diesen Gesichtern ausging, seinen eigenen Irrtum. »Alles schal und leer, das, worauf ich gehofft hatte, das, was ich gewünscht hatte, das, wofür ich mich begeistert hatte. Daß diese da, die Männer, die da marschierten, das Gewehr geschultert und strenge abgeschlossen von allem, was nicht ihresgleichen war, daß diese da nicht zu uns gehören wollten, das war es, das Entscheidende.«

Nicht dazuzugehören – zum ersten Mal empfand Ernst von Salomon das Grundgefühl, das sein Leben durchziehen sollte. Kompanie auf Kompanie sah er an sich vorbeimarschieren, in ihrem stummgrauen Marsch ohne Botschaft. Keine Brücke war mehr da zwischen der Heimat und diesen Soldaten, und die Parolen vom einigen Vaterland, Volk und Nation waren ungültig geworden. Die letzten stampften vorüber, als sich die Zuschauer zurück in ihre Häuser flüchteten. Nichts war gelöst, und er gehörte nirgends dazu.

Unruhe in der Villa Rathenau

Freitag, 23. Juni 1922, am Morgen

Der Himmel über Berlin ist bewölkt, und es fällt etwas Regen. In der Villa des deutschen Außenministers in Grunewald bereiten sich alle auf einen dieser langen Tage vor, die schier kein Ende nehmen wollen. Seit er vor einem halben Jahr das Amt in der Regierung angetreten hat, befindet sich der Minister von morgens bis abends im Dauereinsatz. Sein Diener Hermann Merkel, der ihm seit einem Vierteljahrhundert zur Seite steht, beobachtet das mit Sorge. Merkel lebt mit seiner Familie in einer Wohnung im Untergeschoss der Villa. Wenn der Minister ein paar Tage auf seinem Landsitz in der Märkischen Schweiz nordöstlich von Berlin verbringt, ziehen ihm die Merkels nach ins dortige Gärtnerhaus. Kaum einer ist ihm enger verbunden als sein Diener, und ganz genau vermerkt dieser die Veränderungen der letzten Zeit. Als sein Dienstherr wieder einmal in einer Nacht ohne Schlaf hinter Aktenbergen an seinem Arbeitstisch versinkt, erlaubt sich »der Hermann« den Hinweis, der Herr Doktor müsse mehr bewegt werden. So wie ein Pferd auch mal rausmuss aus seinem Stall.

Im Sommer 1922 zählt Walther Rathenau zu den bekanntesten Persönlichkeiten der Weimarer Republik. Der meistbeachtete Politiker ist er ohnehin, und das nicht nur im eigenen Land. Erst vor ein paar Wochen hat er am Rande der internationalen Wirtschaftskonferenz in Genua die Welt überrascht, indem er einen Vertrag mit der Sowjetunion präsentierte, in dem das

Deutsche Reich die Jahre zuvor abgebrochenen Beziehungen wieder aufnahm und den gegenseitigen Verzicht auf Kriegsreparationen erklärte. Auf der »Pyjama-Konferenz« in seinem Hotelzimmer in Genua, zu der er selbst im Schlafanzug empfing, entschloss sich die deutsche Delegation zu diesem Schritt. Obwohl unter den Vertrag von Rapallo auch der deutsche Reichskanzler Joseph Wirth seine Unterschrift gesetzt hat, sprechen alle von Rathenau.

Die Bilder, die in den illustrierten Zeitungen erscheinen, zeigen alle möglichen Politiker, aber im Gedächtnis bleibt dem Betrachter nur er. Die hochgewachsene Statur, die makellose Kleidung, der Charakterschädel mit dem markanten Profil, der Gestus eines Aristokraten, in allem überragt Rathenau seine Umgebung. Wo er auftritt, sehen alle den Mittelpunkt. Der Berliner Sebastian Haffner, zu dieser Zeit 15 Jahre alt, verzeichnet die außerordentliche Wirkung Rathenaus auf die Fantasie der Menge und seiner eigenen Schulkameraden. Zum ersten Mal seit dem Krieg, so empfinden sie es, ist Politik wieder interessant. »Rathenau wurde Wiederaufbauminister, dann Außenminister – und auf einmal fühlte man, daß Politik wieder stattfand. Wenn er auf eine internationale Konferenz reiste, hatte man zum ersten Mal wieder das Gefühl, daß Deutschland vertreten war.«

Ein diplomatischer Paukenschlag ist der Vertrag von Rapallo ohne Zweifel, zwar keineswegs einhellig bejubelt, aber doch dazu angetan, Rathenaus Anspruch zu untermauern, die deutsche Außenpolitik wieder zu einem Aktivposten zu machen. Der ganzen Maschine des Auswärtigen Amtes eine Drehung zu geben, wie er sich einem Vertrauten gegenüber ausdrückt. Nach acht Jahren Stillstand wolle er jeden Tag ein Eisen ins Feuer schieben und dabei immer die Fäden in der Hand behalten. Eine übermenschliche Arbeitslast sei das, die keiner länger als sechs Monate durchhalten könne. Doch so erkennbar ihm die Strapazen dieser letzten Monate in die Züge seines ebenmäßigen

Walther Rathenau in Rapallo, 1922

Gesichts geschrieben stehen, hat er in diesen Tagen doch etwas von einem Sieger an sich. Von einem, der endlich, mit 54 Jahren, dort angekommen ist, wo er sich ein Leben lang hingeträumt hat. Auf dem Gipfelpunkt eines Aufstiegs, den er selbst vor wenigen Jahren nicht für möglich gehalten hätte.

Als der Erste Weltkrieg zu Ende ging, war Walther Rathenau ein isolierter Mensch. Seine Verdienste, die er sich beim Aufbau der Kriegsrohstoffabteilung im Preußischen Kriegsministerium erworben hatte, waren vergessen. Im Widerspruch zur siegesgewissen Frontpropaganda hat er den Krieg stets als Verhängnis für Deutschland gesehen und sich auch öffentlich im Gegensatz zur verordneten Zuversicht ausgesprochen. In seinen Schriften beschwor er für Deutschland die Vision einer staatlichen und geistigen Erneuerung. Umso irritierender wirkte es, als er im Oktober 1918, da sich die Niederlage abzeichnete, in einem Zeitungsartikel zu einem letzten militärischen Kraftakt, ja zu einer Erhebung des gesamten Volkes aufrief, um mit der Waffe in der Hand dem Feind einen ehrenvollen Frieden abzuringen. Dieser Aufruf zur Volkserhebung, einer Art *levée en masse*, erregte gewaltiges Aufsehen und beschäftigte kurzfristig bis zum Reichskanzler und der Obersten Heeresleitung selbst die Spitzen des Staates. Am Ende mochte sich niemand Rathenaus Durchhaltefantasien anschließen, sodass von seinem Vorstoß nichts übrig blieb als Verbitterung über den gewendeten Zyniker, der im Angesicht des Zusammenbruchs zur Kriegsverlängerung aufgerufen hatte.

In den Tagen der Revolution, als es um die von ihm lange geforderte Erneuerung in Deutschland ging, liefen die Ereignisse an Rathenau vorbei. Es wurde einsam um ihn und kostete unendliche Mühe, aus diesem Abseits mit gelegentlichen Schriften, Wortmeldungen und Reden wieder hervorzutreten. Als schon alles verloren schien, im Juli 1920, begann Rathenaus Aufstieg in die große Politik, als ihn die deutsche Regierung als wirtschaftlichen Sachverständigen zur internationalen Reparationskonferenz ins belgische Spa berief. Ein Jahr später saß er als Minister für Wiederaufbau im Kabinett der Regierung. Am 31. Januar 1922 ernannte ihn der Reichspräsident zum Außenminister.

Er ist nun also bald jene sechs Monate im Amt, von denen er gesagt hat, länger könne kein Mensch dieser Arbeitslawine standhalten. Ein Blick auf den Terminkalender zeigt ihm, dass er am heutigen Freitag mit keiner Atempause zu rechnen hat. Am frühen Nachmittag soll die gestern im Reichstag abgebrochene Beratung um eine Anfrage des Oppositionspolitikers Gustav Stresemann bezüglich französischer Aktionen im Rheinland und Saargebiet in die Verlängerung gehen. Er selbst hat dazu am Mittwoch im Plenum eine engagierte Stellungnahme abgegeben, heute muss er davon ausgehen, dass die Deutschnationalen das Feuer gegen ihn eröffnen. Später am Nachmittag erwartet ihn der Reichswirtschaftsminister mit ein paar Großindustriellen zu einer Verhandlungsrunde ebenfalls im Reichstag, und später ist da noch das Abendessen beim amerikanischen Botschafter. Es wird für den Außenminister auf die nächste Nachtschicht hinauslaufen.

Die Unruhe, die die kleine Gemeinschaft in der Rathenau-Villa im Grunewald seit Monaten erfasst hat, hat neben der rastlosen Arbeitswut ihres Hausherrn noch einen anderen Grund. Alle wissen darum, von der Köchin und der Haushilfe, die unter dem Dach wohnen, über den Sekretär und die Schreibhilfe bis hin zu seinem Chauffeur. Selbst Erika Merkel, die zwölfjährige Tochter des Dieners, sollte sich noch fast achtzig Jahre später, als Neunzigjährige, im Gespräch mit einem Rathenau-Forscher diese diffuse Atmosphäre von Gefahr ins Gedächtnis zurückrufen können, die damals von außerhalb der sicheren Wände das Haus durchdringt. Manchmal fragt einer aus der Hausgemeinschaft offen in die Runde, wie sehr das Leben des Ministers wohl in Gefahr sei in diesen unsicheren Zeiten in Deutschland mit den alltäglich gewordenen politischen Morden. Aus dieser Besorgnis heraus hat sich Erikas Vater Hermann Merkel einen Waffenschein zugelegt und versteckt sich öfter mit einem Revolver vor dem Grundstück, wenn der Außenminister es verlässt oder wieder betritt. Vielleicht könne er das Schlimmste verhindern, wenn doch einer mal Ernst macht mit dem, was auf den Straßen mal leise geraunt, mal laut gebrüllt wird über den großen, herrschaftlichen Herrn Minister, der so wundervoll Klavier spielen kann.

Heimat

»Volk hat mit Abstammung zu tun, mit Traditionen, mit kulturellen Gemeinsamkeiten, mit Heimat. Heimat ist ein Menschenrecht. Umgekehrt hat jeder Mensch, dem die Heimat genommen werden soll, das natürliche Recht, sie zu verteidigen.«

Alexander Gauland, Partei- und Fraktionschef der AfD, 30. Juni 2018

Bei der Rückkehr der Frontsoldaten im Frankfurter Dezemberregen war sich Ernst von Salomon der Kluft bewusst geworden, die diese düsteren Gestalten von der Menge in den Straßen trennte. Von der Heimat, in die diese Männer zurückkamen, fühlten sie sich entfremdet und um ihre Opfer betrogen. Ihre Enttäuschung, den gekränkten Stolz sah von Salomon nicht nur in ihren abweisenden Gesten, sondern er spürte sie gleichermaßen in seinem eigenen Herzen. Auch ihm war in diesen Wochen die Heimat genommen und zum fremden Ort geworden. Auf einmal wollte das Land nichts mehr wissen von jungen Offiziersschülern wie ihm, auf denen kurz zuvor alle Hoffnung gelegen hatten. Er musste sich eine neue Zukunft suchen.

Wenn ein Staatswesen zerbricht, fehlen auf einmal die Gewissheiten, an denen die Menschen ihre Lebensplanung ausrichten konnten. Sie müssen sich die Frage stellen nach ihrem neuen Platz in der Welt. In das Vakuum setzt die nachfolgende Ordnung zwar ihr eigenes Regelwerk, indem sie Traditionen beseitigt und Freiheiten schafft, alte Wege durch neue ersetzt. Dabei muss sie aber erklären, wie daraus wieder Heimat werden soll – und für wen. Ob so ein Neuanfang am Ende erfolgreich ist, hängt auch davon ab, ob die Anhänger der alten Ordnung, die es ja noch eine Weile geben wird, ihr Gesicht wahren können. Wer den Bruch seiner Biografie erleben muss, vergisst nicht die Erfahrung, anschließend auch noch »aussortiert« und beiseitegeschoben zu werden. Er wird sich mit denen zusammentun, die ähnlich fühlen wie er. Kein Staat darf die Kraft seiner Verlierer unterschätzen, der Abwartenden, Misstrauischen und Widerstrebenden.

Die erste deutsche Republik machte den heimgekehrten Frontsoldaten, die nichts Rechtes mit sich anzufangen wussten, ein Angebot. Es ging zurück auf eine Zwangslage im Dezember 1918. Der »Rat der Volksbeauftragten«, wie sich die provisorische Regierung nach der Abdankung der Monarchie nannte, war im

Lauf des Monats unter Druck geraten. Die revolutionären Kieler Matrosen der Volksmarinedivision, als Ordnungsmacht zum Schutz der neuen Regierung mit Truppen und Maschinengewehren im Berliner Stadtschloss einquartiert, gerieten zusehends außer Kontrolle. Sie pochten auf ausstehenden Sold und weigerten sich, ihren Platz zu räumen. An den Weihnachtstagen ließen sie es auf ein Gefecht mit Regierungstruppen ankommen, die dabei schwere Verluste erlitten, ohne das Schloss einnehmen zu können. Die regulären Einheiten der Obersten Heeresleitung offenbarten, dass sie den Bedingungen von Häuserkämpfen nicht gewachsen waren. Die bis dahin weitgehend unblutige Revolution begann sich in einen Bürgerkrieg auszuwachsen, an dessen Ende anstelle der Demokratie eine Rätediktatur nach sowjetischem Muster zu herrschen drohte. In dieser Situation kamen die Volksbeauftragten zu dem Schluss, bis zur Schaffung einer soliden Verteidigung übergangsweise die Sicherheit mithilfe eines Söldnerheeres zu schützen. Die Stunde der Freikorps war gekommen.

Die Idee, Freiwilligenverbände außerhalb des regulären Heers einzusetzen, war schon in den preußischen Befreiungskriegen gegen Napoleon praktiziert worden. Der Erfolg des Unternehmens mit dem Namen »Freikorps Lützow« war allerdings so bescheiden gewesen, dass davon nichts zurückgeblieben war außer dem vage romantischen Begriff des »Freikorps«. Im Dezember 1918 war es ein Experiment mit vielen Unbekannten, auf das sich der Rat der Volksbeauftragten in Abstimmung mit der Obersten Heeresleitung einließ. Um der Rettung der Republik willen entschieden sie, das staatliche Gewaltmonopol vorübergehend aufzuheben. Mit dem Geld der Reichsregierung konnte nun, wer sich zum Kriegsherrn berufen fühlte, sein eigenes Heer in Betrieb nehmen. Für die bewährten, aber beschäftigungslosen Offiziere aus dem Weltkrieg eröffnete sich damit eine Perspektive. Wie bei privaten Freiwilligenarmeen üblich, mussten sie ihre Kämpfer in Selbstregie anwerben, wofür sie eigene Werbebüros unterhielten. Über Berlin und andere Städte des Reiches ergoss sich eine Flut von Plakaten und Zeitungsannoncen, die in reißerischer Aufmachung zum Schutz der Heimat aufriefen.

Um das Vaterland vor der bolschewistischen Gefahr zu bewahren, waren in erster Linie die alten Frontsoldaten gefordert, aber auch der militärisch ungeübte Arbeiter, Bürger, Bauer und Student bekam seine Chance. Die Entlohnung war passabel und dank diverser Zulagen sogar verlockend in der kargen Nachkriegszeit. Wer nichts als das Handwerk des Kriegers gelernt hatte, dem boten die Freikorps einen Ausweg aus dem Schrecken der Leere und eine Rückkehr in jene verschworene Männergemeinschaft, die ihnen in der Bürgerwelt der Republik verloren gegangen war. Es dauerte nicht lange, bis der grundlegende Widerspruch in dieser Konstruktion offenbar wurde. Mochten die Freikorps auch im Namen der Regierung das Reich *gegen* die bolschewistische Gefahr verteidigen, so sahen sie sich dadurch noch lange nicht als Kämpfer *für* Demokratie und Rechtsstaatlichkeit. Ein Widerspruch, der sich als Geburtsfehler der jungen Republik herausstellen sollte.

Ernst von Salomon war ein 16 Jahre alter Kadett, als er sich Ende Dezember 1918 dem Freiwilligen Landesjägerkorps unter dem Frontgeneral Georg Maercker andiente. Im Freikorps sah er die Chance, seine soldatische Lebensbestimmung doch noch zu erfüllen, um die er sich geprellt fühlte. Unerträglich war ihm die Vorstellung, sich nach vier Jahren in Kadettenuniform einzureihen in die Masse der grauen Anzugträger. Im Landesjägerkorps dagegen sahen sie ihn und mehr als hundert weitere Jünglinge aus der Hauptkadettenanstalt Groß-Lichterfelde als das an, was er sein wollte: ein Mann in Uniform. »Am Tage nach dem Einmarsch der Truppen ließ ich mich werben. Ich wurde genommen, ich wurde eingekleidet, ich war Soldat.«

Die Heimat vor ihren Feinden zu beschützen, wie es die kantig gezeichneten Soldatenköpfe von den Werbeplakaten herab forderten, diese Mission leuchtete von Salomon ein. Niemals durfte es geschehen, dass sich Kommunisten an die Macht putschten, nie durfte ein Räteregime im bolschewistischen Stil auf deutschem Boden herrschen. Doch ihn trieb noch ein anderes Motiv, den Freischärlern beizutreten. Er wollte endlich in der Gemeinschaft von Soldaten aufgehen und den Ausläufern des großen Krieges hinterherziehen. Das Freikorps versprach ihm die Gefühle von Macht, Ekstase und Lust an der Zerstörung. Zu lange hatte sich in ihm die Erwartung aufgestaut von »Feuer, Eisen, Dampf und Schrei«. Er wollte endlich selbst am Abzugshebel des Maschinengewehrs sitzen.

Sein Landesjägerkorps bekam im Januar 1919 von der Reichsregierung den Befehl, die Nationalversammlung in Weimar zu sichern. Fern vom Revolutionschaos in Berlin sollten die Abgeordneten eine demokratische Verfassung ausarbeiten und das Fundament für die künftige Staatlichkeit legen. Die Korps-Soldaten hatten dafür zu sorgen, dass der Übergang auf die parlamentarische Demokratie ohne Störfeuer über die Bühne ging. 7000 Mann verteilten sich rund um Weimar, sperrten Einfallstraßen und Bahnlinien und brachten bewaffnete Posten vor dem Nationaltheater in Stellung, wo die Versammlung tagte. Ernst von Salomon war in die absurde Lage geraten, diejenigen zu beschützen, die die letzten Reste jener Kaisergesellschaft tilgen sollten, die ihm alles bedeutet hatte. Für die Republik hegte er keinerlei Sympathie. Er ätzte über die Abgeordneten im Versammlungssaal, über den Reichswehrminister in seinem Bonzenauto und über den Reichspräsidenten mit dem weichen Hut, unter dem er die Ehrenkompanie abschritt. »Viel trinken, das wollten wir, viel tanzen, das wollten wir auch, vor allen Dingen wollten wir nichts davon hören, was in der Nationalversammlung besprochen und beraten wurde. Das harmlose Städtchen spreizte sich in dünner Wichtigkeit.« Nur knapp entging der Abgeordnete Matthias Erzberger, den die Soldaten wegen seiner Rolle beim Waffenstillstand inständig hassten, einem tätlichen Angriff, zu dem sich von Salomon mit seinem Zugführer verabredet hatte.

Obwohl die Männer vom Landesjägerkorps ihren Auftrag in Weimar erfüllten, gärte in ihnen der Geist, für den die Freikorps berüchtigt wurden: ratlos über den Verlust ihrer Welt, angeekelt von der Gegenwart, gefangen in wirren Träumereien und jederzeit heiß aufs Zuschlagen. Anfang April 1919 setzten sich von Salomon und ein paar Kameraden von der Truppe ab. Sie hatten die Schnauze voll vom Wachdienst für Weimar. Sie schlugen sich durch bis ins Baltikum, um sich dort der »Eisernen Division« anzuschließen, einer Freischärler-Armee von 15 000 Mann mit schwerem Gerät, Maschinengewehren und Flammenwerfern. Ihr Auftrag war es, den Vormarsch der russischen Bolschewisten in Richtung der deutschen Ostgrenzen aufzuhalten. Hier sollten die Deserteure aus Weimar finden, wonach sie auf der Suche waren.

In der Zwischenzeit waren die Freikorps in Dutzenden aus dem Boden geschossen, Schätzungen zufolge mehr als 350. Sie variierten nicht nur in Umfang, Zusammensetzung und äußerem Erscheinungsbild, auch ihre Einsatzgebiete waren höchst unterschiedlich. Sie benannten sich nach ihrer Herkunft etwa »Freikorps Wesel« oder nach Traditionsverbänden »Garde-Kavallerie-Schützenkorps« oder nach ihrem Selbstbild »Eiserne Division« oder »Schwarze Jäger«. Jedes Korps entwickelte seine eigene Folklore, mit Marschliedern und Uniformsymbolen. Die meisten waren unabhängig operierende Einzelverbände und gehorchten nur dem Willen ihres Gründers. »Jedem Führer, der sich berufen fühlte, eine freiwillige Truppe zu bilden, blieb alles Weitere überlassen«, bemerkte Generalmajor Georg Maercker, der Ernst von Salomons Landesjägerkorps kommandierte. »So entstand bald ein Nebeneinander von größeren und kleineren Freikorps, die alle verschieden geartet waren.« Dieses Durcheinander stand in größtem Gegensatz zur Idee der preußischen Armee. Der Kaiseroffizier Maercker, der sich als loyaler Diener der neuen Regierung verstand, registrierte das voller Unbehagen.

Zum Führer einer solchen Freiwilligenschar berufen fühlte sich der Korvettenkapitän Hermann Ehrhardt. Seitdem er Ende Januar 1919 die Tausend-Mann-Kaserne in Wilhelmshaven den roten Matrosen entrissen hatte, galt er als Held der Kaisertreuen. Einer, der zupackt, wo andere zögern, der auf eigene Faust handelt, wo andere um Rat fragen. Als unter dem Eindruck der Unruhen die Reichsregierung auch in Wilhelmshaven zur Bildung von Freikorps aufrief, war Ehrhardt zur Stelle. »Ich sagte mir: Da ist ein Feld für dich. Bring eine anständige Truppe auf die Beine.« Der erste Appell an einem Wintermorgen des 17. Februar 1919 ist Teil des Gründungsmythos der Marinebrigade Ehrhardt. In einem Exerzierschuppen der Seebataillonskaserne tauschte ein Dutzend Soldaten die blaue Marinejacke gegen den feldgrauen Mannschaftsrock des Sturmsoldaten.

Zwei Monate später zählte Ehrhardt bereits über tausend Mann in seinen Reihen, darunter viele Marineoffiziere, aber auch Fußsoldaten, Studenten und Schüler. Sein Ansehen als Kriegsheld und sein Geschick als Organisator, vor allem aber seine Persönlichkeit machten ihn zur Idealbesetzung eines Freikorpskommandeurs. Ihn plagten keine Gewissens- oder Entscheidungskonflikte. Er pflegte die geradlinige Sprache, die auf dem Kasernenhof so gut funktionierte wie auf dem Schlachtfeld. Knapp und eindeutig waren seine Gedanken, Platz für Taktieren und das Denken in Alternativen war nicht darin. Ehrhardt war das Gegenteil eines Diplomaten. Den Männern seiner Brigade gab er das Gefühl, sie niemals im Stich zu lassen, was sie ihm mit kindlicher Anhänglichkeit dankten. Ein ehemaliger

Marineleutnant, der sich für einige Jahre Ehrhardts Truppen anschloss, beschrieb die Autorität seines Idols: »Kapitän Ehrhardt prägte seine Truppe nach seinem Bilde. Er gab ihr Haltung und Gedanken. Er ›dressierte sie auf den Mann‹, wie wir es nannten.«

Preußischer Offizier durch und durch, legte Ehrhardt Wert auf eiserne Disziplin. Nichts hasste der Korvettenkapitän mehr als Unordnung und Schlendrian. Das galt für seine Marinebrigade ebenso wie für die wirren Verhältnisse in seiner Heimat, die für ihn zum Trümmerhaufen geworden war. »Wir müssen überhaupt erst einmal wieder Ordnung haben.« Auf dem Oberarm trugen seine Leute das silberne Wikingerschiff als Symbol für den Freibeutergeist, der sie niemandem außer sich selbst gegenüber verantwortlich machte. Den Eid auf die Republik ließ Ehrhardt seine Leute nicht ablegen – sie würden ihn doch früher oder später brechen.

Hatte seine Brigade den Ruf eines Elite-Freikorps, so galt das umso mehr für die Offiziere der Sturmkompanie, die sich als Verfügungstruppe für spezielle Einsätze bereithielten. Wegen ihres verwegenen Auftretens verglichen sie sich gern mit der Figur des Landsknechts im Dreißigjährigen Krieg, galt der ihnen doch als der deutsche Ur-Rebell, der ohne Rücksicht auf das eigene Leben seine Erfüllung in Kampf und Gefahr sucht. Ehrhardt selbst schwärmte von seinen Männern, die den Teufel im Leib hätten. »Es waren das Soldaten, die durch das lange Kriegsleben zu Landsknechten geworden waren, d. h. Männer, denen ein Arm- oder Genickbruch wurscht war.«

Niemand verkörperte den Typus Landsknecht vollkommener als Manfred von Killinger, der Mann an der Spitze der Sturmkompanie: ein kantiger Kopf, gestützt von einem energischen Kinn, dazu der Blick aus den schräg hervortretenden Augen, die sein Gegenüber in wacher Angriffslust taxierten. Die Adelsfamilie von Killinger besaß das Gut Lindigt in Nossen bei Dresden. Seine Frau Gertrud, die er kurz vor Kriegsende geheiratet hatte, ließ Manfred von Killinger immer wieder für seine lang dauernden Einsätze erst im Militär, später im Freikorps und anderen Kampforganisationen auf dem Gutshof zurück. Ansonsten war von Killinger der biografische Zwilling seines Dienstherrn: wie Ehrhardt aufgewachsen in der ländlichen Provinz; nach dem Gymnasium als Seekadett bei der kaiserlichen Marine; im Weltkrieg Kapitänleutnant und Kommandeur von Torpedobooten; Teilnehmer der Skagerrak-Schlacht; nach dem Waffenstillstand die eigenen Boote in die englische Internierung überführt.

Mit Ehrhardt teilte von Killinger die innere Zerrüttung beim Ende des Kaiserreiches, die Matrosenrevolte durchlebte er wie dieser als einen Albtraum. In seine Trauer über die verlorene Heimat und Ehre mischten sich Selbstmordgedanken, aber die

Manfred von Killinger, 1921

Rolle des gebrochenen Opfers war nicht die seine. Für ihn gab es immer eine nächste Runde und die Gelegenheit zur Revanche. »Kampflos habe ich mein Torpedoboot dem Feinde ausgeliefert und kampflos ist meine Flagge niedergegangen. Ich habe geschworen, mich an denen zu rächen, die das verschuldet haben. Diese Halunken sollen Deutschland nicht regieren.« Die Aussicht, das erlittene Unrecht eines Tages heimzuzahlen, gab ihm den langen Atem, auch nach Rückschlägen sein Ziel nicht mehr aus den Augen zu lassen. Unverhohlen bekannte er sich zur Gewalt nicht nur als taktischem Mittel, sondern als intensivster Steigerung des Lebens. Die Idee des Freikorps war für ihn ein Versprechen auf die Gewalt als Selbstzweck. Nach seiner Rückkehr aus England meldete sich von Killinger zum Dienst bei Ehrhardts Marinebrigade. Der Warlord und der Landsknecht hatten einander gefunden.

Für die erste große Bewährungsprobe zog die Brigade Ehrhardt im April 1919 nach München. In Bayern hatte die rote Revolution eine für die Reichsregierung bedrohliche Entwicklung genommen, nachdem am 7. April der sozialdemokratische Ministerpräsidenten für abgesetzt erklärt und eine Räterepublik ausgerufen wurde, die rasch unter kommunistische Führung geriet. Eine Armee aus 35 000 Regierungssoldaten und Freikorpskämpfern marschierte daraufhin auf München zu, das von Einheiten der »Roten Armee« gehalten wurde. Gegen den Operationsplan der Reichswehr ließ Hermann Ehrhardt seine Leute auf eigene Faust ins Stadtzentrum vordringen. An der Spitze der Sturmkompanie führte Manfred von Killinger die Kämpfe um Straßen und Häuser. »Krieg ist Gewalt, Bürgerkrieg ist Gewalt in höchster Potenz«, schrieb er über seinen ersten Einsatz im eigenen Land. »Mäßigung ist Dummheit, nein, sie ist Verbrechen am eigenen Volk und Staat.«

Unter »Bürgerkrieg« verstand er, in den Straßen zu plündern, Verhaftete zu misshandeln und »auf der Flucht« zu erschießen.

Eingehend schildert er, wie er eine gefangene Kommunistin so lange auspeitschen ließ, bis kein weißer Fleck mehr auf ihrem Rücken zu sehen war. Von Killinger setzte den Befreiungskampf für Deutschland so ins Werk, wie ihn sich sein Vorgesetzter vorstellte. »Ein paar harte, rücksichtslose Schläge wirken Wunder«, resümierte Hermann Ehrhardt das Auftreten seiner Brigade. »Falsch angewandtes Mitleid wird als Schwäche gedeutet.« Nach ihrer Eroberung Münchens zweifelte niemand mehr an ihrer Stärke und Rücksichtslosigkeit.

Die Feuertaufe gegen die Revolutionäre in Bayern schürte den Tatendrang, und bald hofften die Männer auf ihren Einsatz in einem noch größeren Spiel. Am 7. Mai 1919 übergaben die Siegermächte im Schloss von Versailles der deutschen Delegation ihre Vorstellungen für einen Friedensvertrag. Die Mehrheit in Deutschland erwartete bis zu diesem Zeitpunkt einen Frieden der Verständigung, weit entfernt von den harten Bedingungen, die nun bekannt wurden. Die Deutschen sollten große Teile ihres Staatsgebiets im Westen und Osten abtreten, insgesamt ein Siebtel des Territoriums, dazu sämtliche Kolonien. Ihre Militärmacht sollte auf eine Berufsarmee von 100 000 Mann und 15 000 Marinesoldaten zusammenschrumpfen, ohne Luftwaffe, Panzer und U-Boote. Die Hochseeflotte war zum größten Teil dem Gegner auszuliefern. Als Wiedergutmachung verhängten die Sieger Reparationszahlungen in noch unbestimmter Höhe über die nächsten Generationen. Alles gipfelte in der moralischen Demütigung einer vertraglich fixierten Pauschalschuldklausel, nach der einzig das Deutsche Reich und seine Verbündeten Urheber und Verantwortliche des Krieges von 1914 bis 1918 waren. Das klang nicht nach Ausgleich, sondern nach Feindschaft und Vergeltung.

Niemand hatte die deutsche Öffentlichkeit auf einen solchen Schock vorbereitet. Wellen der Empörung rollten durch sämtliche Lager der Gesellschaft und die Parteien im Parlament. Alle waren sich einig, dass diese Bestimmungen das Deutsche Reich zum Paria Europas herabwürdigten. Zum ersten Mal seit dem Kriegsausbruch von 1914 versammelte sich Deutschland wieder hinter einer gemeinsamen Sache, nämlich der Auflehnung gegen den »Diktatfrieden« von Versailles. In der Nationalversammlung, die zu einer Protestkundgebung zusammentrat, reichte die Front der Empörung von linken Sozialdemokraten bis zu rechten Deutschnationalen, an der Spitze die Reichsregierung, die diesen Frieden für unannehmbar erklärte. Kaum vernehmlich waren die Stimmen, die die Friedensbestimmungen nicht rundheraus ablehnten. Für den Moment hatte es den Anschein, als würde sich das Reich den Forderungen der Alliierten widersetzen, selbst auf das Risiko eines neuen Krieges hin, nun auf deutschem Boden.

Die Brigade Ehrhardt machte sich in der brandenburgischen Garnisonsstadt Zossen bereit für diesen Kampf. Das »unannehmbar« der Regierung hatten sie ebenso vernommen wie das Wort ihres sozialdemokratischen Vorsitzenden Philipp Scheidemann, dass jedem die Hand verdorren müsse, der dieses Papier unterzeichnete. Während in Versailles die schriftlichen Noten hin und her kreuzten, ließ Hermann Ehrhardt seine Männer für den Kleinkrieg ausbilden, um sie als Freischärler ins Feld schicken zu können. »Stand doch das hohe Ziel vor Augen: nochmals kämpfen zu dürfen für Deutschlands Rettung, wenigstens für eine Ehrenrettung!«

Friedrich Wilhelm Heinz, von der Revolution aus seiner Heimatstadt Frankfurt vertrieben, hatte sich in der Provinz Posen dem »Grenzschutz Ost« angeschlossen, der bis zu einem Friedensabkommen die östlichen Grenzen des Reiches gegen Übergriffe des neu gegründeten Staates Polen schützen sollte. Er bestand aus einer Ansammlung von Freikorps und lokalen Selbstschutz-Milizen, die der Obersten Heeresleitung in Berlin unterstanden, aber mit einem hohen Maß an Eigenwillen operierten. Für sie bedeuteten die Friedensbedingungen des Vertragsentwurfs das Ende ihres Einsatzes, da damit ganz Oberschlesien mit Posen und der Hauptteil Westpreußens an Polen fallen sollte. Heinz hatte sich geschworen, den neuen deutschen Staat zu bekämpfen. Als er jedoch in den Zeitungen vom einstimmigen Widerstand gegen die alliierten Forderungen las, dem »unannehmbar« der Regierung und dem Widerstand selbst der Sozialdemokraten, schlichen sich Zweifel in seine Überzeugungen. Die Gerüchte aus dem Reich besagten, dass Deutschland diesen Friedensvertrag nicht unterzeichnen würde.

Von Nächten ohne Schlaf berichtete Heinz später, in denen ihn die Frage heimsuchte, ob er sich wohl doch geirrt hatte in seiner Verdammnis des demokratischen Deutschland. Die Weimarer Regierung schien bereit, den Friedensvertrag abzulehnen und wieder in den Krieg zu ziehen. »Darf man sich diesem Kampf verweigern? Darf man zu Hause bleiben, weil vielleicht die rote Fahne über den Kolonnen wehen wird? Symbole sind viel, aber Symbole bekommen ihren Wert erst durch die Tat, aus der sie erwachsen. Darf man länger auf den Sturz dieser Regierung sinnen, wenn sie Deutschland retten will? Niemals!« Das waren ungewohnte Gedanken für Leutnant Heinz, den Monarchisten und Antidemokraten. Zum ersten Mal in seinem Leben wusste er nicht, wo er stehen sollte. »Der kriegerische Klang der Tage erfüllt das Herz mit Zuversicht und Stolz. Die Nächte senken Zweifel und Verzagen in die Seele.«

Am 23. Juni kurz nach Sonnenaufgang stand Heinz auf einem Güterwaggon zwischen Sandsäcken und Maschinengewehren. Während der Transportzug einen steil abfallenden Damm überquerte, zerriss eine Sprengladung die Schienen, und Heinz' Wagen stürzte den Abhang herab. Sein rechter Arm wurde von Trümmerteilen zerquetscht. Als er im Lazarett aus der Bewusstlosigkeit erwachte, erfuhr er vom operierenden Arzt, dass am selben Tag die Nationalversammlung in Weimar die Annahme des Friedensvertrages beschlossen hatte. Von diesem Augenblick an war jeder Zweifel in Heinz' Haltung zur Republik erloschen. »Am 23. Juni nahm das Weimarer Unterwerfungsparlament das Schmachdiktat der Entente an. Am 28. Juni wurde durch die Unterschrift des Sozialdemokraten Müller und des Zentrumsmannes Bell der Fetzen Papier, der sich fortan Versailler Vertrag nannte, zum deutschen Schicksal für die lebenden und ungeborenen Geschlechter.« Mit diesem Beschluss hätten ihre Vertreter die Erniedrigung Deutschlands besiegelt und seine Bürger verraten. »Versailles« wurde zur schärfsten Waffe im Arsenal von Antidemokraten wie Friedrich Wilhelm Heinz.

Zu diesem Zeitpunkt war Ernst von Salomon seit drei Monaten dabei, seinen Kadettentraum zu verwirklichen. Der Weltkrieg hatte einen Teppich von lokalen Brandherden hinterlassen, denen hinterherzureisen ihm die Freikorps Gelegenheit boten. Beim Kampf um die Vorherrschaft in den baltischen Staaten bestand ihre Aufgabe darin, die Rote Armee zurückzudrängen, die dazu angesetzt hatte, die Sowjetrevolution nach Westen zu tragen. Die Freikorps sollten die Lücke füllen, die die kaiserliche Armee bei ihrem Abzug hinterlassen hatte und in die die Siegermächte nicht hineinzutreten bereit waren. Die Führer der Freikorps waren es, und mit ihnen Zehntausende Frontveteranen und Abenteurer. Die Anwerbekampagne der sozialdemokratisch geführten Reichsregierung versprach den Männern im Baltikum vieles, vom verklärten »Ritt gen Osten« bis zu der Aussicht, sich nach dem Sieg mit Siedlungsland im Osten belohnen zu lassen. Einige Freiwillige sahen sich bereits als Landherren die kurländische Erde bestellen.

Wer wie Ernst von Salomon um des Krieges willen hergekommen war, fand sich in einen Konflikt geworfen, der auf allen Seiten mit höchster Brutalität ausgefochten wurde. Seine Beschreibungen schildern das schwer überschaubare Vor und Zurück in den baltischen Landschaften, durch das sie mit der Wut von Besessenen hetzten. »Ich weiß nicht, ob wir es wollten, wir taten es. Und die Frage nach dem Warum verblaßte unter den Schatten immerwährender Gefechte.« Er sollte Deutschland an seinen Grenzen verteidigen, so weit erinnerte er sich an die Worte der Anwerbekampagne. Die Heimat jedoch hatte sie hier vergessen, und sie fühlten sich nun als die letzten Versprengten, »die Geächteten« – unter diesem Titel erschienen später seine Erinnerungen.

Von den Freikorps-Veteranen, die ihre Erlebnisse auf den Büchermarkt geworfen haben, ist von Salomon der Einzige, der deutlich über diese innere Verlorenheit geschrieben hat. »Wir lagen nun hier in knisternder Finsternis; wir suchten den Eingang zur Welt, und Deutschland lag hinten irgendwo im Nebel.« In ihre Gespräche zwischen den Gefechten schlichen sich Andeutungen, dass sie wohl alle nicht mehr passten in das Deutschland von Weimar.

Als die Nationalversammlung Ende Juni 1919 die Bestimmungen des Friedensvertrages annahm, war die Räumung des Baltikums beschlossene Sache. Niemand sprach mehr von der Sicherung der Grenzen im Osten, stattdessen kam aus Berlin der Befehl zur Rückkehr ins Reich. »Wir spürten auf einmal die Kälte einer unsagbaren Verlassenheit. Wir hatten geglaubt, daß uns das Land niemals entließ, daß es uns band mit einem unzerstörbaren Strom, daß es unsere geheimen Wünsche speiste und unserem Tun die Rechtfertigung gab. Nun war alles zu Ende.« Die Auflehnung gegen den Berliner Befehl war der letzte Schritt im Prozess der Loslösung von ihrem Heimatland. Der Führer der »Eisernen Division« in Lettland verweigerte den Befehl zum Abtransport, und von Salomon blieb noch drei Monate bei der meuternden Truppe im Baltikum. »Nun fühlten wir uns als die letzten Deutschen überhaupt. Fast waren wir der Regierung dankbar, daß sie vom Reich uns ausschloß. Denn war die Bindung offiziell zerrissen, dann konnte unser Tun uns mit des Reiches Sorge nicht belasten.«

Seine Truppe verkam zu einem Haufen Kriegsvagabunden, die ihre Enttäuschung über den Verrat in einem Gewaltrausch abreagierten. Als im Winter 1919 die Letzten ins Reich zurückkehrten, hatte niemand mehr auf diese verlorenen Söhne gewartet.

Auf seiner Flucht vor seiner eigenen Bedeutungslosigkeit war Ernst von Salomon wieder am Nullpunkt angekommen. Im Januar 1920 lösten sich die Reste seines Freikorpsregiments auf. Die Männergemeinschaft, die ihm fast ein Jahr lang Ersatzheimat gewesen war, zerfaserte in alle Himmelsrichtungen. Nun war er wieder ein 17-jähriger Schulabgänger in einem Staat, der ihn nicht brauchte und dem er wenig zu bieten hatte. Ihm blieb nur ein inneres Exil, das er mit vielen teilte, denen der Neuanfang in der republikanischen Gesellschaft misslang. Ihnen hatte der Wandel keine Verbesserung, sondern nur Abstieg gebracht. Die letzten Deutschen, von denen von Salomon sprach, mussten befürchten, spurlos im Meer der Verlierer unterzugehen.

Die Brigade Ehrhardt zog indessen wie eine Abordnung Schutzpolizisten zu kleineren Einsätzen im Reichsgebiet umher. Noch standen sie in den Diensten einer Regierung, von der sie sich endgültig im Stich gelassen fühlten. Der Versailler Friedensvertrag, unterschrieben entgegen allen Lippenbekenntnissen, hatte nicht nur ihre Niederlage besiegelt und ihre eigene Ohnmacht gezeigt, sondern auch die Frage nach ihrer Loyalität zum neuen System beantwortet. Auf dem Hohenzollernschloss, das sie während eines Streiks der Berliner Verkehrsarbeiter bewachen sollten, hissten Ehrhardts Leute die schwarz-weiß-rote Reichskriegsflagge, gerade wo die Regierung die Kombination Schwarz-Rot-Gold zur neuen Nationalflagge erklärt hatte. Sie verunglimpften demokratische Minister mit höhnischen Parolen und schmückten sich mit Symbolen der Gegenrevolution wie dem Hakenkreuz. Von Herbst 1919 an trugen die Männer von Manfred von Killingers Sturmkompanie ihren Überdruss auf Berlins Straßen, indem sie politische Versammlungen sprengten, Gegner verprügelten und völkische Propaganda verbreiteten. Die größte Söldnertruppe der Republik, durch den Zulauf von Baltikum-Kämpfern auf fünftausend Mann angeschwollen, war im Begriff, sich gegen ihre Herren zu wenden. Sie wollten nicht länger die Betrogenen sein, die Minderwertigen und Machtlosen.

In den Hinterzimmern der Hauptstadt beriet die »Nationale Vereinigung«, die offiziell den Bolschewismus bekämpfte, wie sie das Reich vom demokratischen System befreien konnte. Zu ihren Mitgliedern zählten neben Hermann Ehrhardt reaktionäre Offiziere wie der ehemaligen Generalstabschef Ludendorff und rechtsextreme Politiker wie Ostpreußens Generallandschaftsdirektor Wolfgang Kapp. In der Person von Wilhelm Canaris hatten sie einen Verbindungsmann im Stab des Reichswehrministers sitzen. Zu den Versammlungen der »Nationalen Vereinigung« stieß auch ein Mann, der in der Verschwörung mehr und mehr sein Lebenselement fand. Nach seiner Verletzung beim Anschlag auf den Eisenbahnzug in Niederschlesien war Friedrich Wilhelm Heinz nach Berlin gekommen. Auf der Suche nach Kontakten für die gegenrevolutionäre Sache fand er in Personen wie Kapitänleutnant Canaris und General Ludendorff prominente Verbündete. Der Korvettenkapitän Hermann Ehrhardt interessierte ihn als Soldatenpersönlichkeit von klarer Sprache und praktischer Gewalt, der die Theorie verachtete und zum Losschlagen bereit war. Um den Jahreswechsel 1919/1920 trat Heinz in die Marinebrigade ein.

Die naive Hingabe allerdings, die der Korvettenkapitän von seinen Leuten erfuhr, war nicht seine Sache. Er sah hinter Ehrhardts Willen zur Macht entscheidende Mängel an politischem

Verstand. »Er macht es sich geistig zu bequem und denkt die politischen Probleme, auf die er unaufhörlich stößt, nicht zu Ende. Er hält nicht durch und wechselt vorschnell die Methoden, wenn das Ziel nicht sofort erreicht wird. Der taktische Anfangserfolg wird ihn stets verleiten, das Ziel zu ändern.«

Auch das kennzeichnete den Geist der Freikorps, die sich in jeden Kampf stürzten und endlos an der Gewalt berauschten, jedoch keiner eigenen Idee folgten und am Ende ins Leere liefen. Im Winter von 1919 und 1920, als die Gerüchte um ihre Auflösung die Stimmung in fiebrige Erregung versetzte, sah Hermann Ehrhardt den Zeitpunkt gekommen, den Gegensatz zum herrschenden System zu eskalieren. Er war bereit, sich mit seinen Leuten Deutschland zurückzuholen.

Der Minister der vielen Gesichter

Freitag, 23. Juni 1922, am Vormittag

Wenn Walther Rathenau, der deutsche Außenminister, aus der Tür seines Hauses in Berlin-Grunewald tritt, passt kein Mensch neben ihn. Das liegt nicht so sehr an seiner Gestalt, auch wenn diese im Urteil der Zeitgenossen jeden Raum zu beherrschen vermag. Das Hauptportal der Villa Rathenau, zu der die Stufen einer kleinen Freitreppe hinaufführen, erlaubt vielmehr nur einer einzigen Person den Durchgang. Schmal und hoch, wie sie ist, entspricht sie genau der stattlichen, hochgewachsenen Figur des Ministers. Wenn der – wegen der wenig frühsommerlichen Witterung in Hut und Regenmantel – heraustritt und einen Augenblick innehält, steht er auf dem Podest der Freitreppe zwischen dem in der Fassade ein wenig zurückgesetzten Türrahmen, neben sich zwei Seitenfenster, über sich einen stuckverzierten Sturzbogen. Wie ein lebendes Denkmal in einem eigens für ihn und von ihm komponierten Rahmen.

Der Hausherr hat nämlich, wie er gern betont, selbst den Grundriss und die Architektur seines Hauses entworfen, mitsamt allen Ornamenten und Schmuckelementen – außen wie innen. Zwischen den herrschaftlichen Villen in der Berliner Koenigsallee sticht sein »Junggesellenhaus« nicht so sehr durch Größe oder Exzentrik hervor, sondern aufgrund seiner Schlichtheit, der klaren Gliederung und des sparsamen Baudekors. Über der Haustür umläuft ein Band aus verschlungenem Rankenwerk die Fassade zwischen den beiden Geschossen des Hauses.

Im Innern stehen Marmorstatuen und Säulen neben klassizistischen Kachelöfen, träumerische Wandmalereien wechseln sich ab mit selbst gemalten Bildern. Aber auch ein imposanter elektrischer Staubsauger ist vorhanden, für den Anschlussröhren in allen Zimmern liegen. In Rathenaus Stadtvilla spiegelt sich sein eigener Charakter zwischen preußisch-konservativem Understatement, einem hohen Bildungsanspruch und unbefangener Technikbegeisterung. Jedes Detail, von den deckenhohen Bücherwänden hinter Glas bis zur Platzierung des schwarz glänzenden Flügels im Musikzimmer, gehorcht dem Formwillen des Hausherrn, der sich weder beim Entwerfen noch beim Einrichten mit irgendjemandem abstimmen musste, denn abgesehen von der Familie seines Dieners Hermann Merkel, die den hinteren Trakt bewohnt, bleibt Rathenau in seiner Villa allein. Bis zu ihrem Bezug, als er Anfang vierzig war, hat er bei seinen Eltern im Tiergartenviertel gewohnt. Er hat sich nie verlobt, und er wird niemals heiraten.

Die Frage nach seinem Liebesleben gehört zu den vielen Rätseln um den Menschen Walther Rathenau. In seinen eigenen Schriften und umfangreichen Briefwechseln hat er diesen Bereich sorgsam ausgespart. Auch wenn er mit einer Handvoll Frauen in mehr als flüchtige Beziehungen getreten ist, lässt sich darüber wenig Anschauliches berichten. So hat er näheren Umgang mit einer Journalistin und einer Malerin, er wechselt vertraute Briefe mit der jungen Ehefrau eines Mitarbeiters seines Vaters, aber ohne dass sich daraus eine konkrete Perspektive ergäbe. Zur gleichen Zeit schreibt er an manche Männer in durchaus intimer Tonalität, was in seiner Epoche und Gesellschaftsebene nicht so außergewöhnlich war.

Es bleibt die karge Erkenntnis, dass die Quellen nicht mehr als ein paar Gerüchte um geheime Liebesaffären oder eine uneingestandene Homosexualität preisgeben. Die meisten Zeitgenossen haben sich dazu ausgeschwiegen, und wenn sein Freund

und Grunewald-Nachbar Alfred Kerr in seinem Rathenau-Buch immerhin ein ganzes Kapitel mit der Frage »Wie stand er zu den Frauen?« eröffnet, so kommt er nach einem Dutzend Seiten Belanglosigkeiten zu einem niederschmetternd ratlosen Befund: »Walther war nicht frauenfeindlich; eher frauenskeptisch. Nie frauenhörig. Aber auch nicht von jener … entzückten Dankbarkeit geborener und verdammter Frauenschmecker.« Hundert Jahre und viele Biografien später ist dieser blinde Korridor im Leben des Walther Rathenau nach wie vor kaum ausgeleuchtet.

Walther Rathenau ist ein Mann der vielen Eigenschaften und Talente, der Ambivalenzen und Widersprüche. Und so wie über den Stil seines »Junggesellenhauses« jeder Besucher zu einem anderen Urteil gelangt – von einem einheitlichen Organismus spricht der eine, von geschmackvoller Kälte der andere, von den Gemächern eines Kardinals ein Dritter –, so provoziert auch seine Person im Urteil der Menschen die größten Widersprüche.

Der Sohn des Berliner AEG-Elektrokonzerngründers Emil Rathenau schwankte als Jugendlicher bei der Berufswahl zwischen Malerei, Literatur und den Naturwissenschaften. Dass er sich für Physik und Chemie entschied und dem Weg seines Vaters als Wirtschaftstechniker in der Elektroindustrie bis an die Spitze der AEG nachgefolgt ist, hindert ihn nicht daran, seine zweite Natur als Künstler und Intellektueller auszuleben. Rathenau malt und zeichnet in Öl, Aquarell und Kohle, Rathenau entwirft Häuser und Gärten, Rathenau improvisiert am Flügel, Rathenau verfasst Zeitungsartikel und Aufsätze zu tagespolitischen Themen, er schreibt polemische Texte, zeitkritische Essays und philosophische Bücher, mit denen er in die Öffentlichkeit drängt. Diese Doppelprägung Walther Rathenaus, sein Pendeln zwischen dem technikbegeisterten Wirtschaftslenker und dem bildungsschweren Künstler, vollzieht sich nicht in stiller Zerrissenheit, sondern auf der Bühne der deutschen Gesellschaft.

»Es ist ein Widerspruch, der zu Spannungen führt, die Menschen nur sehr schwer auf die Dauer ertragen können«, so hat er es selbst einmal ausgedrückt in einer Rede vor der großen Festversammlung, die sich zu seinem 50. Geburtstag im Berliner Hotel Adlon eingefunden hat. »Denn dieses Doppeldasein war schlechterdings für die Menschen ein unverständliches, deshalb widerwärtiges Wesen. Ich kann es aber nicht ändern, und es wird bis zu meinem Tode so bleiben.«

Dass er sich nirgends einordnen lässt, dass er keinem Lager zugehört und keine Gefolgschaft um sich schart, registrieren manche mit Bewunderung, andere sehen darin die Arroganz des Außenseiters. Noch mehr irritiert die Kluft zwischen seinem Lebensstil als Industrie-Tycoon und seinen Predigten gegen Oberflächlichkeit und hohlen Reichtum. Selbst für seine Freunde bleibt er, der sich bei aller Zugewandtheit niemandem wirklich öffnet, ein Rätsel. »Rathenau strahlt eine sonderbare Kühle aus; doch ihm gegenüber bleiben nicht Viele kühl: man muß ihn hassen oder lieben – oder auch zu gleicher Zeit beides«, schreibt sein Freund und Kritiker Harry Graf Kessler, der die erste Biografie über Rathenau verfassen sollte. »Das war sein Verhängnis im Leben, daß die kühle Abgeklärtheit, die er um sich verbreiten wollte, ihm als Liebe oder Haß wieder entgegenschlug.«

Als er kurz vor Kriegsende 1918 in der *Vossischen Zeitung* angesichts eines erwartbaren Waffenstillstands zum letzten Kampf der Volksmassen aufrief, machte sich Rathenau vor großem Publikum unmöglich. In den Folgemonaten öffneten sich über ihm die Schleusen der Spötter, angefangen bei der notorischen Etikettierung als der »Aufsichtsrathenau«, der die Aufsichtsmandate der deutschen Wirtschaft zu Dutzenden sammle. Einem Kollegen erschien er als ein »Jesus im Frack«, anderen als sozialistischer Schlossbesitzer, Großkapitalist und Salonbolschewist, Totengräber des Mittelstands, Wasserprediger und Weintrinker, »der moderne Franziskus v. Assisi, das paradoxeste aller paradoxen Lebewesen«.

Als Tiefpunkt musste Rathenau eine Episode aus der Weimarer Nationalversammlung am 7. Februar 1919 hinnehmen. Während draußen die Männer des Landesjägerkorps um Ernst von Salomon ihren Wachdienst verrichteten, vereinte sich hinter den Türen des Nationaltheaters das demokratische Parlament in gehässigem Gelächter, als der Schriftführer den Namen Walther Rathenaus als Kandidaten für die Reichspräsidentschaft verlas, als wäre er die Witzfigur der deutschen Republik.

Nur ein paar Wochen später veröffentlichte er eine polemische Betrachtung des geflüchteten Kaisers Wilhelm II. und des ihn umgebenden Großbürgertums. Kein anderes Buch Rathenaus vereint auf vergleichbare Weise sprachliche Eleganz mit psychologischer Tiefe und Prägnanz im Urteil. *Der Kaiser*, von einem breiten Publikum in vielen Auflagen gelesen, entfesselte sogleich eine Debatte, weniger über den glücklosen Wilhelm als über den Autor, dessen Abrechnung mancherseits als Nachtreten eines ehemaligen Systemgünstlings wahrgenommen wurde. Von Linken, von Gemäßigten, am meisten aber von den Rechten hagelte es Kritik. Vier Monate war es her, dass der Kaiser vom Thron gestiegen war, viele Nostalgiker in den Reihen der Beamten und Offiziere, der Kriegsveteranen und Freikorpskämpfer trauerten ihm lautstark hinterher. Auf sie wirkte besonders eine Passage wie ein elektrischer Schlag, in der Rathenau seine zu Beginn des Krieges einmal geäußerte Einschätzung über Wilhelm II. als ein dem Verhängnis geweihter Monarch wiedergab: »Nie wird der Augenblick kommen, wo der Kaiser, als Sieger der Welt, mit seinen Paladinen auf weißen Rossen durchs Brandenburger Tor zieht. An diesem Tage hätte die Weltgeschichte ihren Sinn verloren. Nein! Nicht einer der Großen, die in diesen Krieg ziehen, wird diesen Krieg überdauern.«

Rathenau konnte nicht ahnen, dass sich diese Sequenz bald aus dem Zusammenhang der Buchseiten lösen und ihr eigenes Zerstörungswerk beginnen würde. Die Angriffe auf seine Person veranlassten Rathenau, im Sommer 1919 eine Selbstverteidigungsschrift auf 38 Seiten vorzulegen, mit denen er die Vorwürfe der Doppelmoral, der Eitelkeit, des Überehrgeizes und der zynischen Kriegstreiberei in langen Argumentationsketten zu widerlegen suchte. Aber anstatt mit dieser *Apologie* seine Widersprüchlichkeit zu entschärfen, trug sie zu ihrer Bestätigung bei. Im Herbst 1919 war er in der deutschen Öffentlichkeit erledigt.

Heute, zweieinhalb Jahre später, ist Walther Rathenau Außenminister des Deutschen Reiches und dessen prominentester Politiker. Das Auto, das vor seiner Villa in der Koenigsallee vorgefahren ist, um ihn ins Auswärtige Amt zu befördern, ist ein NAG-Cabriolet und somit ein Produkt aus seinem eigenen Haus. Als Direktor der AEG hat er zusammen mit seinem Vater, dem Konzerngründer Emil Rathenau, um 1901 den Bau von Automobilen in ihren Berliner Werken aufgenommen. Unter dem Markennamen »Nationale Automobil-Gesellschaft« produziert die AEG sportliche Rennwagen, Lkws, Omnibusse und elegante Luxuskarossen wie das kleine dunkelgraue Cabrio mit den roten Rädern, in dessen Fond sich Walther Rathenau niederlässt. Mit dem Eintritt in die Reichsregierung hat er alle seine Ämter in der Wirtschaft niedergelegt, auch das als Aufsichtsratspräsident der AEG. Immerhin der Fahrer am Steuer seines NAG, Josef Prozeller, steht noch in AEG-Diensten.

Rathenau liebt sein Cabrio, und wenn es nicht gerade in Strömen gießt, lässt er sich grundsätzlich bei offenem Verdeck fahren. Kein Begleitfahrzeug folgt ihnen, keine Leibwächter schützen ihn, da sind nur er und sein Fahrer. Für einen Mann in seiner Position, in einer Welt mit tausend Feinden und alltäglicher Gewalt ist das nicht nur für seine Freunde schwer zu begreifen. Wenige Tage zuvor hat er den Kinderwagen des Theaterkritikers Alfred Kerr und seiner Frau durch den Grunewald geschoben, deren Villa zweimal um die Ecke von Rathenaus

Walther Rathenau 1922 in Berlin

Haus liegt. Man kennt einander seit mehr als zwanzig Jahren, der eine nimmt den anderen bisweilen morgens in seinem NAG mit in die Stadt. Bei ihrem Spaziergang hat Kerr Rathenau vorgeworfen, die Gefahr zu ignorieren, der sein Leben ausgesetzt sei. Der hält die Warnung zwar nicht für abwegig, doch er erwidert in lächelnder Gefasstheit, dass er Vorsicht für zwecklos halte. »Das sind Dinge des Schicksals. Ich habe vorhin die drei Kerls nach Hause geschickt, die mich begleiten sollten.«

Kerr und seine Frau sehen sich an. Der Freund will es so und nicht anders.

Verräter

»Ich sehe den Herrn Lübcke als Volksverräter. Wer seinem eigenen Volk empfiehlt, auszureisen, wenn ihm die Flüchtlingspolitik nicht passt, das ist für mich ein Volksverräter.«

Pegida-Demonstrant, 1. Juli 2019, vier Wochen nach dem Mord an Walter Lübcke

Am 18. November 1919 befand sich Deutschland im eisigen Griff eines verfrühten Wintereinbruchs. Vor dem Reichstag in Berlin lag der Schnee in Haufen zusammengescharrt. Einige aus der Menschenmenge, die sich vor dem Gebäude versammelt hatte, waren hinaufgeklettert, um bessere Sicht auf die Ankunft der Männer zu haben, die an diesem Tag einen Auftritt im deutschen Parlament haben würden. In dem einen der beiden Autos, die vorgefahren kamen, saßen Generalfeldmarschall Paul von Hindenburg und General Erich Ludendorff, die Spitzen der letzten Obersten Heeresleitung in der kaiserlichen Armee. Im anderen Wagen befand sich der frühere Vizekanzler Karl Helfferich. Alle drei waren sie als Vertreter der ehemaligen Reichs- und Militärführung vor den parlamentarischen Untersuchungsausschuss zitiert worden, der die Ursachen für den Zusammenbruch und die Niederlage von 1918 erforschen sollte. Als die Autos zum Stehen kamen, ertönten Jubelschreie aus der Menge, die Hindenburg feierten, die Republik verhöhnten und in patriotische Gesänge mündeten. Sogleich erhob sich das Gebrüll von linken Gegendemonstranten, und die beiden Lager gerieten handgreiflich aneinander.

Vor das Auto mit Hindenburg und Ludendorff schoben sich einige Sturmsoldaten der Marinebrigade Ehrhardt. Unter dem Kommando von Manfred von Killinger hatte sich die Kompanie in den vergangenen Monaten auf Störaktionen und Straßenterror gegen Veranstaltungen der Republik verlegt. Zum heutigen Anlass hatten sie sich vorgenommen, die Vernehmungen ihrer obersten Dienstherren von einst zu verhindern, die in ihren Augen wie Kriegsverbrecher vor ein Schandtribunal gezerrt werden sollten. Der Marineoffizier Carl Tillessen stand an der Spitze dieser Eingreiftruppe. In seinen privaten Aufzeichnungen, die später zu einem Erinnerungsbuch zusammengetragen wurden, schilderte er den unerwarteten Verlauf dieser Begegnung. Seine Männer hatte er angewiesen, das Auto der beiden Feldherren anzuhalten, um sie zur Umkehr zu bewegen. »Ich sprang dazu auf das Trittbrett und meine Leute blockierten die Weiterfahrt. Ich sagte etwa: ›Excellenzen, wir einfachen Soldaten, die Sie zutiefst verehren, bitten Sie, umzukehren und sich nicht diesem Gericht zu stellen.‹ Eine riesige Menge war inzwischen um das Auto versammelt. Väterlich mahnte Hindenburg: ›Männer, macht uns den Weg frei.‹ Als dies nichts nützte, sprang Ludendorff auf und schrie: ›Scheren Sie sich weg, wir wissen, was wir tun.‹«

In gekränktem Stolz machten die Brigademänner Platz, ohne zu begreifen, dass dem bevorstehenden Auftritt ihrer beiden Idole ein ausgefeilter Plan zugrunde lag, den Untersuchungsausschuss als Forum für ihre eigenen Zwecke zu nutzen. Die alten Feldherren wussten in der Tat, was sie vorhatten. Sie wollten auf der wichtigsten Bühne der deutschen Republik verkünden, wer die Schuldigen an Deutschlands Misere seien. Dafür konnten sie kein Störfeuer gebrauchen, auch nicht von der richtigen Seite.

Immer wieder war seit dem Ende des Krieges die Frage nach der Schuld aufgeworfen worden, sowohl an seinem Ausbruch als auch am desaströsen Ausgang. Die meisten Deutschen rätselten weiter über diese Niederlage, wo doch ihre Soldaten im Osten gesiegt und im Westen bis zum letzten Kriegstag im Feindesland gestanden hatten. Angesichts der Friedensverhandlungen mit den Alliierten ließ die Regierung Dokumente sammeln und stritt ausdauernd über deren Veröffentlichung. Den Komplex juristisch zu klären, erwies sich als nicht möglich. Mit dem Kriegsschuldartikel 231 des Versailler Vertrages wuchs sich die Frage zur nationalen Besessenheit aus. Der »Untersuchungsausschuss für die Schuldfragen des Weltkrieges«, den die Nationalversammlung im August 1919 einsetzte, diente dem Ziel, die Kontroverse, die die Stimmung im Reich vergiftete, auf ein sachliches Maß herunterzudimmen. Mit den Aussagen von Hindenburg und Ludendorff am 18. November sollte das Gegenteil eintreten.

Die Berliner empfingen Paul von Hindenburg als den »Vater des Vaterlandes«, als der er trotz verlorenem Krieg bei der Mehrzahl der Deutschen galt. Seine Ankunft am Bahnhof Zoo sechs Tage zuvor war ein Triumphzug mit militärischen Ehren und Menschenspalieren gewesen. Jetzt im Reichstag sah er sich empfangen wie ein Staatsgast. Die Anwesenden erhoben sich von ihren Plätzen, als er, zum ersten Mal überhaupt, das Parlament betrat. Auf dem Tisch vor seinem Platz im übervollen Sitzungssaal lag ein Chrysanthemenbouquet, gebunden mit einer Schleife in den alten Reichsfarben Schwarz-Weiß-Rot. Als der Generalfeldmarschall, anstatt auf die Fragen seiner Vernehmer zu warten, sofort zu einer politischen Grundsatzerklärung anhob, wagte ihm der Vorsitzende des Ausschusses nicht das Wort zu verbieten.

Mit gravitätischem Timbre sprach Hindenburg die Militärführung und damit sich selbst von jeder Schuld an der Niederlage frei, während er die Heimat bezichtigte, ihr Frontheer schmählich verraten zu haben. Die heimtückischen Kräfte der Revolution hätten von langer Hand die Moral von Heer und Flotte zersetzt. Gegen Ende steuerte Hindenburg auf jenen Satz zu, der seine Deutung der Niederlage zur griffigen Formel verdichtete: »Ein englischer General sagte mit Recht: ›Die deutsche Armee ist von hinten erdolcht worden.‹« Weder erwähnte er den Namen seines Kronzeugen, General Frederick Maurice, noch, dass diesem das Zitat von einer Schweizer Zeitung in den Mund gelegt worden war. Als Maurice später diese Äußerung dementierte, war der Geist längst aus der Flasche.

Nach Hindenburg trat Erich Ludendorff als Zeuge vor den Ausschuss, um an die Reinwaschung der Obersten Heeresleitung anzuknüpfen. Aus taktischem Kalkül sah er von einer persönlichen Stellungnahme ab, da er an die staatsmännische Aura seines Vorredners sowieso nicht heranreichen konnte. Anders als

Hindenburg aber verzichtete Ludendorff nicht darauf, jene beim Namen zu nennen, die ihnen beim Kampf an der Front in den Rücken gefallen seien. »Ich muß einen Ausspruch Walther Rathenaus wiedergeben«, erklärte er mit Blick auf Rathenaus Buch über Wilhelm II., das ein halbes Jahr zuvor erschienen war. Er bezog sich auf jene Sequenz, wonach an dem Tage, wo der Kaiser als Sieger durchs Brandenburger Tor ziehen würde, die Weltgeschichte ihren Sinn verloren hätte. »Es waren also Strömungen im Volke vorhanden, die nicht die Ansicht der Obersten Heeresleitung vertraten, daß wir auf den Sieg kämpfen müßten, und diesen Strömungen mußten wir Rechnung tragen.«

Das Zitat aus dem Zusammenhang reißend, ließ diese Interpretation Rathenau als Kriegssaboteur dastehen, der in Deutschland die Niederlage herbeigeredet hatte. Auch wenn der sich anschließend gegen diese Auslegung zur Wehr zu setzen versuchte, blieb Ludendorffs verkürztes »Kaiser-Zitat« fortan in der Welt und wurde zum ausgiebig verwendeten Stehsatz in den Kreisen der völkischen Nationalisten. Von da an sei er ein Gezeichneter gewesen, sagte sein Freund Harry Graf Kessler über Walther Rathenau.

Die Wirkung der doppelten Inszenierung von Unschuld und Verrat war in der deutschen Öffentlichkeit von bleibendem Widerhall. Zwar war die These vom Dolchstoß, der das im Feld unbesiegte Heer von hinten niederstreckte, schon seit Kriegsende in Umlauf. Aber indem eine Autorität wie Hindenburg sich mit ihr identifizierte und sie obendrein von einem britischen Kriegsgegner verbürgen ließ, hob er sie aus der Ebene des gerade eben Sagbaren in den Rang eines Glaubenssatzes. Tausenden Offiziere und Soldaten, denen ihr Schicksal als Verlierer so viel Scham bereitet hatte, bot diese Aussage im Reichstag Erlösung und Triumph zugleich. Endlich hatte der verlorene Kampf, für den sie so viel geopfert hatten, eine Deutung gefunden.

Jetzt konnten sie mit dem Finger auf die wahren Schuldigen zeigen, die sich durch schreiendes Unrecht an die Spitze des Staates gestohlen hätten. Männer wie Hermann Ehrhardt, Friedrich Wilhelm Heinz oder Manfred von Killinger bedienten sich alle in ihren Schriften der Dolchstoßrhetorik, die dank Hindenburg zum Allgemeingut geworden war. »Jahrelange heimtückische Wühlarbeit von Verbrechern und Vaterlandsverrätern hatte durch Lug und Trug die Mannschaften verhetzt«, schrieb zum Beispiel Manfred von Killinger in seiner Autobiografie, »das war der Dolchstoß in den Rücken der Armee.«

Der Verrat gehört seit den klassischen Dolchstößen auf Julius Cäsar zu den großen Themen des politischen Lebens. Das Strafgesetzbuch kennt den Tatbestand des Hochverrats, der auf den gewaltsamen Umsturz der staatlichen Ordnung abzielt, und den des Landesverrats, bei dem ein Staatsgeheimnis einer fremden Macht preisgegeben wird. Auf der moralischen und emotionalen Ebene ist der Verrat ein Leitmotiv besonders auf der rechten Seite des politischen Spektrums. Die Wahrnehmung, dass die gute Ordnung des Gemeinwesens durch Feinde aus den eigenen Reihen erschüttert wird, also der Verrat an der Heimat und dem eigenen Volk, mobilisiert stärkste Gefühle, von Verstörung und Enttäuschung über Ohnmacht und Angst bis zum Hass. Sie verlangen nach Entschädigung und Genugtuung, oder besser gleich Rache und Vergeltung. Das kann sich gegen die revolutionäre Masse in den Straßen richten, aber auch gegen eine verschworene Elite aus Politikern, Intellektuellen und Außenseitern, die die alten Traditionen verachten und lächerlich machen und damit von innen aushöhlen. Dieser Verrat durch Ideen und Worte jenseits der offenen Feldschlacht gilt als die weitaus perfidere Variante.

Die Beobachter in Deutschland waren sich einig, dass Hindenburg und Ludendorff am 18. November 1919, ein Jahr nach dem Untergang der wilhelminischen Monarchie, der Republik mit ihrem Auftritt im Reichstag einen schweren Schlag versetzt hatten. Die Regie bei dieser Aufführung aber hatte ein Mann geführt, der an diesem Tag in ihrem Schatten geblieben war. Der dritte Mann, der im Wagen hinter den beiden Militärkoryphäen am Reichstag vorgefahren kam, hieß Karl Helfferich. Er war es, der den Generalfeldmarschall von Hindenburg tagelang in seiner Berliner Privatwohnung vor dessen Ausschusstermin beherbergt hatte. Gemeinsam hatten sie beharrlich am Wortlaut seiner Erklärung gefeilt.

Einen besseren Ratgeber als Helfferich konnte es für dieses Vorhaben nicht geben, hatte er doch kurz zuvor selbst vor diesem Ausschuss gestanden und es dabei fertiggebracht, ihn öffentlich zu diskreditieren. Er verwickelte seine Vernehmer in Rededuelle über die Rechtmäßigkeit der Anhörung, verweigerte sich Fragen, drohte mit Abbruch und beschuldigte seinen Vernehmer seinerseits des Landesverrats, womit er sich zweimal eine pressewirksame Geldstrafe über je 300 Mark einhandelte. Nach vier Verhandlungstagen endete seine Befragung im Untersuchungsausschuss als taktisch arrangierter Eklat, der viele Augen und Sympathien auf sich gezogen hatte. Größer konnte die Aufmerksamkeit daher nicht sein, als am folgenden Tag der verehrte »Sieger von Tannenberg« Hindenburg in den Zeugenstand trat, um seine Botschaft vom Dolchstoß unters Volk zu bringen. Helfferich hatte seine Berufung als Agent Provocateur gegen die Republik glänzend unter Beweis gestellt.

Wie kaum ein anderer verkörperte dieser Mann die politische Klasse der alten Monarchie. Der Sohn eines Textilfabrikanten aus der pfälzischen Provinz wusste die Chancen zu nutzen, die diese Gesellschaft einem Aufsteiger bot, der über Ehrgeiz und Scharfsinn verfügte. Mit Anfang zwanzig verfasste der promovierte Volkswirt Dr. Karl Helfferich seine ersten finanzpolitischen Abhandlungen, denen er ein weltweit beachtetes Standardwerk über *Das Geld* folgen ließ, das ihn in die Nähe des berühmten britischen Fachkollegen John Maynard Keynes rückte. Aber da war ihm der Radius eines Universitätsprofessors bereits zu eng geworden. Mit dem Wechsel in die Kolonialabteilung des Auswärtigen Amtes begann er mit Anfang dreißig seine Laufbahn als Finanzfachmann im öffentlichen Dienst, in der er es zu Ansehen in höchsten Berliner Kreisen brachte. Eine dritte Karriere nahm Helfferich in Angriff, als die Deutsche Bank ihn 1908 in ihr Direktorium und die Reichsbank ihn in ihren Zentralausschuss aufnahmen. Man sah ihn auf internationalen Konferenzen die deutsche Sache verhandeln.

Dass er sich überall so lange an der Spitze halten konnte, lag zum einen an seiner Arbeitswut und intellektuellen Befähigung. Zugleich war Helfferich ein Mann von fest gefügten Überzeugungen, mit denen er in der wilhelminischen Elite auf Gegenliebe rechnen konnte. Als Ökonom war er ein eingefleischter Wirtschaftsliberaler, den Interessen von Industrie und Unternehmern zugetan. Als Politiker vertrat er den Nationalismus eines konservativen Bildungsbürgers, der das deutsche Vaterland über alles setzte und daraus imperialistischen Anspruch ableitete. Karl Helfferich war von ganzem Herzen Monarchist. Das hergebrachte Regime infrage zu stellen wäre ihm niemals in den Sinn gekommen. Die Gunst des Kaisers war ihm sicher.

Ein Jahr nach dem Ausbruch des Weltkriegs bot sich ihm ein Arbeitsfeld, das seinem patriotischen Pflichtgefühl wie auch seinen politischen Ambitionen entsprach, und überdies forderte es seinen analytischen Verstand als Geldtheoretiker heraus. Der deutsche Reichskanzler berief ihn als Staatssekretär im Reichsschatzamt zum Herrn über die Kriegsfinanzen. In endlosen Zahlenkolonnen errechnete Helfferich die Kosten des Kriegs, die nur durch riesige Staatsverschuldung zu finanzieren seien. Die Rechnung wollte er nach dem Sieg den Feinden aufbürden, die das Deutsche Reich in diese Lage getrieben hätten. »Das Bleigewicht der Milliarden haben die Anstifter dieses Krieges verdient; sie mögen es durch die Jahrzehnte schleppen, nicht wir«, rief er am 20. August 1915 in den Beifall des Reichstags. Mit seiner Anleihepolitik, die alles auf deutschen Sieg setzte, konnte sich Helfferich durchsetzen. Nach der Niederlage sollte das Bleigewicht der Milliarden dann umso schwerer auf dem neuen deutschen Staat lasten.

1916 beförderte ihn der Kanzler zum Staatssekretär des Inneren und zum Vizekanzler. Nun stand er im Zentrum der Macht. Bei den Abgeordneten des Reichstags aber stieß seine kalte bürokratische Art auf Unwillen. Wie der Ökonomieprofessor im Hörsaal präsentierte er seine politischen Formeln und ließ durchblicken, wie wenig ihm an ihren Debatten gelegen war. Doch Helfferich versäumte zu erkennen, dass sich das Parlament im Kriegsverlauf von der obrigkeitlichen Beamtenregierung emanzipierte. Nach einer Verfassungsreform im Oktober 1917 war der Reichskanzler auf das Vertrauen des Reichstags angewiesen, und der wollte keinen Vizekanzler Helfferich mehr.

Ein Jahr später musste er dem Kollaps seines Kaiserreichs zusehen, der ihn vollkommen aus dem Gleis warf. »Ich empfinde es vielleicht mehr als die meisten anderen. Denn mein ganzes Leben, meine ganze Arbeit und mein ganzes Sinnen und Trachten war, seit ich ein bewußter Mensch bin, ganz eingestellt auf die großen Dinge, die jetzt zusammenbrechen.« Wie für viele andere markierte der Umsturz im November 1918 den Tiefpunkt seines Lebens. Aus dem Techniker der Macht wurde ein Außenseiter. Sein Feind war die neue Ordnung, und er lenkte seine nie versiegende Energie auf diesen Kampf.

Die Deutschnationale Volkspartei, am 24. November 1918 in Reaktion auf die Revolution gegründet, war die Partei der Verlierer und Unzufriedenen. In ihr vereinten sich die Kräfte einer ehemaligen Elite, die sich um die Früchte ihres Lebens geprellt sahen, sich damit aber nicht schweigend abfinden wollten. Sie

Karl Helfferich, 1918

erklärten dem parlamentarisch-demokratischen System den Kampf mit dessen eigenen Waffen. Am rechten Rand des Weimarer Parteienspektrums hatte die DNVP Zugang zu einem beträchtlichen Reservoir an Anhängern, vom kaiserlichen Beamten und gehobenen Bürger bis zum entthronten Adligen und zornigen Offizier und zunehmend auch den kleinen Leuten aus der Stadt.

Innerhalb weniger Jahre wuchs die Partei auf fast eine Million Mitglieder. Ihr Gedankengut war nationalkonservativ bis restaurativ, mit stark völkischem, antisemitischem Einschlag. Zu ihren Kernthemen gehörten die Rückkehr zur Monarchie, die Revision des Versailler Friedensvertrags mit dem Kriegsschuldartikel 231 und die Rückgewinnung der verlorenen Staatsgebiete und ehemaligen Kolonien. Die Theorie vom Dolchstoß gegen das deutsche Heer war selbstverständlicher Glaubensartikel. Im Reichstag, wo sich die DNVP mit zweistelligen Wahlergebnissen festsetzte, war sie von Beginn an eine lautstarke Fraktion. Zu ihren prominentesten Wortführern zählte Karl Helfferich, dessen polemische Attacken, vorgetragen in der düsteren Leidenschaft des Zahlenmenschen, ihn zu einem gefürchteten Redner machten. Feinde hatte er viele.

Helfferichs Hass auf die Verräter des Vaterlandes reichte zurück in seine politischen Anfänge. Während seiner Dienste im kaiserlichen Kolonialamt hatte ihm der kolonialpolitische Sprecher der Zentrumspartei Matthias Erzberger mit Vorwürfen wegen Misswirtschaft das Leben schwer gemacht. Hier prallte der Gegensatz zweier Weltbilder aufeinander. Nach Helfferich war die Macht am besten in den Händen sachkundiger Technokraten wie ihm aufgehoben. Erzberger dagegen glaubte an die demokratische Kontrolle der Regierung durch Parlamentsabgeordnete, wie er einer war.

Während des Weltkriegs gerieten sie in Fragen von Krieg und Frieden aneinander. Jede dieser Begegnungen trieb den Keil der Abneigung tiefer. Schließlich betrieb Erzberger im Herbst 1917 die Ablösung Helfferichs als Vizekanzler, die dessen Träume von der Kanzlerschaft zunichtemachten. Spätestens jetzt war aus der Verachtung des Professors gegen den Volksschullehrer eine Todfeindschaft geworden. Nach der Gründung der Republik begegneten sich die beiden im demokratischen Parteileben wieder. Helfferich, dem Freund wie Feind ein lückenloses Gedächtnis nachsagten, hatte nichts vergessen, und mit seinem Hass stand er längst nicht allein. Vielen Deutschen galt Matthias Erzberger als der Verräter des Reiches schlechthin.

Fünfzehn Jahre zuvor hatte er mit 28 Jahren für die katholische Zentrumspartei einen Sitz im Reichstag eingenommen. Jung und von bescheidener Herkunft, stach Erzberger sogleich heraus als ein Politiker neuen Typs. Ungewohnt war im wilhelminischen Honoratiorenparlament, wie dieser Mann Politik als Beruf begriff, dafür nach Berlin übersiedelte und sein ganzes Leben dieser Aufgabe widmete. Suspekt war vielen die Chuzpe, mit der er die Skandale der Kolonialpolitik ans Licht zerrte und sich dabei auf Kosten angesehener Männer wie Karl Helfferich profilierte. Gerade ältere Kollegen stieß er mit seiner Überzeugung vor den Kopf, dass das monarchische Herrschaftssystem überholungsbedürftig sei, umso zäher arbeitete er an der Parlamentarisierung des Deutschen Reiches. Erzberger war die treibende Kraft hinter der Verfassungsreform von 1917. Da hatte sein Rivale Helfferich bereits erkannt, dass Erzberger ein feindliches Prinzip verkörperte, das für seinesgleichen zur Gefahr werden konnte – ein Instinktpolitiker mit einem Gespür für aktuelle Entwicklungen, das ihn stets zwei Züge voraus sein ließ.

Doch der allzu umtriebige, allzeit leutselige Herr Erzberger genoss unter den Kollegen nicht zu viele Sympathien. Ein langjähriger Verwaltungsbeamter der Republik, ansonsten der Neutralität verpflichtet, beschrieb ihn offenherzig: »Er kannte keine Zurückhaltung, war immer ›vorneweg‹, lächelnd-aufdringlich und zugleich glatt, ein wenig vulgär, ein Hans-Dampf-in-allen-Gassen, und hatte zu alledem, was man als Student ein ›Ohrfeigengesicht‹ nennt, das heißt ein Gesicht, das den Gegner reizte, ihm eine Ohrfeige zu geben.«

Das Wendige, das ihn zur Reizfigur machte, war Teil seines Selbstverständnisses, dass nämlich ein moderner Politiker seinen Standpunkt wechseln könne. Im Verlauf des Krieges tauschte er seine aggressive Haltung gegen die eines Vorkämpfers für den Kompromissfrieden. Dem Vorwurf, prinzipienlos zu sein, hielt er entgegen, dass nur ein politischer Idiot aktuelle Entwicklungen ignorieren könne.

Seine Übergeschäftigkeit führte ihn auf vermintes Gebiet. Der Politiker Erzberger war es, der am 11. November 1918 auf Betreiben von Generalfeldmarschall von Hindenburg die nordfranzösische Front überquerte, um den Waffenstillstand zu unterzeichnen. Der militärischen Führung des Reiches half er so, die Verantwortung für die Niederlage von sich abzuwälzen, die von da an wie ein Kainsmal den Vertretern der Republik anhaftete. Ein halbes Jahr später war es wieder Erzberger, der gegen die Mehrheitsmeinung dafür eintrat, die Bedingungen des Versailler Friedensvertrages anzunehmen, um eine noch größere Katastrophe abzuwenden. Den Krieg stattdessen wieder aufzunehmen, wovon Militärs und Freikorps träumten, hielt er für naiv und selbstmörderisch.

In Erzberger, dem »Erzverderber« der Nation, fand die Rechte ihren Sündenbock, der der Legende vom Dolchstoß ein Gesicht gab. Die Karikatur des hässlichen Zivilisten, fett und kurzbeinig, bebrillt und bäurisch, von breitem Dialekt und in verschossenen Beinkleidern, diente als Motiv demokratiefeindlicher Hetze. »Erst mach dein Sach – dann trink und lach!«, hatte er eine Woche vor der Annahme des Friedensabkommens launig in das Gästebuch eines Weimarer Gasthauses geschrieben. Der Spruch gelangte in die Öffentlichkeit als Beweis für die Häme des Volksverräters. Nirgendwo loderte der Hass stärker als in den Reihen der Freikorps. »Erzberger – Totengräber«, lautete eine Tagesparole der Marinebrigade Ehrhardt, deren Sturmkompanie in Berlin seine Versammlungen sprengte. »Diese Eiterbeule am deutschen Volkskörper war der Verräter des Vaterlandes!«, beschrieb Hermann Ehrhardt die Stimmung unter seinen Leuten. »Ein Mann, der dafür auch noch einmal würde büßen müssen!« Bald bekam der Mann mit dem Ohrfeigengesicht den Druck der Straße in Angriffen auf seine Person zu spüren.

Aber Matthias Erzberger, so unkriegerisch seine äußere Erscheinung wirken mochte, war kein wehrloses Opfer. »Ich stand unmittelbar hinter ihm an der Rednertribüne«, beschrieb der Beobachter Harry Graf Kessler in seinem Tagebuch eine Szene in der Nationalversammlung, nachdem ein deutschnationaler Abgeordneter Erzberger mit giftigen Worten für den Niedergang des Vaterlands verantwortlich gemacht hatte. Nun holte dieser zum Gegenangriff aus. »Allmählich wuchs aus dieser drolligen, schlecht sprechenden, ungeschickten Gestalt die furchtbarste Anklage empor, die schlechtgemachten, schlecht gesprochenen Sätze brachten Tatsache auf Tatsache, schlossen sich zu Reihen und Bataillonen zusammen, fielen wie Kolbenschläge auf die Rechte, die ganz blass und in sich zusammengeduckt, und immer kleiner und isolierter in ihrer Ecke sass.«

Erzbergers Gegenspieler Helfferich sah seine Parteifreunde von der DNVP sich an dieser überlegenen Potenz abarbeiten, die in der Republik zu einem Machtfaktor ersten Ranges aufstieg.

Matthias Erzberger, um 1919

Erzberger beherrschte wie kein anderer den Apparat von Regierung, Reichstag und Verwaltung. Seit Juni 1919 amtierte er als deutscher Finanzminister, in seiner Funktion als Vizekanzler war er sogar Helfferichs Nachfolger. Die beiden hatten die Rollen in jeder Hinsicht getauscht. Der Herr des Geldes war zum Außenseiter geworden und musste sich vom schwäbischen Aufsteiger auf seinem eigenem Gebiet in den Schatten stellen lassen. Erzbergers Steuerreform, die er erfolgreich durch die Gesetzgebung peitschte, war ein Jahrhundertwerk, gegen das die früheren Eliten um ihren Finanzexperten Helfferich vergebens Sturm liefen. Da Helfferich ihn politisch nicht besiegen konnte, beschloss er nun, seinen Gegner zu zerstören, indem er ihn außerhalb der Flure des Reichstags in einen fatalen Schlagabtausch verwickelte.

»Fort mit Erzberger!« Unter diesem Titel veröffentliche Karl Helfferich im August 1919 eine 80-seitige Flugschrift, in der er die Anklagen gegen den Finanzminister aus den letzten Jahren zusammentrug. Sie zielten auf die Behauptung, er habe seine politische Tätigkeit mit persönlichen Geldinteressen vermischt. Vorteilsnahme, Geschäftemacherei, Lüge, Unehrenhaftigkeit und Verrat, immer wieder Verrat, so zeichnete die Schrift das Bild eines durch und durch korrupten Politunternehmers. »Das ist Herr Erzberger, der das deutsche Volk mit dem geringen moralischen, politischen und wirtschaftlichen Kapital, das es aus dem Zusammenbruch noch gerettet hat, zur gänzlichen Vernichtung führen wird, wenn ihm nicht endlich das Handwerk gelegt wird! Deshalb gibt es für das deutsche Volk nur eine Rettung. Überall im Lande muß mit unwiderstehlicher Gewalt der Ruf ertönen: Fort mit Erzberger!«

Ein Finanzminister, für den die Integrität in Geldsachen unabdingbar war, konnte solche Vorwürfe nicht unwidersprochen stehen lassen. Wochenlang lieferten sich die beiden einen Schlagabtausch, bis Matthias Erzberger wegen Beleidigung vor Gericht zog. Hier erwartete ihn Helfferichs sorgfältig präparierte Falle.

Ein Kollege aus Erzbergers Zentrumspartei, der als Beobachter den Justizpalast in Berlin-Moabit aufsuchte, sah ein Schauspiel für großes Publikum. Von den Wänden blickten goldgerahmte Hohenzollernfürsten in Öl in den Verhandlungssaal. Die Justizvertreter, vom Richter und Staatsanwalt bis zum Gerichtsdiener, waren von bekannt monarchistischer Gesinnung. Auf der Journalistentribüne brachten sich die Stimmungsmacher der rechten Blätter in Stellung. In dichten Trauben drängten sich Schaulustige in die Stuhlreihen. »Meist Vertreter der höheren Gesellschaftsklassen, vorwiegend das weibliche Element, von der hochkonservativen Stiftsdame an bis zur jungdeutschen Kaffeeschwester. Das verständnislose Lachen und sonstige Gebaren des Auditoriums verriet, dass etwas vom Geiste des zu seinen Häuptern thronenden Preußenkönigs auf dasselbe abgefärbt hatte.« Die Gegner des Reichsfinanzministers hatten mobilgemacht. Wenige Gehminuten von seinem Ministerbüro entfernt fand sich der Nebenkläger Erzberger im Gerichtssaal auf Feindgelände wieder.

So begannen die Zwanzigerjahre der Weimarer Republik mit einem Sensationsprozess, der in der deutschen Geschichte ohne Beispiel steht. Hier klagte ein Minister gegen einen Ex-Minister, der amtierende Vizekanzler gegen den Ex-Vizekanzler. Zwei Feinde fürs Leben zogen in ein Duell um Rufmord und Rache, um Ehre, Ansehen und berufliche Existenz. Erzberger war bekannter als der Reichskanzler, ein Kraftzentrum seiner Partei und der parlamentarischen Republik. Er war der meistgehasste Mann der Rechten, Reaktionären und Militärs. Jeder Zuschauer im Saal wusste, dass er einem Stellvertreterkrieg der verfeindeten Lager Deutschlands beiwohnte. Hier kämpften Kaiserreich gegen Republik, Nationalisten gegen Liberale, Autoritäre gegen Demokraten. Das alte System forderte das neue heraus. »Warum dieser Kampf gegen meine Person?«, fragte Matthias Erzberger in den Gerichtssaal und gab gleich selbst die Antwort: »Man will die Demokratie treffen und die ruhige Entwicklung nach aufwärts aufhalten. Die heutige Regierung soll beseitigt werden.«

Erzberger musste sich verteidigen gegen einen Angeklagten, der sich zum Ankläger aufschwang. Mit noch mehr als seiner üblichen Akribie wühlte sich Karl Helfferich durch Materialberge, um Erzbergers Lebenswandel zu diskreditieren und seinen Interessenkonflikt zu belegen. Bis in Handwerkerrechnungen und Restaurantquittungen hinein entblätterte er sein Privatleben vor der Nation. Seine Zeugenbefragungen glichen Kreuzverhören, grundiert von einem brennenden Hass, mit dem er den Finanzminister vor sich hertrieb und die ihm geneigten Richter und Staatsanwälte immer mehr auf seine Seite zog.

Die Verhandlungen im Fall Erzberger gegen Helfferich erstreckten sich von Januar bis März 1920 und füllten 1056 Protokollseiten. In diesen Monaten wuchs sich der Prozess zum Drama aus, das die Öffentlichkeit in fieberhafte Erregung versetzte. Am 26. Januar feuerte der Kriegsveteran Oltwig von Hirschfeld zwei Schüsse auf den Finanzminister und verletzte ihn an der Schulter. Er hatte den Prozess im Publikum verfolgt und erklärte später, Helfferichs Enthüllungen hätten ihn zu dem Mordanschlag verleitet. Vier Wochen darauf, als der Prozess wieder aufgenommen war, brachten Erzbergers Gegner mithilfe von Berliner Finanzbeamten seine persönliche Steuererklärung in ihren Besitz und spielten sie einem deutschnationalen Blatt zu, das sie ohne Zögern veröffentlichte. Der Prozess entwickelte sich zum Skandal des jungen Jahrzehnts.

Am Ende verurteilte das Landgericht Karl Helfferich zu einer Geldstrafe von 300 Reichsmark wegen übler Nachrede, nicht ohne darauf hinzuweisen, dass Matthias Erzberger mit seiner Unanständigkeit dem eigenen Land geschadet habe. So kehrte sich die Klage gegen den Kläger. Erzberger trat am selben Tag von seinem Amt als Finanzminister der Weimarer Koalition zurück, womit die Demokratie eine Schlüsselfigur auf dem Höhepunkt ihrer Macht verlor. Helfferich dagegen profitierte von dieser politischen Hinrichtung. Bei den Wahlen vom 20. Juni 1920 eroberte er einen Sitz im Reichstag für die Deutschnationale Volkspartei, wo er sich zum Wortführer der rechten Fundamentalopposition gegen die Republik machte. Die gerichtliche Auseinandersetzung mit Erzberger, die die Demokratie geschwächt und die Atmosphäre im Reich verhärtet hatte, war ein Triumph des alten Regimes und ein Lichtblick für alle, die das neue zur Hölle wünschten.

Durch Berlin im offenen Auto

Freitag, 23. Juni 1922, am Vormittag

Knapp zehn Kilometer beträgt die Fahrstrecke von der Villa in Berlin-Grunewald bis zum Sitz des Auswärtigen Amtes in der Wilhelmstraße in Mitte. Der Wagen des Außenministers durchquert zunächst die in den Gründerjahren schnell gewachsene Villenkolonie an der Koenigsallee, bis diese am Bahnhof Halensee in den lang gestreckten Kurfürstendamm übergeht. Der Renommierboulevard nach französischem Vorbild führt ihn an Kaffeehäusern, Theatern und Geschäften vorbei durch Charlottenburg. Hinter der Kaiser-Wilhelm-Gedächtniskirche beginnt das Tiergartenviertel mit seinen großbürgerlichen Stadthäusern und diplomatischen Vertretungen. Am Ende des Tiergartens muss das kleine Cabrio mit den roten Rädern nur noch ein- oder zweimal um die Ecke biegen, dann hat es, nach einer halben Stunde Fahrt, sein Ziel in der Wilhelmstraße erreicht.

Seit Jahren ist Rathenau ein Mann des Automobils, der Typ des »verwöhnten Herrenfahrers«, an den sich die Werbung seiner eigenen Autofirma NAG richtet. Das Auto bringt ihn zur Arbeit und nach Hause, mit dem Auto erledigt er Besuche und Dienstfahrten, und wenn er des Getriebes der Stadt überdrüssig wird, flüchtet er damit ins Hinterland von Berlin. Auf einer dieser Spritztouren stieß er vor Jahren in der Märkischen Schweiz auf ein heruntergekommenes Preußenschlösschen, das sogar die Hohenzollern selbst vergessen hatten. Er kaufte es ihnen ab und machte daraus seine »Klitsche«, in der er Gelegenheit zum

Schreiben, Malen, Klavierspielen und gediegener Konversation findet. Von Berlin bis Schloss Freienwalde sind es nur knapp drei Stunden mit dem Auto.

Jetzt, als Minister ohne Zeit und Muße, nutzt er den Wagen als Besprechungszimmer. Erst ein paar Tage zuvor, als sich der Schriftsteller Stefan Zweig bei ihm meldete, hat Rathenau ihn zu seiner Villa gebeten, damit er ihn auf einer Dienstfahrt zu diversen diplomatischen Gesandtschaften begleitete. Zwischen Grunewald, Charlottenburg und Mitte, während der Wagen über das Pflaster holperte und die Berliner Straßenzüge vorbeirauschten, hat Zweig ihn ebenso konzentriert erlebt wie in der Stille seines Ministerbüros. Das Amt des Außenministers, so scheint es gleichwohl, belastet Rathenau mehr, als es seine notorische Eitelkeit befriedigt. Sein Ziel, einen nachhaltigen Frieden für Deutschland mit den europäischen Mächten zu schaffen, sieht er in weiter Ferne. Zu unversöhnlich seien die Politiker auf allen Seiten, zu stark seine Gegner im eigenen Land, die dem Volk immer wieder einflüsterten, dass er schon im bloßen Verhandeln zum Verräter an der Nation würde.

»Er war sich vollkommen bewußt der doppelten Verantwortlichkeit durch die Belastung, daß er Jude war. Selten in der Geschichte vielleicht ist ein Mann mit so viel Skepsis und so voll innerer Bedenken an eine Aufgabe herangetreten, von der er wußte, daß nicht er, sondern nur die Zeit sie lösen könnte, und er kannte ihre persönliche Gefahr.« Stefan Zweig sah sich nicht in der Position, ihn an diese Gefahr zu erinnern. Nach eine halben Stunde Fahrt setzte Rathenau ihn vor seinem Ministerium ab.

Auf dem Weg zur Arbeit fährt der Reichsaußenminister an mehreren Schauplätzen seiner Jugend vorbei. In der Viktoriastraße, die er bei seiner Fahrt durchs Tiergartenviertel überquert, liegt das vornehme Haus seiner Eltern, in dem er viele Jahre lang vor seinem Umzug in die selbst erbaute Grunewald-Villa gelebt hat. Seine Mutter Mathilde Rathenau wohnt seit dem Tod des Vaters dort allein, weshalb der Sohn, so oft es sein Terminplan zulässt, darin ein und aus geht, zum Frühstück, zum Kaffee, zum Diner. Direkt um die Ecke in der Bellevue-Straße besuchte er als Junge das Königliche Wilhelms-Gymnasium. Im Preußischen Kriegsministerium, das seinen Hauptsitz um die Ecke in der Leipziger Straße hatte, hat Rathenau zu Beginn des Weltkriegs die Kriegsrohstoffabteilung mit Hunderten Beamten aufgebaut. In der Wilhelmstraße, direkt gegenüber dem Auswärtigen Amt, saß er anderthalb Jahre als Reichsminister für Wiederaufbau, zuständig für die wirtschaftlichen Reparationen nach den Bestimmungen des Versailler Vertrags. Wieder nur einen Steinwurf weiter, zwischen Leipziger Platz und Voßstraße, befindet sich der Kaiserliche Automobilclub, in dessen Speisesaal Rathenau sich seit Wilhelms Zeiten gern verabredet, um dort wie ein Hausherr alter Schule Persönlichkeiten aus allen Bereichen des Lebens zu empfangen. Der Kurfürstendamm schließlich ist nicht nur die Flaniermeile der Vergnügungssüchtigen, sondern auch eine urbane Hauptschlagader von Geist und Kultur. Hier treffen sich in den Cafés, Restaurants und Nachtbars die Schriftsteller, Theaterkritiker, Künstler und Journalisten, denen sich Rathenau seelenverwandt fühlt und von denen er viele persönlich kennt.

Der Wunsch, dazuzugehören zu den Großen, Mächtigen, zählt zu den Konstanten in diesem Leben. Dem Erfolg steht hier oft das Erlebnis von Zurückweisung gegenüber. Aufgrund seiner jüdischen Herkunft stößt Walther Rathenau immer wieder an Grenzen und muss sich Anfeindungen gefallen lassen, die er weder mit Vernunftgründen noch mit Wohlverhalten oder Verdiensten aus der Welt schaffen kann. Beim preußischen Heer, wo er seinen freiwilligen Militärdienst leistete, blieb ihm als Jude die Beförderung zum Reserveoffizier verwehrt. Als junger Mann beschloss er, das Klima des alltäglichen Antisemitismus zu meiden, indem er seine Herkunft demonstrativ verleugnete. Einer seiner ersten veröffentlichten Texte unter dem Titel *Höre, Israel!*, mit dem er 1897 seinen Weg als Schriftsteller einschlug, ist eine Aufforderung an die deutschen Juden, ihr Ghetto zu verlassen und sich in der deutschen Gesellschaft zu assimilieren. Seine doppelte Identität als Deutscher und Jude bleibt ein bestimmendes Thema, sosehr er sich auch müht, gegen diesen von den Antisemiten behaupteten »unauflöslichen Widerspruch« anzukämpfen. Als Jude kann er sich noch so oft sowohl zur deutschen Heimat als auch zum preußischen Wesen bekennen, er bleibt ein Außenseiter, dem viele mit Skepsis begegnen.

Aber Rathenau ist nicht der Mann, der sich vor Gegenwind ins freiwillige Abseits verkriecht. Er will Verantwortung übernehmen für sein Land, und dafür sucht er den Zugang zur Macht. Zu diesem Zweck begleitete er 1907 und 1908 den Staatssekretär im kaiserlichen Kolonialamt auf zwei Afrikareisen, in der Hoffnung, als Berater in die inneren Zirkel der Reichsspitze vorzustoßen. Seine scharfe Kritik an der deutschen Kolonialpolitik, die er unter dem Eindruck des blutig niedergeschlagenen Hereroaufstands verfasste, stieß allerdings auf wenig Gegenliebe im kaiserlichen Establishment. Die nächste Gelegenheit bot sich Rathenau nach dem Kriegsausbruch im August 1914, als er sich beim preußischen Kriegsminister dafür einsetzte, alle Rohstoffe der deutschen Wirtschaft unter staatlicher Kontrolle dem übergeordneten Zweck der Kriegsführung zuzuführen.

Als Leiter der Kriegsrohstoffabteilung im Ministerium an der Leipziger Straße baute er einen Apparat von 200 Beamten auf, mit denen er in Rekordzeit die deutsche Kriegswirtschaft organisierte. Doch obwohl er damit sein Können als Wirtschaftslenker in den Dienst des Vaterlands gestellt hatte, öffneten sich ihm dadurch nicht die Tore zur Karriere im Staat. Nicht er wurde Anfang 1915 zum Staatssekretär des Reichsschatzamtes bestellt, sondern ein stockkonservativer Wirtschaftsprofessor – der monarchistische Kolonialfunktionär und Bankier Karl Helfferich. Ihre Wege sollten sich noch oft kreuzen, in tiefer persönlicher Abneigung und politischer Rivalität. Walther Rathenau, vereinsamt und zurückgesetzt, blieb nichts anderes, als sich mit Zwischenrufen von draußen in die Politik einzumischen.

Sein Einsatz für die deutsche Kriegswirtschaft stand in einigem Widerspruch zu seiner oft wiederholten Überzeugung, dass der Krieg für das Reich ein Verhängnis sei und nicht jenes erlösende Ereignis, für das Millionen jubelnd ins Feld zogen. Populär war diese Haltung in Deutschland weder während noch nach dem Krieg, doch Rathenau scheute sich nicht vor unbequemen Auffassungen. »Ging man abends mit ihm durch den düsteren menschenleeren Grunewald«, beschrieb ein Berliner Intellektueller eine Begebenheit aus dem dritten Kriegsjahr 1917, »dann flossen in der nächtlichen Stille furchtbare Geständnisse absoluter Hoffnungslosigkeit aus seinem Mund. Er hatte die Wirkungen des U-Boot-Krieges mit dem Bleistift in der Hand ausgerechnet und den Eintritt Amerikas vorausgesagt. Vom Sommer 1917 an rechnete er mit der Niederlage als einer unausweichlichen Tatsache.«

Dass er so viele Entwicklungen vorhersagte, vom Schicksal der Monarchie und dem Zusammenbruch des Reiches über den Siegeszug des Bolschewismus bis zur Vernetzung der Weltwirtschaft, machte ihn in den Augen seiner Gegner zu einem Wahrsager des Unheils, der dieses selbst heraufbeschwört. »Walther Rathenau ist ein Prophet; ein falscher Prophet vielleicht, aber ein Prophet.« So schrieb 1918 der Verbandsfunktionär und spätere DNVP-Reichstagsabgeordnete Walther Lambach in seiner Broschüre *Diktator Rathenau*, in der er dessen Zukunftsvisionen für die deutsche Wirtschaft und Gesellschaft dämonisierte. »So wird Rathenau zum Verführer und Verderber auf allen Gebieten. Mag sein Wollen noch so rein sein, es führt zum Verderben. Der Geist, der in ihm lebt, ist vom Geiste der Zersetzung.« Verführer, Verderber, Verräter, Verweser, Zersetzer. Die Anfeindungen, die Walther Rathenau im Laufe seines Lebens auf sich gezogen hat, sei es wegen seiner jüdischen Herkunft, seiner Ansichten oder seiner widerspruchsvollen Persönlichkeit, haben ihn bis ins Amt des Außenministers begleitet.

Die Wilhelmstraße, die Berliner Regierungsmeile mit ihrer Ansammlung von unprätentiösen zwei- bis dreistöckigen Gebäuden, in denen Reichskanzlei, Ministerien und Reichsbehörden untergebracht sind, steht in augenfälligem Kontrast zu den Weltmacht-Ambitionen der gerade gestürzten Hohenzollern-Monarchie, deren Atem darin noch zu spüren ist. Seit zwei Jahren regen sich die demokratischen Minister über die schleppende Entfernung der kaiserlichen Hoheitszeichen von ihren Fassaden auf. Die Gebäude des Auswärtigen Amtes, Wilhelmstraße 74–76, bilden da keine Ausnahme – einige Möbel aus preußischem Schlossbesitz, rote Läufer und gelbe Chinoiserie-Tapeten verströmen einen Abglanz vom einstigen Herrschaftsflair.

Außenminister Rathenau kommt die preußisch-protestantische Kargheit der Räume allerdings entgegen, sie animiert ihn geradezu in seiner rastlosen Geschäftigkeit. Mit Verblüffung registrieren die altgedienten Beamten den neuen Stil, der mit ihm in dem lange so gesichtslosen Amt eingekehrt ist. Sein erfahrenster Mitarbeiter, der Staatssekretär Ernst von Simson, lässt dieses neue Tempo an einen geölten Wirtschaftsbetrieb denken. Er spricht von seinem Vorgesetzten als merkwürdig zwiespältigem, trotz aller Brillanz unsicherem und sogar unglücklichem Menschen, den hinter seiner gebildeten Liebenswürdigkeit eine Kälteschicht umgebe. »Auf der anderen Seite muss ich bezeugen, dass er ein unermüdlicher Arbeiter war, in tiefster Seele um das Wohl Deutschlands besorgt, und im eigentlichen Sinne des Wortes der geistreichste Mensch, der mir begegnet ist. Es fiel ihm jeden

Tag unglaublich viel ein, kluges und weniger kluges, aber jedenfalls gefährlich viel für einen Minister an der verantwortlichsten Stelle.« Von Simson hat alle Mühe, dem Minister die meisten seiner Einfälle, die er im Minutentakt auswirft, wieder auszureden, da sie in der Welt der Diplomatie nicht praktikabel seien.

Der Staatssekretär weiß auch um die Angriffsfläche, die Rathenau auf dem Posten als Außenminister wegen seiner persönlichen und beruflichen Herkunft bietet. Aus diesem Grund stünden seinen Vorzügen, dem Verhandlungsgeschick, der Redegewandtheit, den Beziehungen in alle Welt, auch gravierende Nachteile gegenüber. Sein Ehrgeiz, der kaum zu halten sei, so schließt von Simson, habe Rathenau auf einen gefährlichen Posten geführt.

System

»Still und heimlich arbeitet das System an seinem Fortleben, aber nichts da! Wir sind hier, um seine Machenschaften und krummen Touren offenzulegen. Haltet durch! Widersteht dem System, das unser Haus schwächen und uns unsere Freiheit rauben will, unsere Werte, unser materielles und geistiges Erbe!«

Marine Le Pen, Vorsitzende des Rassemblement National, 4. März 2017

Über die Demontage des Reichsfinanzministers hinaus hatte der Prozess Erzberger gegen Helfferich Anfang 1920 Gelegenheit geboten, die antidemokratische Kritik der Rechten in aller Öffentlichkeit auszubreiten. Matthias Erzberger war ja gerade deshalb ihr perfekter Feind, weil man ihm alles zugleich anhängen konnte: Dolchstoß und Feindunterwerfung, Kungelei und Geschwätzigkeit, Bestechlichkeit und Selbstbereicherung. All das vor einer Institution wie dem Berliner Landgericht dargelegt zu haben, galt als das große Verdienst seines Herausforderers Karl Helfferich. Der frühere Leutnant Friedrich Wilhelm Heinz, der sich zur Zeit des Prozesses in Berlin aufhielt, gratulierte Helfferich zu dessen öffentlichem Nachweis von Erzbergers Verkommenheit. »Wahrhaftig, Matthias Erzberger verdiente den Fluch des gesamten unterdrückten deutschen Volkes!«

In dieser Zeit bürgerte sich in der Polemik der Rechten ein Begriff ein, der nicht mehr aus ihrem Sprachgebrauch verschwinden sollte: »das System«. Angewandt auf das politische System der Demokratie dient er als Klammer für alle verhassten Phänomene des Staates mitsamt seinen Vertretern und Unterstützern. »Das System«, dehnungsfähig und zeitlos, zielt auf jenes Prinzip, das als seelenlose Macht hinter dem fortschreitenden Niedergang der Heimat empfunden wird. Ein Wort, das alles meint und nichts erklärt und deshalb bis in die heutige Zeit trägt.

Wertfrei betrachtet bezeichnet ein »System« ein Gefüge zusammenhängender Teile oder Personen, die durch ihre Beziehungen ein Ganzes zu einem bestimmten Zweck bilden. Ein solches Gefüge war die Weimarer Verfassung mit ihrem Regelwerk von Zuständigkeiten, Abläufen und Gesetzmäßigkeiten. Ein politisches System dieser Art jedoch, das ein pluralistisches Parteienspektrum voraussetzt, um durch Debatte und Kompromiss zur Willensbildung zu gelangen, widerspricht grundlegend dem Denkmuster der radikalen Rechten. Für sie ist die Debatte vertane Zeit und der Kompromiss eine Ausflucht.

Ernst von Salomon schilderte, nachdem er von seinem Baltikum-Abenteuer zurück ins Reich gekommen war, den Eindruck, den die deutsche Nachkriegspolitik auf ihn und Kameraden machte. »Gibt es auch nur einen Ton, einen einzigen armseligen Ton dieses Konzertes aus Verordnungen und Reden und Programmen und Akten- und Zeitungspapier, der in uns anklingt? Gibt es nur einen Namen, zu dem wir Vertrauen haben? Gibt es nur ein Wort, dem wir glauben können?« Zu dieser Welt, grau und abwegig, wie sie ihnen erschien, fanden sie keine Brücke.

Im Milieu der Freikorps-Schriftsteller hat sich keiner so beharrlich am »System« abgearbeitet wie Friedrich Wilhelm Heinz in seinen Schriften. Sein Deutungsmuster führt ihn zurück in die Revolutionstage im Herbst 1918, wo ihn zunächst die chaotischen Zustände auf der Straße anwiderten und dann der daraus hervorgehende politische Zeitgeist: »Das unsagbar läppische Gezänk über die mannigfaltigen Fassaden des Nichts.« Heinz beobachtete eine neue Elite, die die Schlüsselstellen in Verwaltung, Parlament, Wirtschaft und Presse besetzte. Sie und ihr »Opportunistengefolge« aus Anwälten, Fabrikherren und Börsenjongleuren waren es, die in seinen Augen die Werte der Novemberrevolution – Korruption, Pazifismus, Egoismus – in der deutschen Bevölkerung verbreiteten.

»Die Fassaden des Nichts« sah Heinz in der Einrichtung des Reichstags politisch umgesetzt. Der Parlamentarismus war das Reizobjekt der Republikgegner schlechthin. Wenig schien ihnen verächtlicher als die endlosen Sitzungen, in denen Reden zum Prinzip erhoben würde, wo keiner der Abgeordneten persönliche Verantwortung trüge, dafür aber jeder seine Diäten zähle. Der Reichstag, so sahen es Männer des Kampfes wie Friedrich Heinz, war keine Wandelhalle geistiger Eliten, sondern das Tummelbecken rückgratloser Kleingeister. Die Parteien in ihrem scheinbaren Gegeneinander von Regierung und Opposition hätten nur gemeinsam den Machterhalt im Sinn. »Die einen stützten das System, das heißt, sie waren seine Nutznießer, die anderen standen zum System in ›Opposition‹, das heißt, sie erkannten es innerlich an und waren lediglich bemüht, sich in die Nutznießung einzuschalten.« So böte sich ein Kreislauf von korrumpierten Interessen, die sich endlos reproduzierten.

Als weltanschaulicher Kern des »Systems« galt der Liberalismus als Quelle aller Fehlentwicklungen. Ihn verachteten Männer wie Heinz mehr als die Kommunisten und Bolschewisten, für deren Radikalität sie einen gewissen Respekt aufbringen konnten. An der Dekadenz des Liberalismus jedoch würden ihrer Meinung nach der Nationalstaat und das ganze Volk zugrunde gehen. »Liberal« meinte in Heinz' Verständnis nicht die politische Freiheit, sondern den Egoismus des Einzelnen oder einer Gruppe auf Kosten des Volkes. Die staatsbürgerlichen Beamten und Parteifunktionäre seien in diesem Sinne »liberal« wie die Bonzen in der Regierung, weil sie sich nur ihren eigenen Interessen verpflichtet fühlten. »Das Liberale aber ist der geschworene Feind des Freiheitlichen.« Den Geist der Freiheit sah Heinz bei den Offizieren der Freikorps und den Männern der außerparlamentarischen Fundamentalopposition.

Nach dieser Logik war es auch kein Zufall, dass sich nach dem Krieg ausgerechnet das liberaldemokratische System der Republik durchgesetzt hatte. Die Siegerstaaten des Westens hätten Deutschlands Schwäche ausgenutzt, um dem Feind ihre Prinzipien im Versailler Frieden aufzuzwingen. Eilfertig hätten sich republikanische Politiker der Fremdbestimmung unterworfen und Deutschlands Waffen, das große Heer und die stolze Flotte, mutwillig zerbrochen. Den Vorwurf, eine Erfüllungsfiliale feindlicher Mächte auf Kosten der eigenen Souveränität und Würde zu sein, ein Leitmotiv rechter Verschwörungstheoretiker, wurde dieser Staat niemals los: »Der aus dieser Revolution geborene Staat, welche Verfassung er sich auch immer gebe, wer auch immer an seiner Spitze stehe, er wird immer nur ein feindlicher Staat, eine Provinz des Feindes sein. Die Kräfte seiner ersten Stunde sind: Verrat, Feigheit, Lüge, Verführung, Schwäche, Ichsucht.«

Die Grau- und Zwischentöne einer demokratischen Gesellschaft sind dem Denken von Nationalisten zuwider, das die Welt in Gegensatzpaare einteilt wie »Freund« und »Feind«, »eigen« und »fremd«, »deutsch« und »undeutsch«. Nach diesem Prinzip des Entweder-oder und Alles-oder-nichts liefert der Systembegriff die Trennlinie zwischen Falsch und Richtig. Wer dazugehörte, stand automatisch auf der falschen Seite. Demokratisch gewählte »Systempolitiker« galten als Parasiten auf Kosten der Nation. Dank ihrer liberaldemokratischen Institutionen hielten sie das Reich wehrlos. Eine willfährige »Systempresse« verbreite die dazu passenden »Lügen« vom demokratischen Fortschritt. Mit dem Bild vom »System« hatten die Republikfeinde ihre Projektionsfläche gefunden – jeder Missstand und jeder Gegner ließ sich darauf denunzieren. Wer außerhalb stand, zählte zu den wahren, den »letzten Deutschen« und ihrer Bestimmung: »Kampf der Regierung! Tod der demokratischen Republik!« Jahre später würden die Nationalsozialisten von der »Systemzeit« als Epoche der Verräter und Versager sprechen.

Zu Beginn des Jahres 1920 lagen fünftausend Männer der Marinebrigade Ehrhardt in ihrem Winterquartier im Truppenlager Döberitz bei Berlin. Ihr Frust über den demokratischen Frieden war mit Händen zu greifen. Wenn Hermann Ehrhardt durch die Gassen des Lagers schritt, spürte er die Unruhe seiner Leute, die darauf warteten, dass er einen Hebel umlegte. »Hätte ich den einzelnen gefragt, worum es ginge, so hätte sicher niemand eine genaue Antwort geben können. Aber alle diese Männer hatten das Gefühl: etwas muß geschehen.« Das Ansehen der Republik war auf einen Tiefpunkt gesunken. Einige sprachen vom »Marsch auf Berlin«, um dort endlich alles zum Teufel zu jagen. Am 29. Februar 1920 erfuhren die Männer von der Order der Reichsregierung, die Freikorps aufzulösen und damit auch ihre Marinebrigade. »Das lasen wir ein paarmal hintereinander und sahen uns an. Da sank das Barometer auf Sturm.« Es war der Funke, auf den sie gewartet hatten.

Zum Staatsstreich gegen die Republik verbündete sich ein Dreiergespann, das sich aus den Treffen in der »Nationalen Vereinigung« seit dem Sommer des Vorjahrs kannte. Wolfgang Kapp, äußerlich der imposanten Erscheinung des Feldmarschalls von Hindenburg nicht unähnlich, war der zivile Kopf der Verschwörung. Als Agrarpolitiker im ostpreußischen Gutsbesitzermilieu hatte er ein konservatives Vaterlandsgefühl verinnerlicht, das sich im Weltkrieg zum aggressiven Nationalismus steigerte. Für die ihm unfassbare Niederlage Deutschlands suchte er die Schuld bei demokratischen Politikern, deren Unterschrift unter dem Versailler Frieden ihn von der Dringlichkeit des Umsturzes überzeugte.

Sein militärisches Pendant war General Walther von Lüttwitz, ein karger Offizierscharakter mit Kriegsheldennimbus, der als Kommandeur der Reichswehrtruppen in Berlin auch den Oberbefehl über die Brigade Ehrhardt hatte. Beide Männer malten sich ein künftiges Deutschland in den Farben des Kaiserreichs. Dem Korvettenkapitän Hermann Ehrhardt fiel in dieser Troika die Rolle des Vollstreckers zu, der mit seiner Armee die Hauptstadt erobern, die Regierung davonjagen und die autoritäre Führung ins Amt hieven sollte. Ein Soldat folgt Befehlen, und so mobilisierte Ehrhardt in der Nacht vom 12. auf den 13. März seine Brigade zum Marsch auf Berlin. »Ich hatte das gute Gefühl, wir werden bald für die beste Sache von der Welt einstehen.« Die Einzelheiten dieser Sache überließ er den anderen.

Es gelang der Marinebrigade ungehindert, Berlin einzunehmen. Die Kommandeure der Reichswehrtruppen lehnten es ab, zur Verteidigung der Republik auf sie zu schießen. Ohne Widerstand marschierten Ehrhardts Leute in der Morgendämmerung auf das Regierungsviertel zu. Auf ihre Helme hatten einige von ihnen ein weißes Hakenkreuz gemalt, über dessen Bedeutung die Meinungen auseinandergingen. »Viele Soldaten von uns, die eins vor dem Kopf trugen, meinten, es wäre das Monogramm Ehrhardts, andere erklärten es als lettisches Volkswappen, das seinen Weg vom Baltikum hergefunden hätte, ein Teil nur wußte Bescheid und trug es bewußt. Als Gesamterscheinung war es eine Landsknechtmode.« Die meisten Berliner begegneten dem Hakenkreuz zum ersten Mal. Bald würde es sich ausbreiten als Bekenntnis der völkischen Bewegung zum aggressiven Nationalismus und Judenhass.

Hermann Ehrhardt kam sich an diesem Morgen vor wie bei einem mustergültigen Manöver. Die reguläre Regierung war Stunden zuvor aus Berlin geflohen, so konnten sie in Ruhe die Reichskanzlei und die Behörden rund um die Wilhelmstraße besetzen. Wolfgang Kapp erklärte sich zum neuen Reichskanzler und preußischen Ministerpräsidenten, Walther von Lüttwitz zum Reichswehrminister. Einige Bürger jubelten der Brigade zu. Gegen Mittag des 13. März 1920 sah es so aus, als wäre die Machtübernahme vollzogen und das »System« der Republik beseitigt. Am Brandenburger Tor, wo die Regimenter mit klingendem Spiel einrückten, trafen Ehrhardt, Kapp und Lüttwitz aufeinander. Ein Soldat aus Ehrhardts Sturmkompanie berichtete, was sein 38-jähriger Chef zu dem fast doppelt so alten Putschkanzler gesagt haben soll: »Also jetzt übernehmen Sie die Regierung – aber fangen Sie auch an zu regieren.« Die Skepsis des Militärs gegenüber dem Zivilisten mit Zylinder war offenkundig, und sie war berechtigt.

Wolfgang Kapp, der Putschkanzler, hatte keinen Plan, wie er

die Regierungsgeschäfte angehen sollte. Er stieß auf Schwierigkeiten, sein Kabinett mit geeigneten Persönlichkeiten zu besetzen. Karl Helfferich etwa, angefragt für einen Ministerposten, dachte nicht daran, sich diesen Leuten anzudienen. Auch andere Kandidaten zögerten, sich an die Spitze eines Unternehmens zu stellen, das wenig Substanz ausstrahlte. Zudem kam der Apparat der Verwaltung ins Stocken, weil die wenigsten Staatsdiener den Weisungen des neuen Regimes folgten, sondern auf ihre Loyalität gegenüber der gewählten Regierung pochten. Die Reichsbank verweigerte die Auszahlung an einen »Reichskanzler Kapp« oder »Reichswehrminister Lüttwitz«, da diese nirgendwo legitimiert seien. Kapps Bitte an Ehrhardt, am Bankschalter mit der Autorität seiner Waffen nachzuhelfen, wies dieser mit den Worten zurück, dass er kein Bankräuber sei.

Von Stunde zu Stunde versank die Reichskanzlei tiefer im Durcheinander. Auf den Fluren drängten sich Postenjäger und Schaulustige, während Kapps Berater nicht zu ihm vordringen konnten. Draußen vor den Toren wachten die Männer der Marinebrigade und fragten sich, wer dieser neue Kanzler überhaupt sei. Manfred von Killinger, der an der Spitze der Sturmkompanie einmarschiert war, gestand, den Namen Kapp noch nie gehört zu haben, und er interessierte sich auch nicht für dessen Pläne. Viel eher beschäftigte ihn, dass sie hier in der Hauptstadt zwar kaum Gegner vorfanden, aber auch keine Anhänger. »Das Bürgertum hatte gar nicht kapiert, um was es eigentlich ging. Sie wollten ja gar nicht das haben, was wir ihnen bringen wollten.«

Obendrein unterschätzten sie die Kräfte ihrer Gegner. Am Nachmittag hatten Gewerkschaften und die Sozialdemokraten zum Generalstreik aufgerufen, dem sich im Deutschen Reich in den folgenden Tagen 12 Millionen Beschäftigte anschlossen. Was für eine Waffe ein Generalstreik sein kann, zeigte sich in Berlin, wo der Streik alle Nachrichtenverbindungen kappte, den

Verkehr lahmlegte und die Versorgung mit Wasser und Strom unterband. In den Betrieben herrschte Stillstand. Die neue Regierung hockte in der Reichskanzlei bei Kerzenlicht ohne Wasser und Heizung und rang noch ein paar Tage nach Luft. Als am 17. März 1920 Kapp und Lüttwitz ihren Putschversuch aufgaben und aus der Stadt flüchteten, sah sich Hermann Ehrhardt in der eigenen Falle. »Nun saß ich mit meinen Männern von Gott und aller Welt verlassen mitten in Berlin.« Die Republik hatte ihre Kräfte gezeigt im größten Generalstreik der deutschen Geschichte, in der Loyalität ihrer Beamtenschaft und im Widerstand weiter Teile der Bevölkerung.

Wenige Wochen vor diesen Ereignissen war Friedrich Wilhelm Heinz zur Marinebrigade Ehrhardt gestoßen, nachdem er Lüttwitz, Kapp und Ehrhardt in den Zirkeln der »Nationalen Vereinigung« kennengelernt hatte. Später äußerte er sich schockiert über das Ausmaß des Dilettantismus, mit dem die drei Herren ihr Unternehmen ins Werk gesetzt hatten. Halbherzig hätten sie die Gunst der Stunde, die der Marsch auf Berlin eröffnet hatte, verstreichen lassen. Heinz nahm ihr Scheitern zum Anlass, daraus eine Lektion für den weiteren Kampf gegen das System abzuleiten. »Anstatt im Namen der Revolution je ein halbes Dutzend Generale, Unterstaatssekretäre und Parlamentarier an die Wand zu stellen, beschränkte sich die Kapp-Regierung darauf, in den von kalt-feindseliger Atmosphäre erfüllten Ministerien ein paar Zimmer zu okkupieren und mit postensuchenden ›Beratern‹ unverbindliche Besprechungen abzuhalten. Blut ist der Kitt der Revolutionen. Wer davor zurückschreckt und sich den Pensionsanspruch nicht verbauen möchte, ist kein Revolutionär.«

An einem sonnigen Morgen waren sie in die Stadt einmarschiert. An einem klammen Regentag am 18. März 1920 zogen sich die Männer der Brigade Ehrhardt aus dem Wilhelmstraßenviertel zurück, nass glänzend die Stahlhelme mit dem weißen Hakenkreuz, dunkel feucht die grauen Uniformen. Wieder klebte an ihnen das Brandmal der Verlierer. Auf den Bürgersteigen drängten sich Menschen, diesmal schimpften und spuckten sie. Hochachtung war der Häme gewichen. Einige Männer verloren die Nerven und feuerten am Brandenburger Tor in die Menge. Bei ihrem Rückzug hinterließ die Brigade Ehrhardt zwölf Tote und dreißig Verletzte.

Indem er sich zum bewaffneten Arm der Revolte gemacht hatte, hatte Hermann Ehrhardt seine Brigade in ein Spiel um alles oder nichts geführt. Nachdem die Republik sie zum Rückzug gezwungen hatte, begriff er, dass ihre Tage gezählt waren. Als der Befehl zur Auflösung erneut erging, sprach niemand mehr vom Putsch. Am 10. April rollte ein Transport von fünftausend Männern zum Standort Munsterlager in der Lüneburger Heide. Die folgenden Wochen brachte Ehrhardt damit zu, seine Privatarmee abzuwickeln und seine Leute so gut wie möglich auf militärischen oder zivilen Posten unterzubringen. Ein Teil von ihnen ging in die Marine, andere ließen sich als Landarbeiter oder in Arbeitsgemeinschaften ins Reich vermitteln. Ehrhardt selbst lehnte ein Angebot der Marineleitung ab, da er es nicht mit seinem Gewissen vereinbaren mochte, unter der neuen Reichsflagge in Schwarz-Rot-Gold zu dienen.

Während der Kommandeur sein Pflichtenheft zur Auflösung der Brigade abarbeitete, schwankten seine Soldaten zwischen Melancholie und Selbstmitleid. »Was sollte man tun? Sollte man Dienst machen, um dieses düstere Hinbrüten abzudämmen?« Manfred von Killinger, der Landsknechtführer der Sturmkompanie, erinnerte sich an Szenen des inneren Zerfalls. »War denn alles umsonst? Ist das dein Deutschland, an das du geglaubt? War das das große Volk, dem anzugehören du so stolz warst?«

Ein letztes Mal schien sich der Freikorps-Fluch zu erfüllen, vom Vaterland nach getaner Schuldigkeit vom Hof gejagt zu werden. Das »Ehrhardt-Lied«, das ein Unteroffizier der Brigade in den Abschiedstagen in Munsterlager abfasste, ist durchdrungen vom Gefühl sentimentaler Tragik, der schlummernden Kehrseite soldatischer Härte:

Hat man uns auch verraten, Trieb mit uns Schindluderei,
Wir wußten, was wir taten, Blieben dem Vaterland treu.
Bald werd't auch ihr erkennen, Was ihr an uns verlorn.
Kamerad, reich mir die Hände, Was wir uns einst geschworn,
Ehrhardts Geist im Herzen Kann nicht untergehn,
Die Brigade Ehrhardt Wird einst auferstehn.

Als im Lager bekannt wurde, dass auf den Korvettenkapitän ein Haftbefehl wegen Hochverrats ausgestellt war, riefen einige nach einem neuen Marsch auf Berlin, doch der Kapitän unterband jeglichen Aktionismus, den er nun nicht mehr brauchen konnte. Mit einem Stamm an Vertrauten schmiedete er bereits neue Pläne. Eine englische Korrespondentin, die das Lager Anfang Mai 1920 besuchte, berichtete, zurück in Berlin, von Truppenteilen, die sich nach der Auflösung unter denselben Offizieren wieder zusammentaten, nur nannten sie sich jetzt »Bund ehemaliger Ehrhardt-Offiziere« oder »Vereinigung ehemaliger Sturmsoldaten«. Ferner hörte sie von einem seltsam anmutenden Geheimplan, den ihr die Reaktionäre selbst verraten hätten: »Zuerst einen kommunistischen Putsch zu provozieren u. sogar zu unterstützen, sogar mit Waffengewalt, u. dann, wenn die Bourgeoisie vom roten Terror genug habe, den Mantel zu wenden u. eine Militär Diktatur der ›Ordnung‹ u. des Revanchegedankens aufzurichten.« Wie sie diesen linken Aufruhr provozieren wollten, darüber hatten sie keine genauen Vorstellungen. Zu lange aber würden sie damit nicht warten.

Als Hermann Ehrhardt an einem trüben Maitag seiner Brigade die Abschiedsansprache hielt, stellte er den Männern ein baldiges Wiedersehen in Aussicht. Einer seiner Soldaten beschloss, während er seine Sachen packte, den Uniformrock fürs Erste zu behalten. »Was macht man mit dem Rock? – Wir werden wieder Krieg haben, wenn die Zeit erfüllet ist. In den abgetretenen Teilen des herrlichen Deutschlands unserer Väter liegt zu viel Zündstoff verschüttet. Wir werden wieder Krieg haben.«

Am frühen Morgen verließ Hermann Ehrhardt das Truppenlager. Hinter dem Zaun ließ er anhalten und rasierte sich den Bart ab, der ihn durch sein Leben als Marineoffizier und Freikorpsführer begleitet hatte. Dann setzte er sich in den Wagen und machte sich auf Richtung Süden in sein drittes Leben.

Der Reichstag: ein Leichenwagen erster Klasse

Freitag, 23. Juni 1922, am Nachmittag

Für die Strecke vom Amtssitz des Außenministeriums in der Wilhelmstraße in Berlin-Mitte bis zum Reichstag braucht Walther Rathenau etwa zehn Minuten zu Fuß, mit dem Auto allenfalls fünf. Entweder führt ihn der Weg über den Pariser Platz mit dem Brandenburger Tor, oder er überquert die Chaussee Unter den Linden und biegt in die Dorotheenstraße nach links. Dann steht er vor dem monumentalen Quaderbau des Reichstags, der noch keine dreißig Jahre alt, aber seit dem Tag seiner verregneten Grundsteinlegung zur Zielscheibe von Unwillen und Spott geworden ist. Was von dem Architekten Paul Wallot als Synthese verschiedener Epochen angelegt war, erscheint vielen als wahlloses Allerlei aus Renaissance, Neobarock und Moderne, ein verunglücktes Protzgebäude ohne Wärme. Der frühere Herrscher Kaiser Wilhelm II. nannte den Reichstag ein »Reichsaffenhaus«, der amtierende Berliner Stadtbaurat bezeichnet ihn als »Leichenwagen erster Klasse«. Den Monarchisten ist er wegen seiner Funktion als Sitz des demokratischen Parlaments zuwider; die Demokraten sind wiederum pikiert über die Aura des Bauwerks, in dem die Formensprache des untergegangenen Kaiserreichs dominiert.

Zwischen den alten Reichswappen, Fürstenstatuen und Standbildern sucht das Auge vergeblich nach Symbolen der Republik. Der Platz vor dem Reichstag heißt immer noch Königsplatz. Auf seiner Kuppelspitze, in 75 Metern Höhe, glänzt eine goldene Kaiserkrone. In der dämmerigen Eingangshalle starren vier große römisch-deutsche Kaiser in Bronze über die Abgeordneten hinweg. Ein politischer Korrespondent der *Deutschen Allgemeinen Zeitung* erinnerte sich Jahrzehnte später an die Erscheinung des Reichstags, die ihm bei seinem ersten Besuch wie eine trutzige Burg aus dem Nebel der Spree entgegenstarrte. »Seit dem ersten Eindruck 1921 ist das Bild vom nebelumhangenen Reichstag in mir haftengeblieben. Es schien mir bezeichnend für Situation und Schicksal dieses Parlaments. Ich lernte früh, wie unpopulär der Reichstag war und blieb.«

Immerhin der Haupteingang am Westportal mit den sechs korinthischen Säulen, die den Architrav mit der Widmung »Dem deutschen Volke« tragen, gewährt den Vertretern dieses Volkes einen würdevollen Zutritt – wenn er nur geöffnet wäre. Aber die Tore am Westportal sind immer verschlossen, und den Abgeordneten bleibt nur der schmale Zugang an der Simsonstraße zum Tiergarten. Die erste deutsche Demokratie fühlt sich in ihrem eigenen Zuhause fremd.

Der Gang in den Reichstag wird für Walther Rathenau an diesem Freitagnachmittag kein leichter. Auf der Tagesordnung steht die Fortsetzung einer Debatte über die Reparationspolitik gegenüber Frankreich, die den Reichstag seit Tagen beschäftigt und an das Grundverständnis von Rathenaus Außenpolitik rührt. In einem Redebeitrag hat er bereits vor zwei Tagen seinen Standpunkt klargemacht, doch seither reiht sich Wortmeldung an Wortmeldung. Für die heutige Debatte haben sich allein acht Redner angekündigt, unter ihnen Dr. Karl Helfferich von der Deutschnationalen Volkspartei. Von ihm ist zu erwarten, dass er sich einmal mehr in seine von Zahlenkolonnen ummauerten Anklagen verbeißen wird, zumal er hat verbreiten lassen, heute die schärfste Rede gegen die Regierung zu halten, die jemals aus seinem Munde gekommen sei. Der Außenminister muss sich auf einen stürmischen Nachmittag gefasst machen.

Dass er an diesem Tag auf der Regierungsbank des Reichstags Platz nehmen wird, verdankt Walther Rathenau auch den glücklosen Putschisten um Wolfgang Kapp, Walther von Lüttwitz und Hermann Ehrhardt. Er war in den Tagen des Chaos im März 1920, in denen er Berlin nicht verlassen hatte, zur Vermittlung zwischen der alten und neuen Regierung in die Reichskanzlei gebeten worden und hat dabei Stellung für die Republik bezogen. Vier Tage später berief ihn die zurückgekehrte legitime Regierung in die Zweite Sozialisierungskommission, die Vorschläge für die Vergesellschaftung der deutschen Wirtschaft erarbeiten sollte. Im Juli 1920 nahm er auf Bertreiben von Finanzminister Joseph Wirth als Wirtschaftssachverständiger der deutschen Delegation auf der Reparationskonferenz im belgischen Spa teil. Als Wirth im darauffolgenden Jahr Reichskanzler wurde, betraute er Rathenau mit dem Amt des Wiederaufbauministers, in dem dieser vorrangig für die Reparationsleistungen zuständig war, und Ende Januar 1922 machte Wirth ihn zu seinem Außenminister. Alles war schnell gegangen, nachdem der rechte Kapp-Putsch diesen Wendepunkt in seinem Leben gebracht hatte.

Kanzler Joseph Wirth und sein Außenminister Walther Rathenau sind ein ungleiches Gespann, das sich wirkungsvoll ergänzt. Neben dem stilbewussten Rathenau, dem das Prädikat des Staatsmanns wie angeboren scheint, verrät Wirths nachlässiger Auftritt den Lebensgenießer aus der südbadischen Provinz. Harry Graf Kessler, ein Teilnehmer der Genua-Konferenz vom April 1922, erlebte die beiden dort bei einem gemeinsamen Essen. »Wirth, den ich bei dieser Gelegenheit kennen lernte, enttäuschte mich stark. Ein typischer ›Boche‹; blond, fett, schlagflüssig, ein weichlicher Fleischkoloss ohne innere Haltung: launisch, formlos, Trinker«, schreibt Harry Graf Kessler, den mit Rathenau eine lose Freundschaft verbindet, in sein Tagebuch. »Hinter Nebeln von Selbstberäucherung und Wein hält er sich scheints für einen Olympier. Rathenau bemuttert

Walther Rathenau, 1921

ihn wie ein alter Kammerherr seinen Serenissimus.« Hinter diesen Nebeln entgingen dem Betrachter jedoch nicht der wache Menschenverstand und das Redetalent eines Mannes, der mit Verve für seine politischen Ziele kämpft. Bedingungslos wie kaum ein anderer steht Wirth hinter der demokratischen Staatsform. Jahrelang hat er im Reichstag gesessen, wurde Finanzminister, ehe er mit 41 Jahren zum jüngsten Kanzler der deutschen Geschichte aufgerückt ist – in ein Amt, in das sich in diesen Zeiten niemand drängt.

Mit Wirth hat Rathenau endlich einen Fürsprecher im Zentrum der Macht, der seine Fähigkeiten höher schätzt als alle Vorbehalte aufgrund seiner Herkunft oder Vergangenheit. Rathenaus Weitblick als Industriestratege und Gesellschaftsreformer, sein Auftreten und Verhandlungsgeschick, sein Einfallsreichtum und seine geistige Freiheit sind dringend gefragt bei der Aufgabe, Deutschland in die internationale Gemeinschaft zurückzuführen und nach außen wieder handlungsfähig zu machen. Joseph Wirths Regierungsprogramm heißt Verständigung, Wiederaufbau und Versöhnung, und dafür hat Rathenau eine Strategie entwickelt, die sich von den bisherigen Alternativen der Totalverweigerung oder des passiven Lavierens radikal abhebt. Sie besteht darin, die überzogenen Forderungen der Westmächte bis an die Leistungsgrenze der deutschen Wirtschaft zu erfüllen, auf dass deren Unerfüllbarkeit offensichtlich werde.

Der demonstrative Wille zur Vertragserfüllung soll die Grundlage für ein Verhältnis auf Augenhöhe und für weiterführende Verhandlungen mit Frankreich und England bieten. Am Ende steht das Ziel, den Geist des Versailler Vertrags zu überwinden und gemeinsam in Europa zu einer wirtschaftlichen und diplomatischen Neuordnung zu gelangen. »Wir werden mit gutem Willen mitarbeiten und dahin kommen, daß wir zu einer Verständigung selbst mit unseren erbittertsten Gegnern kommen. Es wäre aber ein Fehler, in der Reparation nur einen reinen Verlust an Gut und Geld zu sehen.« Rathenau selbst begreift die Reparationen als Instrument zur Vertrauensbildung im Rahmen der Strategie, die von der Regierung als »Politik der Erfüllung« bezeichnet wird.

Seit zwei Jahren ist Walther Rathenau also nahezu ohne Unterbrechung mit dem Sitzungsthema des heutigen Tages, den Kriegsreparationen auf der Grundlage des Friedensvertrags, befasst. Sie gehören zu jenen Folgewirkungen des Weltkriegs, die das Leben der Republik nicht nur außenpolitisch, sondern auch im Inneren beherrschen. Hinter den materiellen und finanziellen Lieferungen, die das Reich wirtschaftlich schwächen, ist es vor allem der moralische Schuldspruch durch den Vertragsartikel 231, der die Deutschen quer durch alle Lager erbost. Die hundert Milliarden schweren Reparationen wirken dabei wie das materielle Maß der Erniedrigung einer ganzen Nation. In diesem Schraubstock zwischen den unerbittlichen Forderungen der alliierten Siegermächte und der wütenden Ablehnung durch die Bevölkerung hat die Regierung Wirth/Rathenau mit ihrer Erfüllungspolitik einen Weg gewählt, der provozierender kaum sein könnte.

Im Hasswörterbuch der Rechten hat der »Erfüllungspolitiker« unverzüglich seinen Platz gefunden in einer Reihe mit dem »Systempolitiker« und dem »Novemberverbrecher«. »Erfüllungspolitiker« wie Rathenau oder Wirth bestätigen das Feindbild vom Volksverräter, der das eigene Volk an das Ausland oder die jüdische Weltverschwörung verschachert. »Wir wollen nicht mit eigener Hand die Sklavenketten des deutschen Volkes schmieden. Wir wollen nicht, daß eine deutsche Regierung sich zum Gerichtsvollzieher und Gendarmen der unergründlichen Raubgier, zum Zutreiber und Fronvogt der unersättlichen Herrschsucht unserer Feinde macht.« Der Verfasser dieser Zeilen, der deutschnationale Reichstagsabgeordnete Karl Helfferich, hat bislang keine Gelegenheit ausgelassen, sich als unversöhnlicher Kritiker der Erfüllungspolitik von Walther Rathenau an die Spitze der nationalen Opposition zu stellen.

Seit den Tagen des Ersten Weltkriegs sind diese beiden Männer Rivalen um die Macht und die Deutung des richtigen Weges für das Vaterland. Niemand bestreitet Helfferichs Sachverstand in Währungs- und Finanzfragen, doch hat er mittlerweile, erschüttert vom Untergang seiner Weltordnung, den Kern seiner Arbeit verlagert auf das Verhältnis des Deutschen Reichs zum Ausland. Dem Kampf gegen die von ihm als quälend empfundene Fremdherrschaft durch das Versailler Friedensdiktat ordnet er alles unter. Wenn er spricht, entfaltet sich kein rhetorisches Feuerwerk, ihm fehlt der Glanz des Volkstribuns, doch die durchdringende Logik seiner Ausführungen erzeugt im Plenum oft genug Turbulenzen. Im Reichstag ist Helfferich ein Mann von auffallend großer Unbeliebtheit. »Respekt, gemischt mit Dämonenfurcht« empfinden sogar die eigenen Fraktionskollegen in seiner Anwesenheit. Seine Polemik gegen die herrschenden Kreise der Republik richtet sich besonders auf die Exponenten der Erfüllungspolitik.

Den Aufstieg Walther Rathenaus an die Spitze des Staates hat Helfferich mit galligen Attacken im Reichstag begleitet. In der Reparationsfrage, die seinen finanzpolitischen Sachverstand und sein nationales Ehrgefühl zu gleichen Teilen herausfordert, steigert er sich in beeindruckende Schreckensszenarien. Wie schon im Fall von Matthias Erzberger ist das Duell zwischen Helfferich und Rathenau eines von zwei ähnlichen und zugleich konträren Persönlichkeiten. Beide sind Zahlenmenschen, sattelfest in den Begrifflichkeiten der Wissenschaft und praktisch bewährt an der Spitze großer Unternehmen. Beide blicken zurück auf erfolgreiche Karrieren und Ausweise intellektueller Brillanz. Ihr politischer Ehrgeiz treibt sie und bringt sie gegeneinander auf. Während Helfferich davon träumt, das alte Reich wieder groß zu machen und den Schandvertrag von Versailles zu zerfetzen, will Rathenau Deutschlands Wirtschaft und Gesellschaft reformieren und sich mit den Kriegsgegnern aussöhnen. Gegen diesen selbstmörderischen Irrweg der »Erfüllungspolitik«, so erklärt Helfferich, will er die Bevölkerung aufrütteln. Er ist die prominenteste Stimme in der Flut von Schmähschriften, Drohbriefen, Flugblättern und Klebezetteln, mit denen das nationalkonservative Lager den Außenminister seit seinem Amtsantritt zuschüttet.

Erst vor Kurzem hat aus diesem Grund der Reichskanzler den Außenminister zu sich in die Reichskanzlei gebeten. Ein katholischer Priester hatte Joseph Wirth persönlich den Hinweis gegeben, dass Walther Rathenaus Leben in unmittelbarer Gefahr sei. Wirth redet auf ihn ein, endlich seinen Widerstand gegen die Sicherheitsmaßnahmen aufzugeben, die ihm die Polizei seit Monaten nahelegt. »Meine Mitteilung machte auf Minister Rathenau einen tiefen Eindruck. Bleich und regungslos stand er wohl zwei Minuten vor mir. Keiner von uns wagte auch nur mit einem Wort die Stille zu unterbrechen. Rathenaus Augen waren wie auf ein fernes Land gerichtet. Er kämpfte sichtlich lange mit sich.« Auf einmal löst sich die Spannung, und Rathenau findet zu seiner Selbstbeherrschung zurück. Er tritt auf Wirth zu und legt ihm in großer Seelenruhe beide Hände auf die Schultern. »Lieber Freund, es ist nichts. Wer sollte mir denn etwas tun?« Eindringlich wiederholt der Kanzler seine Ermahnungen, ehe der Außenminister in irritierender Gelassenheit die Reichskanzlei verlässt. Den Polizeischutz, erfährt Reichskanzler Wirth später, wird er sich noch einmal ausdrücklich verbitten.

Untergrund

»Lasst uns die hereinbrechende Nacht mit tausend Widerstandspunkten anfüllen! Wie der Nebel, der aufzieht, sobald das Klima dafür günstig ist, und ohne dieses auch wieder verschwindet, so muss der Widerstand gegen die Unterdrückung beschaffen sein.«

Louis Beam, Aktivist im Ku-Klux-Klan und bei den »Aryan Nations«, Mai 1983

Der Berliner März-Putsch von 1920 hatte den Spitzen in der Reichsregierung vor Augen geführt, wie sehr ihnen die Kontrolle über die Freikorps entglitten war. Auch wenn die Putschisten an der Schwelle zur Macht über sich selbst gestolpert waren, durfte man sich nicht weiter einer solchen Bedrohung aus dem eigenen Hinterland aussetzen. Die im Versailler Vertrag festgelegte Truppenreduzierung ließ der Regierung sowieso keine andere Wahl, als die Verbände aufzulösen, was nicht überall so sachlich gelang wie mit Hermann Ehrhardts Marinebrigade. Einzelne Einheiten sabotierten die Anordnung und wehrten sich mit Waffengewalt, andere verschanzten sich auf Inseln und in Dörfern und mussten herausgeschossen oder ausgehungert werden. Sie führten letzte Verzweiflungsgefechte gegen die Einsicht, dass die Freikorps nicht nur alle Sympathien, sondern auch ihre Gegner verloren hatten. Mit dem Abflauen der Kämpfe im Innern und an den Grenzen im Osten hatten sich die Söldnerarmeen überflüssig gemacht. Insofern war das tragische Lebensgefühl, das in ihren Reihen um sich griff, gerechtfertigt, da sie mit ihrem Einsatz für den inneren Frieden ihre eigene Abschaffung betrieben hatten – was die meisten aber erst begriffen, als es vollzogen war. Nach weniger als zwei Jahren verschwanden die Freikorps aus Deutschland so plötzlich, wie sie gekommen waren.

Aber auch die Republik zahlte ihren Preis für dieses Bündnis auf Zeit. Die Freikorps hatten in ihrem Auftrag, aber nie für ihre Prinzipien gekämpft. Demokratie, Parlament und Rechtsstaat konnten ihre Herzen nicht erwärmen. Da sie ihre Schuldigkeit getan hatten, sollten sie in jenen Alltag zurückkehren, den sie gegen das wilde Söldnerleben eingetauscht hatten. Ein Angehöriger der Brigade Ehrhardt zog Bilanz: »Die gerissenen Fäden zum Fabriksaal und zur Werkstatt hin lassen sich bei dem unsteten Sinn nur ganz schwer wieder knüpfen. Fremd würden die Söldner dort sein unter den Arbeitsgenossen und verhaßt und nie mit denen im Fühlen einig.«

Diese Männer, die sich von ihrem Auftraggeber, der Regierung des Deutschen Reichs, um Lohn und Anerkennung betrogen sahen, kehrten ins Leben zurück als eine Schattenarmee von Verlierern, deren Fragen nach Sinn und Heimat weiter in ihnen bohrten. »Je mehr ich es mir überlege, desto sicherer weiß ich, daß unser Kampf nicht zu Ende ist«, beschrieb Ernst von Salomon den Augenblick, als sich sein Freikorps aufgelöst hatte und er sich dem Nichts gegenübersah. »Ich weiß auch, daß wir bislang notwendig scheitern mußten. Wir werden niemals wieder als Truppe eingesetzt werden. Jetzt muß jeder einzelne seinen eigenen Kampf angehn.« Die Gegner in diesem Kampf standen nicht mehr im Feld oder auf der Straße, sondern saßen auf der Regierungsbank und in den Stuhlreihen des Parlaments.

Wer in den Untergrund geht, erklärt dem Staat den Krieg. Wer den Widerstand wählt, macht sich die Herrschenden zum Feind, entzieht sich aber auch dem geregelten Leben in der Mitte der Gesellschaft. An die Stelle dessen tritt im Untergrund das Netzwerk, das die Einzelnen miteinander verknüpft und ihnen ihre Rollen zuweist. Der Untergrundkämpfer stützt sich auf Helfer, die ihm das Leben im Schatten ermöglichen und ihn mit dem Notwendigen für seine Mission ausstatten. Von ihnen bekommt er Geld, Unterkunft, Waffen, Pläne, eine Legende, gefälschte Ausweise, einen Fluchtweg und, wenn alles schiefgeht, einen Anwalt. Das Netzwerk sorgt für Organisation, Rahmen und moralischen Halt; die Aussicht auf die Tat liefert die notwendige Energie.

Hermann Ehrhardts Weg in den Untergrund führte ihn nach Bayern. In Hannover bestieg der seit dem Kapp-Putsch per Haftbefehl Gesuchte mit falschen Papieren den Zug Richtung München. Vonseiten der Reichsbehörden gab es keinen Versuch, ihn an seiner Flucht vor der Strafverfolgung zu hindern, obwohl sein Aufenthaltsort bekannt gewesen war. Wäre Ehrhardt vor Gericht aufgetreten, hätte dies unvermeidlich Fragen nach der Rolle der Reichswehr und anderer staatlicher Organe beim gescheiterten Putsch aufgeworfen. »Ich erfuhr, daß durch die Regierungsstellen in Berlin ein Seufzer der Erleichterung gegangen war nach meiner Entfernung.« Seine Reise führte nicht zufällig nach Bayern, wo er im Jahr zuvor mit seiner Marinebrigade gegen die Räterepublik aufmarschiert war. Der antibolschewistische Teil der bayerischen Bevölkerung hatte ihm dabei zugejubelt. Heute konnte er nirgendwo im Reich auf ein besseres Umfeld rechnen, um seine Verwandlung vom unpolitischen Soldaten zum politischen Verschwörer zu betreiben.

Bayern beharrte im Deutschen Reich auf einer Sonderrolle, die sowohl in seiner geografischen Lage als auch in seiner Geschichte begründet lag. Zäh und mit wechselhaftem Erfolg kämpfte das nach Preußen zweitgrößte deutsche Land um seine politische Geltung, in strikter Abgrenzung gegen den Rivalen im Norden. Voll Misstrauen begegnete man jeder Maßnahme der Berliner Reichsregierung. Der kurzlebige Auftritt einer kommunistischen Räterepublik auf bayerischem Boden hatte große Teile des Bürgertums und der Bauern verschreckt. Seither grassierte die Furcht vor bolschewistischen Umtrieben, deren Quell im Urteil heimatbewusster Politiker nur die labilen Verhältnisse in Berlin sein konnten.

Die reichs- und republikfeindliche Haltung fand in Bayern einen paradoxen Höhepunkt, als in Berlin der Kapp-Putsch sein ruhmloses Ende fand. Während Ehrhardt, Kapp und Lüttwitz am republikanischen Widerstand scheiterten, vollzog sich zu gleicher Zeit in München ein Staatsstreich unter umgekehrten Vorzeichen. Ein Bündnis aus Freikorps, monarchistischen Politikern und bayerischer Reichswehr erzwang den Rücktritt der SPD-geführten Regierung. Am 16. März 1920 wählte der Landtag einen nationalkonservativen Ministerpräsidenten, dessen Konzept einer »Ordnungszelle Bayern« vorsah, Ruhe und Ordnung nach dem Chaos der Räterepublik wiederherzustellen. Im zweiten Schritt sollte sich dieser Prozess von Bayern aus aufs Reich ausbreiten und zur »Gesundung« der zerrütteten Nation führen. In Bayern bot sich den Rechten ein Zufluchtsort, der sowohl Rückzugsraum als auch Aufmarschgelände wurde. Das Herz der nationalistischen Gegenrevolution wanderte von Norden nach Süden, von der offenen Provokation der Freikorps zur verschwörerischen Agitation im Untergrund.

Die Mitglieder der aufgelösten Brigade Ehrhardt wollten sich nicht damit abfinden, dass es das nun gewesen sein sollte. Sie gründeten ihre Ehemaligenverbände mit dem Vorsatz, den Zusammenhalt zu sichern und den Kampf gegen die Republik in anderer Form weiterzuführen. Neben dem »Verein ehemaliger Angehöriger der 2. und 3. Marinebrigade« versammelte Ehrhardts Kompanieführer Manfred von Killinger seine Männer aus der Sturmkompanie in der »Vereinigung ehemaliger Sturmsoldaten«. Im »Bund ehemaliger Ehrhardt-Offiziere«, dessen Ehrenvorsitz Ehrhardt selbst übernahm, fanden sich seit Herbst 1920 die wichtigsten Persönlichkeiten der Brigade zusammen. Über ihre Aktivitäten verhängten sie strenges Stillschweigen. »Zunächst waren es nur Brigadeangehörige, die diesem Bund angehörten. Doch nahm die Idee die Gemüter gefangen. Gruppen und vereinzelte Verbindungen schlossen sich uns an. Bald gewannen wir Bedeutung in jeder Beziehung.« Es fiel den ehemaligen Offizieren um Ehrhardt nicht schwer, Anhänger für ihren Traum vom besseren Reich zu finden.

Das Bild vom Rechtsaktivismus in Deutschland Anfang der Zwanzigerjahre, das infolge des Wildwuchses von Freikorps und Bürgerwehren schon kaum überschaubar gewesen war, verwirrte sich jetzt noch mehr. Da sich die Institutionen des Weimarer Staates nicht für die Pflege der soldatischen Kameradschaft erwärmten, blieb dieses Feld der politischen Rechten überlassen. Der Wehrverband »Stahlhelm« wandte sich an die Frontsoldaten, um deren Einsatz zu würdigen. Als bewaffneter Arm der

Deutschnationalen Volkspartei stellte er Saalordner für deren Parteiversammlungen. Konkurrenz bekam der »Stahlhelm« von anderen Gruppen wie dem »Verband national gesinnter Soldaten« und dem »Verein ehemaliger Baltenkämpfer«, die sich in offene Opposition zur Regierung stellten. Parallel zu solchen Wehrverbänden, die Zehntausende Mitglieder unter Waffen hielten, operierten ideologische Organisationen wie der »Alldeutsche Verband«, der schon im Kaiserreich für Weltmachtpläne eingetreten war.

Der »Deutschvölkische Schutz- und Trutzbund« stellte mit über 100 000 Mitgliedern die größte völkisch-antisemitische Vereinigung dar. Unter dem Symbol des Hakenkreuzes agitierte er gegen Juden, Linke und Demokraten. Von Rätseln umgeben war der geheime »Germanenorden«, der nach dem Vorbild der Freimaurer in Logen aufgebaut war. Häufig kam es vor, dass ein Verband in einem anderen aufging oder bei behördlichem Gegenwind den Namen änderte. So organisierte sich das militante Freikorps Roßbach nach seiner Auflösung zunächst als »Arbeitsgemeinschaft Roßbach«, dann als »Verein für Wanderfahrten« und »Nationale Sparvereinigung« und schließlich als »Verein für landwirtschaftliche Berufsbildung«.

Wie aus einer Welt bunter Folklore wirkt die endlose Liste der national gesinnten Organisationen: »Bund der Eddafreunde«, »Deutscher Notbund gegen die schwarze Schmach«, »Germanischer Gewissensbund«, »Heimatsucher«, »Reichs-Gegenzins-Bund«, »Völkischer Wandervogel-Bund«, »Ring der Nibelungen« und Dutzende mehr. Sie boten Abhilfe gegen das patriotische Mangelgefühl, das viele Deutsche angesichts der Sachlichkeit der Republik befallen hatte. Alle waren auf der Suche nach Halt und einer passenden Weltanschauung. »Hier sammelten sich die Menschen, die sich von der Zeit verraten und betrogen fühlten.« Ernst von Salomon entdeckte in Frankfurt die Vielfalt der vaterländischen Bünde. »Es war dasselbe

Gemisch der Meinungen und der Menschen überall. Was immer an Fetzen und Bruchstücken vergangener Werte und Ideologien, Bekenntnisse und Gefühle aus dem Schiffbruch gerettet wurde, mengte sich mit den zugkräftigen Parolen und Halbwahrheiten des Tages.« Von Salomon stieß auf beseelte Prediger mit Rauschebärten und steife Herren mit Stehkragen, aber auch auf jugendliche Sinnsucher, wie er selber einer war.

Laut seinen eigenen Angaben wurde von Salomon Mitglied in achtzehn solcher Vereine, nachdem er begriffen hatte, dass sich hier die Fäden für ein neues Netzwerk knüpfen ließen, um den Kampf gegen das System aufzunehmen. »Die offene Kriegsführung wich der Verschwörung«, schildert Friedrich Wilhelm Heinz diese Metamorphose im nationalistischen Untergrundkampf. »Die Verwandlung im Geiste begann tastend und unsicher das Ideenbild des Nationalismus und der neuen Staatlichkeit herauszuarbeiten. Völkische Orden umgaben den Kern einer richtigen Erkenntnis mit dem phantastischen Schnörkelwerk kindlich-naiver Mutmaßungen.« In diesen Kreisen machte Heinz, der sich nach dem gescheiterten Putsch der Brigade Ehrhardt ebenfalls nach Frankfurt zurückgezogen hatte, die Bekanntschaft Ernst von Salomons.

Die bayerischen Behörden begegneten den nationalrevolutionären Umtrieben mit Wohlwollen. Ernst Pöhner, der Münchner Polizeipräsident, hatte den Zusammenbruch der Monarchie und die Revolution in Bayern als schwärzeste Stunde erlebt. Bei der Parallelaktion zum Staatsstreich in Berlin gehörte er zu denen, die den sozialdemokratischen Regierungschef aus dem Amt warfen. Den anschließenden Rechtsschwenk des Landes hatte der Polizeiapparat unter seiner Führung musterhaft mitvollzogen. Obwohl sich der gelernte Jurist, dessen hagere Züge, lichtes Haar und altmodischer Zwicker auf der Nase an einen Kontorvorsteher denken ließen, mit Vorliebe im Hintergrund aufhielt, spielte er seine Macht ohne Skrupel aus. »Pöhner: undurchsichtig«, beschrieb ihn ein Münchner Regierungsrat, »trotz seiner fränkischen Redelust, ebenso verschlossen wie entschlossen, viel gescheiter als er aussieht.«

Mit der politischen Abteilung stand ihm eine Polizeieinheit eigens zur Bekämpfung linker Aktivisten zur Verfügung. Die Protagonisten des rechten Lagers dagegen, von denen es Pöhners Bonmot zufolge zwar viele, aber leider nicht genug gab, konnten sich auf seine schützende Hand verlassen. Je nach Bedarf ließ der Polizeipräsident Ermittlungen verschleppen, belastende Akten verschwinden oder gefälschte Dokumente erstellen. Das Handeln an der Grenze zum Hochverrat bezeichnete er als seine tägliche Beschäftigung. Ernst Pöhner war Mitglied des »Alldeutschen Verbandes« und der völkisch-antisemitischen »Thule-Gesellschaft«. Unter diesem Mann gedieh das Land Bayern zur Schutzzone der rechtsradikalen Szene.

In diesem Klima musste Hermann Ehrhardt, obwohl er im

Ernst Pöhner

ganzen Reich unter Strafverfolgung stand, kaum befürchten, in seinem Untergrunddasein aufgestört zu werden. Mit einem solchen Polizeipräsidenten konnte er sich des Wegsehens der Beamten sicher sein. »Pöhner wußte ganz genau, daß es sich in unserer Zeit nicht um eine juristische Anwendung von Gesetzen handeln dürfe, die durch innere Gesetzlosigkeit lächerlich geworden waren.« In Münchens Kaffeehäusern bewegte sich Ehrhardt mit oder ohne Damenbegleitung so ungeniert, dass seine Anwesenheit zum Gegenstand lokaler Zeitungsmeldungen wurde. Als der Befreier Münchens vom Bolschewismus war er vielen noch im Gedächtnis, anderen eher als der verkrachte Putschist aus Berlin.

Von den Berliner Reichsbehörden fühlte sich Ehrhardt trotzdem verfolgt. Er wechselte in München wiederholt seinen Wohnort, bis er sich unter einem Pseudonym im Pasinger Haus der Prinzessin Margarethe zu Hohenlohe einmieten konnte. Ihre Bekanntschaft hatte er noch zu seinen Zeiten als Brigadechef im Schloss ihres Onkels in Oberschlesien gemacht. Er änderte seinen Namen in Hugo von Eschwege, Hugo Eisele oder Consul Hans Eichmann. Die gefälschten Ausweise lieferte ihm die Polizeidirektion. Was sich nicht änderte, war seine Einstellung, denn Ehrhardts Hass auf die deutsche Republik glomm unvermindert weiter. Seiner Einschätzung nach war der Putsch in Berlin ein berechtigtes Unternehmen gewesen, dem es nur im entscheidenden Moment an der notwendigen Härte gemangelt habe. Das Ziel, die Demokratie abzuschaffen, war geblieben, und dabei konnte er sich auf die verlassen, die ihm überallhin folgten. »Der Kapitän brachte eine Art Hausmacht mit, welche bald einen ziemlich sagenhaften Ruf genoß«, stellte Ernst von Salomon fest, der nach dem Putsch bald selbst Teil dieser Hausmacht wurde. In München suchte Ehrhardt nach einem Weg, seinen Marsch auf Berlin zu Ende zu bringen.

Bei der Abwicklung seiner Brigade hatte er dafür gesorgt, dass viele Kameraden in der Reichsmarine untergekommen waren, wo sie die Truppe mit dem »Ehrhardt-Geist« infiltrieren sollten. Zu ihm nach Bayern hatten die Reichsämter bis zu dreihundert Männer an Arbeitsgemeinschaften vermittelt, um Moore zu kultivieren oder Wälder zu roden. Mit Fahrzeugen aus Heeresbeständen, militärisch gerüstet und teils in Uniformen weckten diese Veteranen den Verdacht, es hier mit einer Eingreiftruppe in Reserve zu tun zu haben. »Die Holzhacker der Brigade Ehrhardt«, so mutmaßte ein Zeitungsreporter, seien hier für den nächsten Rechtsputsch geparkt.

Im Spätherbst 1920 bezog eine Gruppe von Ehrhardt-Offizieren ein Eckgebäude mit Jugendstilfassade im zentralen Stadtteil München-Schwabing. Die unauffällige Mietwohnung in der Trautenwolfstraße war der Sitz der »Bayerischen Holzverwertungsgesellschaft mbH«, die nie wirklich Geschäfte mit der Verarbeitung von Holz aufnahm. Hinter der Tarnbezeichnung verbarg sich die Zentrale von Hermann Ehrhardts neuem Geheimbund. Seinen Stellvertreter Kapitänleutnant Alfred Hoffmann, der fünf Gehminuten entfernt in der Franz-Josef-Straße wohnte, bestimmte er zur treibenden Kraft. Im neuen Jahr übernahm dann ein alter Bekannter aus Brigadezeiten mit gewohnter Entschlossenheit die militärische Leitung der Organisation. Manfred von Killinger hatte kurz zuvor seinen Dienst bei der Reichsmarine quittiert. Er brauchte von seiner Wohnung in der Leopoldstraße auch nur drei Minuten bis zur »Holzverwertungsgesellschaft«.

Bald traf sich im kleinen Schwabinger Umkreis eine Ansammlung von Männern wieder, die sich seit ihrer gemeinsamen Zeit an der Front und im Freikorps kannten und die dieselben Gefühle einten. Nie hatten sie verwunden, aus ihrer Herrenrolle als Offiziere im patriarchalischen Kaiserreich vertrieben zu sein, seither litten sie am Verlust ihrer Machtfülle und Überlegenheit. In einem neuen Bündnis wollten sie ihr Verliererschicksal ins Gegenteil wenden.

Zum dritten Mal fanden sie in einer Gemeinschaft zusammen, deren Ideal die Nation, deren Element der Kampf und deren Mittel die Gewalt war. Zunächst hatten sie als junge Offiziere und Soldaten das preußische Pathos von Mut, Ehre und Opferbereitschaft aufgesogen und dieses an der Front unter den Eindrücken von Gefahr, Kameradschaft und Tod verinnerlicht. Seit das Kriegsende sie daraus entlassen hatte, waren sie auf der Suche nach dieser verlorenen Männerwelt, die ihnen Heimat, Aufgabe und Bedeutung geboten hatte. In den demokratischen Institutionen und Ritualen fanden sie nichts davon wieder, dafür in den verschworenen Gruppen der Freikorps, wo sie wieder unter ihresgleichen lebten. Dort pflegten sie weiter ihren Kult von Männlichkeit, mit Regeln, Symbolen und einer Sprache, die das Ideal des Soldaten zum Ausdruck brachte: hart, herrisch und zupackend, aber auch treu und anheimelnd, wenn es um die toten Kameraden ging. In ihren Bildern und Liedern, später auch in ihren Lebenserzählungen inszenierten sie sich als Panzer in Menschengestalt, bedrängt von machtvollen Erlebnissen und Feinden, denen nur echte Männer standhalten konnten. In einer solchen Welt hatten zivile Figuren wie Bürger, Politiker, Kinder oder Frauen keinen Platz. Schon gar nicht Frauen, es sei denn in zotigen Weibergeschichten oder dem Patriarchentraum vom sorgenden Heimchen am Herd.

»Wir wollen: Männer«, forderte Hermann Ehrhardt 1921 in einer Denkschrift zu Deutschlands Zukunft. »Wir haben keine Männer, weil die unser politisches Leben beherrschenden Parteien und Fraktionen jede kraftvolle, starke Persönlichkeit von jeder einflußreichen Stelle fernhalten.« Die von der Republik von ihrem angestammten Platz verstoßenen Männer hatten sich geschworen, diesen wieder einzunehmen. Eine der Unterabteilungen in der Münchner »Holzverwertungsgesellschaft« war für den militärischen Ernstfall zuständig, also die Mobilmachung der Freiwilligen. Anfang des Jahres 1921 warteten alle darauf, dass es wieder losginge. Einer der Offiziere, der in einer Arbeitsgemeinschaft untergekommen war, schildert die Stimmung dieser Zeit: »Man sitzt im Dunkeln und kommt immer ins Knobeln, und um weiterzumachen, muß man die Augen schließen und blind hoffen. Nie bekommt man einen Einblick, das war immer so. Ehrhardt läßt uns nur bis zu einem gewissen Punkt schauen, ins Letzte bekommen wir nie Einblick. Man opfert sich und weiß nicht, wie lange und ob mit Grund.« Fast ein Jahr war seit dem Kapp-Putsch verstrichen, der die letzte greifbare Aktion gebracht hatte. Ungewissheit und Untätigkeit nagten an der Moral und schürten Zweifel am Sinn des gemeinsamen Unternehmens. Der Plan, die Marine mit dem Ehrhardt-Geist zu unterwandern, war gescheitert. Aus den Arbeitsgemeinschaften setzten sich mehr und mehr Männer ab. Die Gruppe um Ehrhardt brauchte einen Ernstfall.

Zu den schwelenden Konfliktherden seit dem Kriegsende gehörte die zwischen Deutschland und Polen umstrittene Provinz Oberschlesien mit ihrem Industrierevier. Als in einer vom Versailler Vertrag festgelegten Volksabstimmung im März 1921 eine unerwartet klare Mehrheit für den Verbleib beim Deutschen Reich stimmte, missachteten polnische Aufständische dieses Votum und besetzten weite Teile Oberschlesiens, um sie der Republik Polen anzugliedern. Wäre die offizielle Reichswehr dagegen vorgegangen, so drohten die Alliierten, die dem polnischen Vorstoß zugesehen hatten, ihrerseits das Ruhrgebiet zu besetzen. Noch einmal schlug die Stunde der Freiwilligen, die ohne offiziellen Auftrag der Regierung, aber mit deren stillschweigender Billigung den polnischen Vormarsch aufhalten sollten. Hunderte Männer aus den ehemaligen Freikorps mobilisierten sich selbst und reisten als Urlauber getarnt über die Grenze nach Oberschlesien, um sich dem »Selbstschutz Oberschlesien« anzuschließen. So konnte auch das erlöschende Feuer der Marinebrigade Ehrhardt wieder aufflammen. Der Angriff auf die Grenzen der Nation, der Verrat der Alliierten und das Dilemma der Reichsregierung, das alles klang wie früher und schrie nach den Helden von einst.

Unter dem Befehl von Manfred von Killinger sammelten sich alte Kämpfer in Oberschlesien und zogen als Sturmkompanie unter dem Namen »Brigade Ehrhardt« in die Gefechte. Von Killinger legte Wert auf die Feststellung, seine Abteilung dabei niemandem unterstellt und seinen eigenen Kleinkrieg geführt zu haben. Sie feierten ihre Rückkehr ins Dasein der Landsknechte, das wie eine Erneuerung ihrer Schwüre wirkte. Wieder ahnten sie, dass ihr Einsatz nicht den gerechten Lohn erfahren würde. »Wir wissen es: wieder holen wir die Kastanien aus dem Feuer, wie wir es schon oft getan, für eine Regierung, die uns nachher fallen läßt, für ein durch Parteihader verblendetes Volk, das es nicht verdient.« Der Verrat, das Trauma des deutschen Soldaten, war zu einer Prophezeiung geworden, die sich immer wieder bestätigen musste. Ein paar Wochen später endete das Abenteuer in Oberschlesien mit einem Waffenstillstand, bevor sich die Kämpfe zu einem deutschen Bürgerkrieg ausweiten ließen. Das kurze Comeback sollte die Ära der Freikorps nicht wiederbeleben.

Die Münchner Organisation von Hermann Ehrhardt hingegen bezog daraus ungeahnte Dynamik. Der Einsatz hatte nicht nur die alten Kameraden zusammengeführt und in ihrem Lebensgefühl bestätigt, sondern viele neue Anhänger gebracht. Der Zulauf führte dazu, die Strukturen der Schwabinger Zentrale auszubauen. Manfred von Killinger hatte, ehe er zur »Holzverwertungsgesellschaft« zurückkehrte, sein Netzwerk mit dem »Selbstschutz Oberschlesien« intensiviert und Kontakte zur Reichswehr aufgebaut, die mit dem Widerstand gegen den polnischen Aufstand sympathisiert hatte. Im Verlauf des Sommers 1921 vollzog sich in München die Verwandlung der Veteranentruppe eines flüchtigen Hochverräters zur schlagkräftigen, reichsweit tätigen Geheimorganisation, die sich von da an »Organisation Consul« nannte. Der neue Tarnname, der sperrige Bezeichnungen wie »Bund ehemaliger Ehrhardt-Offiziere« oder »Früheres Freikorps Ehrhardt« ablöste, war von dem Decknamen Ehrhardts abgeleitet, der sich in seinem bayerischen Exil mitunter als »der Herr Consul« ausgab. Ihre Mitglieder sprachen bald nur noch von der »O. C«.

Auf der Deutschlandkarte der Organisation Consul war das Reich in ein Netz aus vierzehn Bezirken und sieben Oberbezirken eingeteilt, deren Leiter in der Brigade Ehrhardt gedient hatten. In halbmonatlichen Abständen berichteten sie der Zentrale über den Zustand ihrer Einheiten, Mitgliederzahlen, Einsatzfähigkeit und Kampfmoral. Die einzelnen Ortsgruppen mit ihren Unterführern bereiteten sich in paramilitärischen Gelände-Camps, politischen Schulungen und Austausch mit anderen Wehrverbänden auf den ersehnten, aber nicht genauer definierten »Alarmfall« am Tag X vor. Jeder sollte im Gebrauch des Karabiners, besser noch des Maschinengewehrs und der Handgranate geübt sein, wofür die Organisation auf verschiedene Waffenlager Zugriff hatte. Im Ernstfall sollten die Bezirksleiter ihre Truppen innerhalb weniger Stunden in Marsch setzen können.

Die Fäden liefen zusammen in den Büroräumen des Münchner Hauptquartiers der O. C., wo sich das Bild eines betriebsamen Nachwuchsunternehmens bot. »Viele junge Leute, die den Eindruck entlassener Offiziere machten, teils paarweise, teils gruppenweise, zum Teil mit Mappen.« Um die dreißig angestellte Offiziere in verschiedenen Ressorts unterstanden der Befehlsgewalt des Büroleiters und Ex-Kapitänleutnants Alfred Hoffmann, der anstelle des untergetauchten Chefs Ehrhardt die Geschäfte führte.

Hoffmanns »Abteilung A« war zuständig für Nachrichtensammlung und die Kontakte zu rechten Bündnispartnern. Manfred von Killinger betreute in der »Abteilung B« den militärischen Aufgabenbereich, mit den Plänen zur Einberufung und den Verbindungen zu anderen Wehrverbänden sowie der Reichswehr. Die »Abteilung C« besorgte die Pressearbeit und die Herstellung der nationalistischen Mitgliederzeitschrift *Der Wiking*, die seit Juni 1921 erschien. Sie versorgte die Bezirksgruppen im Reich mit Richtlinien zur politischen Arbeit. Eine eigene »Abteilung Z« kümmerte sich um die Finanzen und Verwaltung. Dieser bürokratische Komplex war nötig geworden, um mit dem rasant wachsenden Aufkommen an Gehältern, Reisespesen, Mieten, Druckkosten und Sonderaufwendungen für Kommandoaktionen Schritt zu halten, die der Abteilungsleiter aus einem besonderen Fundus bezahlte. Seine Untergebenen raunten von einer Aktentasche mit Millionen. Die Münchner Zentrale bezahlte Gehälter um 1000 Mark monatlich, der Abteilungsleiter von Killinger bezog 2000 Mark.

Führungsfiguren wie Ehrhardt, Hoffmann und von Killinger, die ihr Berufsleben in preußischen Hierarchien zugebracht hatten, eigneten sich nicht zu umherschweifenden Untergrundrebellen. Sie prägten die O. C. nach dem Bild einer Verwaltungsbehörde. Die Ressorts fächerten sich auf in Unterabteilungen mit genauen Arbeitsplatzbeschreibungen, der Arbeitsalltag im Geheimbund glich dem eines Bürobetriebs. Man erschien zu festen Dienstzeiten, stellte Urlaubsanträge, quittierte Reisekosten, unterhielt Korrespondenzen und saß an der Schreibmaschine. Hermann Ehrhardt, Mann der Ordnung auf See wie an Land, erinnerte sich später an Verstöße seiner Leute gegen die Arbeitsdisziplin. »Ich geriet in den gerechten Zorn des Vorgesetzten, der einen Untergebenen ertappt, und sagte mir: zum Donnerwetter, warum setzt sich der Lausebengel ins Bierlokal, statt im Bureau seinen Dienst zu tun?«

Um ihre Kosten decken zu können, hing die Organisation an mehreren Finanzierungsquellen. An erster Stelle waren es Geldgeber aus Industriekapital und Großgrundbesitz, denen jedes Mittel recht war, um die Gefahr der Enteignung durch die Kommunisten abzuwenden. Dazu kamen Spender aus dem nationalkonservativen Bürgertum und der Landwirtschaft, die auf Ruhe und Ordnung pochten und die politischen Verhältnisse am liebsten zurückgedreht gesehen hätten. Schmuggel und Verkauf von Kriegswaffen und Militärgerät ins Ausland war eine weitere Einnahmequelle. Schließlich flossen der O. C. diskrete Zuwendungen vom Auswärtigen Amt und dem Fonds des Reichswehrministeriums zu, die den Wehrverband in Oberschlesien unterstützt hatten und für weitere Einsätze warmhalten wollten. Der Geheimbund war demnach neben der Protektion durch die bayerischen Behörden auch staatlichen Stellen in Berlin bekannt und von Teilen der Reichsregierung geduldet. Darin wiederholte sich in Ehrhardts neuer Organisation jenes Paradox, das bereits seine Marinebrigade so gefährlich gemacht hatte. Ihr doppeltes Wesen befähigte sie einerseits zum Schutz der deutschen Grenzen im Namen der Regierung – andererseits war es ihr Ziel, diese Regierung zu stürzen. Dazu brauchte sie Geheimhaltung bis zur Verleugnung.

»Es hat die ›O. C.‹ als Organisation niemals gegeben«, stellte der Frankfurter O.-C.-Leiter Friedrich Wilhelm Heinz in einem Aufsatz mehr als zehn Jahre später klar. Wie er haben viele Mitglieder der Geheimorganisation Consul ihre Existenz geleugnet oder als harmlosen Witz verkauft. Ernst von Salomon bagatellisierte sie in seinem autobiografischen Roman von 1930 als kollektive Verschwörungspsychose, die die Öffentlichkeit als Hirngespinst heimgesucht habe: »Die schärfste Waffe in der Hand der O. C. aber und die ungeheuerlichste Gefahr, die aus ihr erwuchs, war die Tatsache, dass sie niemals bestand.« Lebenslange Verschwiegenheit war in der Satzung der »Organisation

C« angelegt, die sie sich um Mitte 1921 gegeben hatte. Unter der Eidesformel in § 12 findet sich: »Ich gelobe dem Obersten Leiter der Organisation und meinem Vorgesetzten unbedingten Gehorsam zu leisten und über alle Angelegenheiten der Organisation das strengste Stillschweigen zu bewahren, auch nach etwaigem Austritt.« Verräter, so hieß es, verfallen der Feme. Wer zweifelt, redet oder sich absetzt, unterliegt dem eisernen Gesetz der Vergeltung.

Es war wie im Agentenroman. Als Geheimorganisation operierte die O. C. in einer Sphäre, wo sie jederzeit Spitzel, Mithörer und Verräter vermuten musste. Anfällig dafür waren die Schnittstellen zwischen der Zentrale in München und den Bezirken im Reich, die über Vertrauensmänner in den Regionen miteinander kommunizierten. Zweimal im Monat hatten sie Bericht zu erstatten über alle Bewegungen rund um ihre Zelle. Um diese Informationen vor fremden Blicken zu schützen, führte das Hauptquartier im Sommer 1921 ein Chiffriersystem ein, zu dem das deutsche Liliput-Wörterbüchlein der Firma Wershoven der Schlüssel war. Statt eines Wortes schrieb der Absender zwei Zahlen, deren vordere auf die betreffende Wörterbuchseite verwies; die zweite Zahl bezeichnete die Zeile, in der sich das ersetzte Wort finden ließ. »Wir mussten viel chiffrieren bei Sachen, die herausgingen; die Ortsgruppenleiter beschwerten sich, dass sie manche Sachen nicht herausbrächten«, sagte Manfred von Killinger über ihre Arbeit mit der Geheimschrift, für die er sich eines Typenkastens mit Gummibuchstaben bediente. »Ich wollte die Mitteilungen, die ich an die Gauleiter herausgab, in Typen zusammensetzen, damit bei der Schrift keine Zahlenverwechselungen vorkamen.« Um die Spur von der Zentrale in der Trautenwolfstraße abzulenken, gingen solche Schreiben nie an die Firmenanschrift, sondern an wechselnde Deckadressen der Mitarbeiter. Keine offenen Postkarten, keine einsehbaren Drucksachen, so lautete die Weisung; bei Telegrammen unverfänglich formulieren und nirgendwo das Wort »Consul« fallen lassen. »Der Herr ›Consul‹ ist in letzter Zeit so in die Öffentlichkeit gekommen, dass bei einem derartigen Missbrauch auf die Dauer nicht dafür garantiert werden kann, dass Unbefugte Kenntnisse von Dingen erhalten, die lediglich für die eigenen Reihen bestimmt sind.« Mit diesen Worten mahnte Ende August 1921 ein Rundschreiben von Alfred Hoffmann zur unbedingten Konspiration.

Bis zum Spätsommer 1921 hatte die Organisation Consul mit ihren Regionalablegern ein Netz von mindestens 5000, internen Gerüchten zufolge bis zu 25 000 wartenden Kämpfern über das deutsche Reich ausgespannt. Aufgrund der Verbindungen zu anderen Wehrverbänden schien es denkbar, im Ernstfall an die 120 000 Mann zu mobilisieren, eine größere Armee als die offizielle Reichswehr. Die Ziele, auf die diese Männer eingeschworen waren, waren in den Statuten ihrer Satzung aufgeführt: Zurückdrängen der Revolution; Bekämpfung alles Internationalen und speziell des Judentums; Bekämpfung der demokratischen Verfassung; Einsetzen einer nationalistischen Regierung.

Scherbengericht im Plenarsaal

Freitag, 23. Juni 1922, am Nachmittag

Keine Glocken oder Fanfaren, auch kein Gongschlag ruft zur Sitzung des Deutschen Reichstags, sondern ein schrilles Klingeln, das durchs ganze Haus den Abgeordneten direkt ins Gewissen schellt. Die Tische im Reichstagsrestaurant und der Bibliothek leeren sich zügig, als Letztes die Wandelhalle mit rotem Teppich und Marmorsäulen, von deren Kuppel eine schwarz-rot-goldene Fahne hängt. »Die einzige vielleicht, die nicht gelb, sondern wirklich Gold aufweist«, bemerkt der DNVP-Abgeordnete Walther Lambach, der ein Buch über den Alltag eines fiktiven Abgeordneten im Deutschen Parlament geschrieben hat, »als einziges Zeichen der neuen Zeit.«

Alles verteilt sich in die Reihen des Plenarsaals. Ein dunkelbraun getäfeltes, Ernst und Würde verströmendes Amphitheater aus Stühlen, Bänken und Gängen bildet dieser Saal, dessen strahlenförmig angeordnete Fraktionsreihen im Halbkreis auf seine Mitte ausgerichtet sind, wo das Rednerpult steht. Zu Füßen des Redners sitzen die Stenografen, hinter seinem Rücken thront der Reichstagspräsident, zu seiner Linken sitzen die Landesvertreter und zur Rechten die Reichsregierung mit dem Kanzler und seinen Ministern.

Außenminister Walther Rathenau und sein Gegenspieler, der deutschnationale Abgeordnete Karl Helfferich, sehen sich in diesem Plenarsaal einander nur ein paar Meter gegenüber. So will es die Sitzordnung. Lediglich ein schmaler Gang trennt die Estrade der Regierungsbank von den Abgeordnetenplätzen der DNVP-Fraktion. Als Parlamentspräsident Paul Löbe um 14.15 Uhr die 233. Sitzung des Reichstags eröffnet, arbeitet sich die Tagesordnung zunächst durch die übliche Bandbreite einer Reichstagsagenda. Ein Abgeordneter beklagt die Neuordnung der Abgabe von verbilligtem Branntwein an Kranken- und Entbindungsanstalten. Der nächste fordert eine Reaktion der Reichsregierung auf die Verhöhnung der Republik im Rahmen eines monarchistischen Parademarsches in München. Im Anschluss befasst sich das Parlament mit einem Streik in den Eisenwerken in Wetzlar; mit dem Ausfuhrverbot von Teigwaren; mit der Requirierung von Kraftwagen durch die französische Rheinarmee; mit den Ausschreitungen beim Kreiskriegerverbandstag im rheinischen Gruiten.

Für Gelächter sorgt der Abgeordnete Lambach, als er Rechenschaft über die Kosten der deutschen Delegation auf der Genua-Konferenz fordert. Der Abgeordnete Dr. Kunkel wünscht einen Posten im Nachtragsetat zur Abhilfe der grassierenden Geschlechtskrankheiten auf dem linken Rheinufer. Das Haus widerspricht zwei Anträgen auf Genehmigung der Strafverfolgung zweier Abgeordneter wegen Beleidigung. Ungefähr eine Stunde ist verstrichen, ehe der Reichstagspräsident als Tagesordnungspunkt die seit Tagen fortlaufende Debatte über die Reparationspolitik aufruft. Er erteilt dem Abgeordneten Dr. Karl Helfferich von der Deutschnationalen Volkspartei das Wort.

Ein Reporter des *Berliner Tageblatts* beobachtet von den Presseplätzen aus, wie mit Helfferichs Auftritt die Stimmung im Reichstag umschlägt. »Vor innerer Aufregung zitternd, betrat er die Tribüne.« Der Mann, der die Stufen zum Rednerpult emporsteigt, beeindruckt nicht durch seine Statur oder die Art seines Vortrags. Karl Helfferich ist klein gewachsen und schmal, das kurz geschnittene Haar betont zwei etwas abstehende Ohren und eine markante Nase über dem ergrauten Schnurrbart. Sein

Blick strahlt die einschüchternde Gewissheit dessen aus, dem die Logik gehorcht, dem es aber an Menschlichem mangelt. Seine Stimme verrät die Anstrengung, unmelodisch und gepresst kommen die Worte, sein linker Arm skandiert angewinkelt ihren Rhythmus. Einnehmend wirkt dieser Auftritt nicht, aber provozierend, und so mischt sich, als er am Rednerpult steht, in die Aversion der meisten Zuhörer ebenso viel Erwartung auf Polemik und manch leise Hoffnung auf einen Skandal.

Helfferich ist nicht der Einzige, der die politische Lage des Landes seit mehr als drei Jahren als einen Prozess fatalen Niedergangs beklagt. Aber keiner nimmt es mit ihm auf, wenn es darum geht, diese Bestandsaufnahme mit statistischen Argumenten zu untermauern, um sie im Gestus leidenschaftlicher Anschuldigung seinen Gegnern vor die Füße zu schleudern. In der Methode Helfferichs entzündet sich das Pathos eines Buchhalters an der Anklagewut eines Staatsanwalts, seit zwei Jahren provoziert er damit im Plenum und den Ausschüssen des Reichstags Zwischenrufe, Wortgefechte und Beleidigungen kurz vor der Handgreiflichkeit. Seinen Beitrag am heutigen Freitagnachmittag beginnt er mit der Beschwörung des deutschen Verhängnisses: »Die Tagesordnung, die seit vorgestern den Reichstag beschäftigt, ist ein ernstes Dokument deutscher Not!« Damit setzt er den Ton für seine stürmische Abrechnung mit der Erfüllungspolitik der Reichsregierung, in der er abwechselnd den Kanzler, den Finanzminister und den Außenminister beschimpft.

Reichskanzler Joseph Wirth, der sich ansonsten gern von seinem süddeutschen Temperament zum Gegenangriff hinreißen lässt, lächelt ungewohnt teilnahmslos von der Regierungsbank herab in den Saal. Hinter ihm jedoch taucht mehr als einmal der Außenminister auf ein paar geflüsterte Worte auf. Walther Rathenau gelingt es nicht, in Gleichmut zu verharren, während ein paar Schritte neben ihm sein Gegenspieler die Grundlagen seiner Außenpolitik in immer schärferen Wendungen demontiert.

Er weiß zu genau, dass der Begriff der »Erfüllungspolitik«, über die Helfferich in diesen Momenten sein Tribunal statuiert, eng mit seinem eigenen Namen verknüpft und in weiten Kreisen zum Schimpfwort verkommen ist. Dabei kann er gar nicht leugnen, dass seine Politik bisher nicht zum gewünschten Ergebnis geführt hat. Auf keiner der endlosen Verhandlungen hat Rathenau einen nennenswerten Fortschritt erzielen können. Weder Frankreich noch England haben in der Reparationsfrage ihre Haltung aufgeweicht. Um ihre Verpflichtungen erfüllen zu können, bringt die Regierung über die Notenpresse mehr und mehr Geld in Umlauf und schürt damit die Inflation. Der Großindustrielle Walther Rathenau braucht nicht die Darlegungen des Geldtheoretikers Karl Helfferich, um sich über diese Zusammenhänge und ihre bedrohlichen Folgen im Klaren zu sein. Die Zweifel, ob seine Politik des Ausgleichs mit den Alliierten zum Ziel führe, haben seinen Glauben in den letzten Wochen ausgehöhlt. Und nun ist der Wortführer der nationalistischen Fraktion dabei, ihn für diese Politik als Verbrecher und Vaterlandsverräter an die Wand zu nageln.

»Die Politik der Erfüllung«, ruft Karl Helfferich scharf und schneidend in Richtung der Herren am Regierungstisch, sein linker Arm sekundiert im Stakkato, »hat uns – das will ich einmal kurz zusammenfassen – die furchtbare Entwertung des deutschen Geldes gebracht, hat unseren Mittelstand zermalmt, hat zahllose Menschen und Familien in Not und Elend gebracht, hat zahllose Menschen in Verzweiflung und Selbstmord getrieben, sie hat große wertvolle Teile unseres nationalen produktiven Kapitals dem Auslande ausgeliefert, sie hat unsere wirtschaftliche und soziale Ordnung in ihren Grundfesten erschüttert.« Wie matt und lasch sei dagegen das Eintreten des Außenministers für seine von der Fremdherrschaft gequälten Landsleute. Eine Regierung wie diese, ruft Helfferich aus, gehöre vor den Gerichtshof!

Fast zwei Stunden lang hackt und hämmert Helfferich im Reichstag auf Rathenau und die Regierung ein. Manches davon sei in der Sache ja schon zutreffend, wie der Zeitungsreporter auf der Pressetribüne vermerkt. »Aber alles war in der Form so zügellos und mit so viel unberechtigten Angriffen gegen die Republik, gegen die Regierung und gegen die Koalitionsparteien gespickt und von so viel Schimpfworten unterbrochen, daß die übergroße Mehrheit der Abgeordneten in eine steigende Erregung geriet. Das Parlament wurde zeitweise zum Tummelplatz wildester Leidenschaften.«

Während sich der Redner in seine Wut steigert, springen Abgeordnete von ihren Plätzen auf und schreien durcheinander, die einen, um die Angriffe zu erwidern, die anderen, um sie zu befeuern. Kein Ende nehmen diese erregten Zwischenrufe, sie wogen von der einen Seite zur anderen und hindern Helfferich während langer Minuten, seinen Vortrag fortzuführen. Ein paar Mitglieder des Hauses treten aus ihren Bänken und drängen zum Rednerpult. Einer läuft die Stufen hinauf und droht dem Vortragenden mit Prügeln, was dieser mit provozierenden Gesten quittiert. Wiederholt muss Präsident Löbe dazwischengehen, zur Ordnung mahnen, die Aufgeregten an ihre Plätze zurückweisen, sich unparlamentarische Zwischenrufe verbitten, er führt einen Kampf um die Würde des Hohen Hauses. Angesichts dieser Szenen stellt sich der Reporter auf der Journalistentribüne die Frage, ob es wohl richtig sei, einem erklärt demokratiefeindlichen »Katastrophenpolitiker« wie Helfferich eine solche Bühne zu bereiten, anstatt ihn in stiller Missachtung ins Leere laufen zu lassen.

»Und wir verlangen nicht nur das Wort, – wir verlangen auch die Tat.« Als Karl Helfferich seine Rede beendet, so steht es im Reichstagsprotokoll, donnert anhaltender Beifall von rechts und wütender Lärm von links durch den Saal, dazwischen mischt sich Klatschen von den Tribünen. Walther Rathenau hat sich die ganze Zeit über nicht zu Wort gemeldet, sondern ist in schweigender Haltung auf der Regierungsbank verharrt, wie ein Mitarbeiter des Finanzministeriums beobachtet hat. »Mit einem Gesichtsausdruck, in dem sich Gekränktsein, Ablehnung, überhebliches Lächeln und Erregung paarten.«

Nach Helfferichs Rede leert sich der Saal, und die Mitglieder der Regierung ziehen sich zurück, obwohl die Debatte nicht zu Ende ist. Erst nach insgesamt sieben Stunden, um kurz nach 21 Uhr, schließen die Beratungen an einem der längsten Freitage im Deutschen Reichstag. Rathenau hat den Plenarsaal lange zuvor verlassen. Die Worte Helfferichs hallen noch Stunden in ihm nach.

Taten

»Der Nationalsozialistische Untergrund ist ein Netzwerk von Kameraden mit dem Grundsatz – Taten statt Worte. Solange sich keine grundlegenden Änderungen in der Politik, Presse und Meinungsfreiheit vollziehen werden die Aktivitäten weitergeführt.«

Uwe Böhnhardt/Uwe Mundlos, Nationalsozialistischer Untergrund, 2008

Im Sommer 1921 veröffentlichte Hermann Ehrhardt seine Vorstellungen von einem besseren Deutschland in einer Broschüre mit dem Titel *Deutschlands Zukunft – Aufgaben und Ziele.* Sein Münchner Verleger Julius Lehmann war Mitglied in einschlägigen vaterländischen Verbänden und seit 1920 in der NSDAP. Seit vielen Jahren verbreitete er Bücher und Zeitschriften von nationalistischer und völkischer Stoßrichtung. Der Lehmann Verlag war zur Schnittstelle zwischen dem Alldeutschen Verband, der Deutschnationalen Volkspartei, den Nationalsozialisten und Ehrhardts geheimer Organisation Consul geworden und die Villa seines Gründers in München ein Treffpunkt von Dolchstoßtheoretikern und Republikhassern. Wie sicher sich der vom Reich gesuchte Hochverräter Ehrhardt seiner Sache in Bayern sein konnte, zeigt der Umstand, dass er seine Schrift hier unter seinem echten Namen mitsamt den Titeln »Korvettenkapitän a. D.« und »Kommandeur der ehem. II. Marinebrigade« herausbrachte. Auch wenn er, Mann der Tat und nicht des Wortes, sie wohl von einem schreibgewandteren Vertrauten abfassen ließ.

Die an manches Radikale gewöhnte Leserschaft des Lehmann Verlags fand in seiner Programmbroschüre das reaktionäre Plädoyer für eine Rückkehr in die Monarchie alten Stils. Da er über den Abgang seines Kaisers nicht hinweggekommen war, schwelgte Hermann Ehrhardt auf 38 Seiten in wilhelminischer Sittlichkeit, der er die geistige und seelische Auszehrung seines Volkes gegenüberstellte. Die Ursache dafür sah er in der Novemberrevolution, dem Phrasennebel der »Erfüllungspolitiker« und der inneren Zersetzung durch den neudeutschen Parlamentarismus. Auf den letzten Seiten fand Ehrhardt ganz zu sich selbst und worauf er sich am besten verstand – die kraftvolle Tat. »Tat allein aber kann uns retten: Tatbereitschaft ist heute Alles.«

Die Tat und die Aktion, nicht Worte oder Visionen, hatten ihn zu dem von Legenden umrankten Kriegshelden gemacht, zum Kommandeur des zackigsten aller Freikorps, zum beinahe erfolgreichen Putschisten und zur grauen Eminenz eines reichsweiten Geheimbundes. Das Mysterium des »Ehrhardt-Geistes«, von dem sich tausende Männer angezogen fühlten, lag nicht in der dürftigen politischen Programmatik, sondern vielmehr in seinem soldatischen Charisma, dem Willen zu Entscheidungen und Taten. Ihm war vieles zuzutrauen, wenn er im Sommer 1921 zur Tatbereitschaft fürs Vaterland aufrief. Als Ehrhardt drei Jahre später seine Autobiografie von einem Münchner Schriftsteller verfassen ließ, stand dem Text der Erfahrungsschatz seines ganzen Lebens voran: »Worte verwehn – Taten bestehn!« Der Name Ehrhardt war ein Versprechen zur Tat.

Der Mythos der Tat hat auf beiden Seiten der politischen Extreme große Sprengkraft entwickelt. Mal sind es ganze Organisationen, mal eine Handvoll Gesinnungsfreunde, mal bindungslose Einzelgänger, die die reine Tat zu ihrer Berufung erklären. Diesem Denken geht es weniger um die Folgen, sondern um das Handeln selbst, das den Konsens sprengt und den Gegner herausfordert. Jeder Anschlag stellt eine Demütigung des herrschenden Systems und einen Beweis seiner Schwäche dar. Das Erlebnis des sozialen Ungenügens oder des unverdienten Abstiegs kann dafür ein Motiv sein. Manchen verhilft die Tat zum Ausbruch aus dem Kreislauf fruchtlosen Abwägens. Anderen füllt sie die Leere, die sie anstelle einer Idee in sich haben und der sie die Fülle des Erlebnisses entgegensetzen können. Der Fetisch von Entscheidung und Tat entfaltet seine Anziehungskraft nicht in der Mitte, die mit Kompromissen zu leben gelernt hat. Draußen an den Rändern dagegen überwiegt die Logik des Entweder-oder und Alles-oder-nichts. Wer ein Leben im Untergrund führt, setzt die Tat gegen die Gesellschaft. Von unten vorbereitet und ausgeführt, soll sie oben Furcht und Schrecken verbreiten, als flammendes Zeichen von drastischer Veränderung künden. Die Tat wird zum »Fanal«, ein Lieblingsbegriff der Tatbegeisterten. Wer die Tat riskiert, legt Zeugnis ab für die eigene Unbedingtheit.

Von den Mitgliedern der Geheimorganisation Consul, die über ihr Leben geschrieben haben, hat es keiner versäumt, die Größe der Tat zu verherrlichen. Friedrich Wilhelm Heinz hatte sich im April 1920 in Frankfurt gemeinsam mit Ernst von Salomon der Organisation Consul angeschlossen. Aus der Vielzahl der rechtskonservativen Verbände, denen sie aus taktischen Gründen beitraten, rekrutierten sie Kandidaten für die Frankfurter Ortsgruppe der O. C., die im Lauf des Jahres 1921 zu einer der wichtigsten Zellen im reichsumspannenden Netzwerk aufstieg. Heinz wusste, wie stark die Tatkraft, für die Kapitän Ehrhardt stand, auf junge Nationalisten ausstrahlte. »Wir setzen die Tat vor die Idee.« In tautologischer Zuspitzung sprach Heinz vom »Aktivismus der Tat«, der Tat-Sachen schaffe und Systeme zum Einsturz bringen könne. »Der Fatalismus ist die dem Nationalismus am meisten entgegengesetzte Haltung. Der Nationalist, der in den Ereignissen nur das Abbild verborgener Kräfte weiß und dem dämonischen Kommando seines Blutes gehorcht, glaubt an die Beschleunigung der Entwicklung durch die im rechten Augenblick vollzogene Tat.«

Heinz veröffentlichte seine Autobiografie im Jahr 1930 unter dem Titel *Sprengstoff*, als der er sich und seinesgleichen verstanden wissen wollte. Wie Sprengstoff hätten sie sich gegen den Zeitgeist der Weimarer Republik geworfen, ihr zerstörerisches Tun erklärte Heinz zum Selbstzweck. »Alle unsere Taten geschahen aus Protest gegen eine Zeit, die ohne diese Taten eine unauslöschliche Schmach bedeuten würde.«

Auch Ernst von Salomon, seit Juni 1920 unter Heinz' Führung in der Frankfurter Zelle der Organisation Consul aktiv, kreiste in seinen Überlegungen um das Phänomen der Tat um ihrer selbst willen. Bei ihren Einsätzen als Freikorps-Soldaten hatte die Frage nach dem Warum nie eine Rolle gespielt, und diese Haltung brachten sie mit in den Untergrundkampf. Darin sah er einen grundlegenden Unterschied zu den Gegnern auf der anderen Seite. »Um die Gestaltung des Reiches rangen die Internationalisten und die Nationalisten. Die einen hatten überall zum Worte gefunden und nirgends zur Tat, die anderen überall zur Tat und nirgends zum Worte.« Wie Heinz bediente sich von Salomon der Metapher vom Sprengstoff, um die Einheit von Tat und Täter zu verdeutlichen.

Als Tatmensch in Person tritt dem Leser in seinen Schriften Manfred von Killinger entgegen, der in mehreren Anläufen sein Jugendleben in Büchern ausbreitete. Das Bild des Landsknechts ohne Reue, das er malte, war sein Selbstbild. Als mit dem Ende der Kämpfe in Oberschlesien kein äußerer Feind mehr in Sicht war, sah er im Schritt zum Terror im Inneren die zwingende Folge. Die Front war jetzt überall im Deutschen Reich, da der Weimarer Staat sie an das Ausland verraten hatte. »Wir haben durch die Tat bewiesen, daß wir nicht nur ›Phantasten‹ sind«, schrieb von Killinger 1927 über die ersten Jahre in der Republik. Im Sommer 1921 traten die Tatmenschen der Organisation Consul diesen Beweis an.

Am 29. Juni 1921 gab der frühere Reichsfinanzminister Matthias Erzberger seine Rückkehr in die Politik bekannt. Mehr als ein Jahr war diese Nemesis der Rechten, ihr Angstgegner und Hassmagnet aus der Öffentlichkeit verschwunden gewesen. Seit er nach dem Beleidigungsprozess gegen Helfferich im März 1920 zurückgetreten war, galt Erzberger als politisch begraben. Doch jetzt war er wieder da, was nur diejenigen überraschte, die seinen Selbstbehauptungswillen bis dahin übersehen hatten. Schon bei den Juniwahlen 1920 hatte er sein Mandat im Reichstag verteidigt, und obgleich er den Sitzungen fernblieb, unternahm er Redetouren durch seine württembergischen Wahlbezirke. Er galt als Schattenmann hinter der Regierung seines Parteifreundes Joseph Wirth. Unterdessen kämpfte er vor Gericht beharrlich um seine Rehabilitation, bis vom Verdacht der Steuerhinterziehung und des Meineids nichts mehr übrig war. Er war bereit für seine zweite Karriere. Matthias Erzberger sah sich als künftiger Kanzler des Deutschen Reiches.

Schlagartig flammte der alte Hass wieder auf. Seine Gegner auf der Rechten hatten nichts vergessen von dem, wofür sie ihn jahrelang hatten ans Kreuz nageln wollen: die Kriegsmoral unterhöhlt, den Dolchstoß geführt, die Heimat verkauft; schuld an der Revolution, schuld am Schandfrieden, schuld an der Erfüllungspolitik. Nach Erzbergers Ankündigung brauchte die rechtsnationale Presse nicht lange, um sich auf die »Wiederkunft des Schurken« einzuschießen, auf den »feisten Lumpen«, den »Zentrumsjuden«, den »Novemberverbrecher«, den »Volksverräter«. Auf den »Totengräber Deutschlands«, wie seine Feinde ihn nannten.

Das politische Klima im Reich sank auf einen Tiefpunkt. Die Freiheit der Meinung in Wort und Schrift war in der Weimarer Verfassung garantiert, und damit konnte *Der Wiking*, die Kampfzeitschrift der Ehrhardt-Organisation, im Juli 1921 unverhohlen proklamieren: »Unser Kampf richtet sich gegen die Totengräber des nationalen Gedankens, gegen Demokratie, Sozialdemokratie und Judentum. Und unser Kampf geht gegen das Produkt der Novemberrevolution, gegen die Verfassung von Weimar.« In der Organisation Consul, die sich zur mächtigen Geheimarmee entwickelte, gab es niemanden, den das politische Comeback des Sommers ungerührt gelassen hätte. »Die bis zum Bersten mit Haß erfüllten Offiziere der Ehrhardt-Brigade waren von ihrem Führer nach München berufen worden, um dort in illegaler Arbeit die Truppe wieder aufzubauen«, beschrieb der O.-C.-Ortsgruppenchef Friedrich W. Heinz die Stimmung. Der Name Erzberger wirkte auf sie wie ein Brandbeschleuniger.

»Dem jungen Offizier, dem die Revolution Waffe und Ehre zerschlagen hatte, war Matthias Erzberger zur Verkörperung jenes unseligen Geistes des Defaitismus und der Schwäche, gleichzeitig aber auch der aalglatten Geschicklichkeit geworden, aus dem Zusammenbruch der Nation persönliche Vorteile ziehen zu können. In München herrschte eine besondere Wut gegen den Ex-Finanzminister, der mit seiner Steuerreform den bayerischen Sonderweg ausgebremst hatte. Dass dieser Mann in die Regierung zurückkehren sollte, erschien als Gipfel der Verhöhnung. »Der bajuwarische Sonderhaß gegen Erzberger wurde zum volkhaften Humusboden, auf dem der tödliche Vernichtungswille der preußischen Offiziere reißend zu wuchern begann.«

In den Statuten der Organisation Consul steht unter Paragraf 11: »Verräter verfallen der Feme.« Der Begriff der »Feme« bezeichnete, in freier Abwandlung der mittelalterlichen Feme-Gerichtsbarkeit, einen Akt der Selbstjustiz gegen Mitglieder, die gegen das Schweigegelübde verstießen; oder aber gegen Außenstehende, die der Weltanschauung der Organisation widersprachen. Letzteres traf auf den Politiker Erzberger unzweifelhaft zu. Er fiel unter die Bestimmungen des Feme-Paragrafen.

Anfang August 1921 standen im Büro des Abteilungsleiters B in der »Bayerischen Holzverwertungsgesellschaft« in München zwei junge Männer, deren Lebensläufe praktisch identisch waren, bis hin zu ihrem Vornamen. Im Krieg waren Heinrich Tillessen und Heinrich Schulz Offiziere gewesen, später hatten sie in der Marinebrigade Ehrhardt der Sturmkompanie angehört. Mit Verbitterung sahen sie sich von der Reichsregierung um Versprechungen geprellt und ohne Anerkennung auf die Straße gesetzt. Auf der Suche nach einer zivilen Existenz landeten sie auf Vermittlung Ehrhardts in Regensburg als Leibwächter eines separatistischen Agrarpolitikers. Verloren in der fremden Provinz, angeödet von der Enge ihres Verliererdaseins, steigerten sich die beiden in völkisch-nationalistischen Furor, der sich in radikalen Versammlungen und Debatten mit Gleichgesinnten aufschaukelte. Wie besessen seien sie von diesen Gedanken gewesen, erklärte Heinrich Tillessen ein Vierteljahrhundert später vor Gericht. »All dieses Gift – als solches sehe ich diese Dinge heute an – habe ich damals, da ich mich mehr oder weniger entwurzelt fühlte, begierig in mich aufgenommen.« Auf der Suche nach Schuldigen, zwischen »Vaterlandsverrätern« und »Volksschädlingen«, Juden und Jesuiten, fanden sie an vorderster Stelle Matthias Erzberger.

Ein knappes Jahr lang hingen Schulz und Tillessen im Wartestand zwischen äußerer Leere und innerer Erregtheit, bis sie im Mai 1921 ihr Kommandeur Ehrhardt in seine Organisation nach München beorderte. Drei Monate lang arbeiteten sie in der O.-C.-Zentrale dem Mann zu, der in der Marinebrigade ihre Sturmkompanie befehligt hatte. Der ehemalige Kapitänleutnant Manfred von Killinger, der noch im Frühjahr die Kompanie in den oberschlesischen Aufständen angeführt hatte, war niemand, den man sich recht hinter einem Schreibtisch vorstellen konnte. Er war inzwischen Mitte dreißig, sein kantiges Gesicht begann in die Breite zu gehen, eine vertikale Furche spaltete das quadratische Kinn. Den Augen mit dem kämpferischen Ausdruck hielt man als Untergebener nicht leicht stand. Für seine jungen Mitarbeiter war dieser Mann, der sie Anfang August in sein Büro bestellte, eine einschüchternde Autorität. Ein paar Tage zuvor waren Tillessen und Schulz in feierlicher Vereidigung in den »Germanenorden« aufgenommen worden, dem sie sich während ihrer Regensburger Radikalisierung angenähert hatten. Diese Geheimgesellschaft verstand sich als völkischer Kampfverband mit aggressiver Fronstellung gegen Judentum und Freimaurerei. Der Eid, den sie vor von Killinger geleistet hatten, band sie noch enger an die Befehlsgewalt seiner Person.

An diesem Tag bekamen sie in geheimnisvollem Zeremoniell einen Umschlag mit einer Nachricht überreicht. »Der Zettel hatte etwa folgenden Inhalt«, gab Heinrich Schulz später zu Protokoll. »Gemäß der in der Leitung stattgefundenen Auslosung wurden Sie – es folgten dann unsere beiden Namen – dazu be-

Heinrich Schulz

Heinrich Tillessen

stimmt, den Reichsfinanzminister a. D. Erzberger zu beseitigen. Die Art der Ausführung bleibt Ihnen überlassen.« Eine Begründung lieferte die Anweisung nicht. Gleich danach musste Schulz sie vor den Augen von Killingers verbrennen, der sie anschließend mit reichlich Spesengeld versorgt in den Urlaub schickte.

Am selben Nachmittag wollten sie sich beim Oberbefehlshaber der Organisation Consul abmelden. Hermann Ehrhardt empfing sie auf der Straße vor seinem Büro, als wolle er jedes Aufsehen um seine Person vermeiden. In vagen Worten wünschte er ihnen eine glückliche Heimkehr, ohne auf ihre Mission einzugehen. Schulz und Tillessen gewannen gleichwohl den Eindruck, dass der Kommandeur im Bilde war.

Mit der Aufgabe, Matthias Erzberger umzubringen, hatten weder Heinrich Schulz noch Heinrich Tillessen gerechnet. Es war *eine* Sache, sich über einen verhassten Politiker das Maul zu zerreißen, doch es war etwas anderes, diesen eigenhändig umzubringen. Ihrem soldatischen Geist widersetzte sich die Vorstellung, einen unbewaffneten Menschen ohne Warnung abzuschießen. Schulz erinnerte sich später an lange Momente der Beklommenheit an diesem Spätsommernachmittag. »Wir gingen dann zusammen in den Englischen Garten. Dabei wurden wir uns darüber einig, daß wir um die Ausführung des Befehls wohl nicht herumkommen würden. Wir hatten ja auch unseren Eid geleistet, und zwar sowohl gegenüber dem Germanenorden, als auch bei der Organisation C, daß wir jeden Befehl ausführen würden.« Ein Eid, ein Befehl, bei Nichtausführung Ächtung, Ehrverlust, Feme – Tillessen und Schulz, zwei junge Offiziere im Deutschen Reich des Jahres 1921, leisteten keinen Widerstand. Ihre Bedenken kämpften sie nieder. Die nationale Sache verlangte nach radikalen Taten, und die Tat fragt nicht nach dem Warum.

Drei Wochen benötigten sie, um Matthias Erzberger aufzuspüren. Im Berliner Reichstag erfuhren sie, dass er sich im Urlaub in Südwestdeutschland aufhielte. Sie reisten der Spur hinterher, nach Stuttgart und Ulm, nach Biberach in ein Thermalbad, nach Beuron zum Kurbetrieb. Um bei ihren Erkundigungen nicht aufzufallen, gaben sie sich mal als Verwandte oder Studenten aus, mal als Zentrumsabgeordnete, mal als Ingenieur. Die Auskünfte führten sie in die Ferienregion Renchtal im Schwarzwald, wo sie sich im Kurort Oppenau unter den Namen Franz Riese und Knut Bergen einmieteten. Mithilfe einer Landkarte arbeiteten sie sich in die Topografie des Renchtals ein, in Entfernungen, Wegmarken und Fluchtpunkte. Tillessen färbte seine blonden Haare am Waschbecken der Pension dunkel, Schulz deckte eine auffällige Kriegsverletzung am linken Ohr mit einem Heftpflaster ab. Zwei Undercover-Agenten in geheimer Kommandosache.

Schließlich stießen sie auf Erzberger im benachbarten Bad Griesbach, wo er mit seiner Familie im Kurhaus abgestiegen war. Mehrere Tage verstrichen, während derer sie Begegnungen herbeiführten, ohne dass sie sich zum entscheidenden Schritt durchringen konnten. Die Gelegenheiten kamen und gingen im Kampf mit den eigenen Hemmungen, in Rücksichtnahme auf Erzbergers Familie, in Ausflüchten, warum gerade diesmal nicht der Moment sei. Heinrich Tillessen, der als Marinesoldat laut eigenem Bekunden noch nie auf einen Menschen geschossen hatte, rang mit seinem Gewissen. »Gegenseitig genierten wir uns voreinander, auch nur davon zu sprechen, daß wir Hemmungen hätten und daß es besser wäre, von dem einmal geplanten Beschluß Abstand zu nehmen, betrachteten wir uns doch als Verschworene, die unsere Idee nicht verraten dürften.« Sie hatten keine Absprachen getroffen, wie sie ihr Vorhaben umsetzen wollten, es musste sich alles aus dem Augenblick ergeben.

In seinem vorderen, dem Rhein zugewandten Teil ist das Renchtal gesäumt von Rebhängen und Obstwiesen. Sie verlieren sich im hinteren Talverlauf in dichten Wäldern, abgelegenen Seitentälern und den Höhenzügen des mittleren Schwarzwalds. Vom Kurort Bad Griesbach führt eine Wanderstraße in engen Windungen durch tiefen Forst zur Alexanderschanze auf den Kniebis, einen lang gezogenen Bergrücken. Am 26. August, nach dem Frühgottesdienst, machte sich Matthias Erzberger mit dem Parteikollegen Carl Diez auf eine Wanderpartie, auf die er weder Frau noch Tochter mitnahm. Es war der letzte Tag des Urlaubs, nach dem Ende der parlamentarischen Sommerpause wollte er aus dem politischen Exil ins Getriebe der Reichshauptstadt zurückkehren. Wenige Tage zuvor hatte er in Berlin persönlich erfahren, dass das Verfahren gegen ihn wegen Steuerhinterziehung abgewiesen worden war. Zurück an seinem Urlaubsort, hörte er von merkwürdigen telefonischen Erkundigungen über seinen Aufenthalt. Erzberger hatte bereits einige Anschläge überstanden, doch er zog es vor, sich frei zu bewegen, anstatt sich bewachen zu lassen. Die Drohungen seiner Feinde sollten nicht über sein Leben bestimmen.

Mit dem Parteifreund Diez gab es für die anstehenden Tage einiges zu bereden. Tief ins Gespräch versunken ließen die Wanderer an der ansteigenden Kniebisstraße die Häuser von Bad Griesbach hinter sich. In der Nacht hatte es stark geregnet, und es tröpfelte noch immer, sodass sie unterwegs kaum jemanden antrafen. Nach der dritten Spitzkehre, die im Tannenhochwald lag, überholten sie zwei junge Männer, von denen einer eine Landkarte bei sich trug. Heinrich Schulz und Heinrich Tillessen hatten sich vorgenommen, ihren Auftrag diesmal auszuführen, und die Bedingungen schienen günstig. Dennoch verpassten sie auch diese Chance zum Handeln. Erzberger und Diez, die hinter ihnen zurückblieben, marschierten nur noch eine Kehre weiter bis zu einer Waldarbeiterhütte, um sich dann auf den Rückweg nach Griesbach zu machen. Das war gegen elf Uhr vormittags.

Auf einmal begriffen Tillessen und Schulz, dass ihnen die Zeit davonlief. Eilig setzten sie den anderen nach, bis sie sie in der zweiten Spitzkehre eingeholt hatten. Als sie für einen Augenblick stehen blieben, löste sich bei Heinrich Tillessen die Hemmung. »Da ich das Gefühl hatte, es sei höchste Zeit, daß wir etwas unternähmen, also schössen, riß ich meine Pistole heraus und sprang vor.« Zwei oder drei Meter stand Erzberger vor ihm, als Tillessen mehrere Schüsse hintereinander direkt in Kopfhöhe auf ihn abfeuerte. »So schieß doch, schieß doch«, hörte Schulz seinen Kameraden schreien, »sonst war ja alles umsonst.« Und da zielte er auf Carl Diez, den die Wucht des Schusses umriss. Erzberger schleppte sich derweil zum Buschwerk am Straßenrand und rutschte mit dem Bauch zum Hang talabwärts. Sie feuerten ihm hinterher, Schulz sprang die Böschung hinab, da unten lag Erzberger, gestürzt am Fuß einer Tanne. Schulz beugte sich über ihn und schoss zweimal auf seinen Kopf. Dann kletterte er die Böschung wieder hinauf. Tillessen stand noch da, Diez lag verletzt auf der Straße.

Sie brauchten einen Fluchtplan, querfeldein zurück nach Oppenau wollten sie sich durchschlagen, ihre Revolver versteckten sie irgendwo im Gehölz. Einige Stunden später erreichten sie die Pension, durchnässt und abgekämpft. Beim Kaffee erfuhren sie von der Wirtin, dass wenige Stunden zuvor, nur eine Ortschaft weiter, der bekannte Politiker Matthias Erzberger ermordet worden sei.

Heinrich Tillessen und Heinrich Schulz hatten den Befehl ihrer Geheimorganisation nicht im Stil von Profikillern erledigt, die ihr Werkzeug und ihre Nerven wie Automaten beherrschen, um im entscheidenden Moment sachlich auf das Ziel und die notwendigen Handgriffe gerichtet zu sein. Ihre Tat hatte nichts von einer solchen chirurgischen Präzision, sondern war die von zwei aufgeregten Amateuren, die ohne Plan, aber von dem übermächtigen Zwang ihres Auftrags getrieben, ihr Opfer irgendwie zu Tode brachten. Acht Schüsse hatten Erzberger getroffen, in Brust, Bauch, Oberschenkel, in beide Schultern und zweimal in den Kopf. Ein Teil seiner Schädeldecke war weggerissen. Über den Abhang verstreut, so verzeichnet das Polizeiprotokoll, lagen die Spuren eines verzweifelten Überlebenskampfes: Erzbergers Regenschirm neben der Tanne, sein vom Finger gerissener Ring auf halber Höhe der Böschung, Blutflecken und Schleifspuren, aufgewühlte Erde und zerfetzte Kleidung, Patronenhülsen und das Glas seiner Taschenuhr, die um 11.05 Uhr stehen geblieben war. In der hinteren Hosentasche steckte Erzbergers Reichstagsabgeordnetenausweis. Seinen Begleiter Carl Diez hatten sie schwer verletzt an der Straße zurückgelassen.

Schulz und Tillessen reisten zurück nach München, wo sie sich bei ihrem Vorgesetzten Manfred von Killinger im Englischen Garten zum Rapport einfanden. Dieser befahl ihnen, als in der Presse die ersten Ermittlungsergebnisse publik wurden, sich nach Österreich und später nach Ungarn abzusetzen. Das

Netzwerk der Organisation mit Verbindungen zu befreundeten Rechten und Nationalisten arbeitete reibungslos. Stets zur richtigen Zeit bekamen sie hilfreiche Hinweise und Geldmittel. Für die Reisepapiere sorgte der Münchner Polizeipräsident Pöhner. »Wir wurden, wenn ich mich so ausdrücken darf, von einer Hand in die andere weiter gereicht«, erinnerte sich Heinrich Tillessen. »Es hatte sehr viele Leute gegeben, die Erzberger nicht leiden konnten und sich gewissermaßen einen Sport daraus machten, uns weiter zu helfen.« Von Zeit zu Zeit meinten sie die schützende Hand von Kapitän Ehrhardt und seinem Geheimbund regelrecht spüren zu können.

Ihre Auftraggeber in München hatten den Feme-Mord am Volksverräter aus dem Dunkel der Anonymität herausführen wollen, ohne Spuren zu hinterlassen. So sollte es auch bleiben, da ein solches Fanal gegen eine Galionsfigur der Republik keiner Bekennerschaft bedurfte. Doch anders als geplant sollte die Ermordung von Matthias Erzberger die Organisation Consul im ganzen Deutschen Reich bekannt machen. Die Hinrichtung des ehemaligen Reichsfinanzministers setzte den Sicherheitsapparat unter Hochdruck. Erzberger war noch keine drei Stunden tot, als von der Staatsanwaltschaft bis zum Reichskanzler alle staatlichen Machtfaktoren alarmiert waren. Polizisten durchkämmten das obere Renchtal, und während Hinweise auf zwei junge Männer mit auffälligem Verhalten einliefen, fügten die Ermittler sie mit ein paar Papierschnipseln aus dem Gasthof in Oppenau zu einem Identitätspuzzle zusammen. Zwei Wochen nach Erzbergers Tod erließ die Offenburger Staatsanwaltschaft Haftbefehl gegen Heinrich Schulz und Heinrich Tillessen. Am selben Tag durchsuchten Beamte in München-Schwabing ihre Wohnung und stießen auf einen weiteren Namen: Manfred von Killinger, Ex-Kapitänleutnant und Abteilungsleiter B, Leopoldstraße 62. Die Untersuchung seiner Wohnung führte sie weiter zu Alfred Hoffmann, Ex-Kapitänleutnant, Abteilungsleiter A und Stellvertreter Hermann Ehrhardts, Franz-Josef-Straße 23. Hier konnte die Polizei dann einen Großteil der O.-C.-Führungsspitze, die sich zu Beratungen einfinden wollten, nacheinander verhaften. Von dort lief die Spur schließlich zur »Bayerischen Holzverwertungsgesellschaft« um die Ecke in der Trautenwolfstraße 8.

Als die Ermittler in den Büroräumen der Zentrale standen, erschlossen sich ihnen die Dimensionen der Verschwörung. In den Öfen fanden sich Mengen an verkohlten Papierresten. Die Schränke in der Holzverwertungsgesellschaft machten den Eindruck, als hätte sie jemand in Panik durchwühlt und von Beweisstücken gesäubert. Dennoch konnten die Fahnder umfangreiches Belastungsmaterial gegen die republikfeindliche Organisation Consul und die Tatverdächtigen im Fall Erzberger sicherstellen. Ihr Vorgesetzter Manfred von Killinger ging ihnen auf der Zugfahrt von Frankfurt nach München in die Falle. Auf ihn konzentrierte sich der Verdacht als Anstifter des Attentats. Aus den beschlagnahmten Unterlagen konnte die Staatsanwaltschaft nicht nur das Regelwerk und die Befehlsketten des Geheimbunds nachzeichnen, sondern sie gaben darüber hinaus Einblick in die Details seiner Vernetzung. Über das Reich verteilt traten in diesen Tagen 34 Mitglieder der Organisation Consul den Gang in die Untersuchungshaft an. Viele waren von der Verwicklung in den Erzberger-Mord überrumpelt, da praktisch niemand außerhalb des Münchner Führungskreises in die Pläne eingeweiht gewesen war. Immerhin der »Consul« selbst hatte zur rechten Zeit den Rückzug angetreten. Hermann Ehrhardt war über die Grenze nach Österreich geflohen.

Über Wochen beherrschte der Mord an dem Politiker die deutsche Öffentlichkeit, der noch im Tod die Meinungen spaltete. Die demokratischen Reichsspitzen wandten sich in Loyalitätsappellen an ihre Bürger. Die Zentrumspartei organisierte machtvolle Kundgebungen, während die linken Parteien Härte forderten gegen rechte Gegenrevolutionäre. Im Reichstag sah sich der deutschnationale Abgeordnete Karl Helfferich dem Vorwurf ausgesetzt, er habe mit seiner Kampagne gegen Erzberger den Boden für den Mord an seinem Kollegen bereitet. »Das ist die terroristische Methode des Nihilismus, der hinter der Agitation der Deutschnationalen herschleicht und der den Tod Erzbergers zu einer allgemeinen politischen Angelegenheit von höchster Bedeutung macht.« Wie das *Berliner Tageblatt* deuteten viele Zeitungen die Tat als Anschlag auf die Republik und Vergiftung des politischen Lebens. 30 000 Menschen drängten sich auf der Beerdigung im schwäbischen Biberach. Joseph Wirth, der Reichskanzler und Freund des Toten, äußerte in seiner Grabrede die Ahnung, dass dieser Mord nicht der Schlusspunkt, sondern der Anfang eines Kampfes um das Vaterland sei. »Ich meine nicht nur die Republik, ich meine nicht nur den demokratischen Staat, nein, aus diesem Mord heraus kann der ganze Staat in Gefahr kommen.«

In den Kommentaren der rechts stehenden Zeitungen schimmerte dagegen die Überzeugung durch, dass Erzberger sein Ende verdient habe. Mit dem Verrat an Deutschland habe er Gewalt bei jenen provoziert, die ihre Heimat über alles liebten. Mitgefühl, so war zu lesen, gelte daher eher den Tätern, deren Haltung Vorbild sein müsse. »Haß müssen wir säen!«, schrieb eine deutschnationale Zeitung einen Tag nach Erzbergers Tod. »Und wie wir unsere Feinde von außen hassen lernen, so müssen wir auch die inneren Feinde Deutschlands mit unserem Haß und unserer Verachtung strafen. Vermittlungen sind unmöglich, nur durch Extreme kann Deutschland wieder das werden, was es vor dem Kriege war.« In vielen Bierstuben klirrten die Gläser auf das Ende des »Reichsverderbers«, »Volksschädlings« und »Revolutionsschweins«. Republikfeinde gratulierten einander am Telefon, in Amtsstuben und auf offener Straße. Das Gefühl der Genugtuung brach sich in den nationalistischen Kreisen Bahn. Wer es bis dahin nicht hatte wahrhaben wollen, konnte nicht mehr übersehen, wie zerstörerisch die Bewegung gegen die Republik geworden war.

Die Geheimorganisation Consul allerdings war nach dem Anschlag auf spektakuläre Weise aufgeflogen. Ihr Gründer hatte das Land verlassen, ihr operativer Leiter stand unter Anklage wegen Beihilfe zum Mord, dazu leitete die Staatsanwaltschaft Offenburg ein zweites Verfahren gegen Mitglieder der »Holzverwertungsgesellschaft« wegen Geheimbündelei in die Wege. Viele Führungsfiguren saßen in Haft, so auch der Redaktionsstab der Verbandszeitschrift *Der Wiking*. Die Schwabinger Verschwörerzentrale war ausgehoben, Satzungen und Strukturpläne lagen auf den Tischen der Sicherheitsbehörden. Die Mitglieder sahen sich ins grelle Licht einer öffentlichen Neugier gezogen, die die Berichte über das Münchner Mörderbüro begierig aufsog. »Die Erregung wuchs, mit ihr der Abscheu.«

Ernst von Salomon war als untergeordnetes Organisationsmitglied unter dem Radar der Ermittler geblieben und verfolgte die Reaktionen auf die Enttarnung. Der Schleier des Geheimen, auf den ihre Mitglieder den Eid abgelegt hatten, war sichtbar geworden. Im Herbst 1921 stand der Geheimbund vor dem Kollaps.

Aber mit der Tarnung war nicht der Hass seiner fünftausend Mitglieder verschwunden, ebenso wenig ihr Wunsch nach Rache oder der Drang zur Tat. Der aufbrausende Beifall, der die Attentäter Schulz und Tillessen zu Volkshelden und ihren Anschlag zum nationalen Erlösungswerk erklärte, offenbarte, dass sie in Deutschland nicht auf verlorenem Posten standen. Ernst von Salomon bemerkte in Frankfurt, wie sich in die Entrüstung Neid und Bewunderung mischten: »Viele brüsteten sich im vertrauten Kreise, Mitglieder des Bundes zu sein, manche brüsteten sich sogar öffentlich. Es gab Männer, von denen die ganze Stadt wußte, daß sie führende Persönlichkeiten der O. C. waren.« Im Winter des Jahres 1921 arbeiteten ihre Mitglieder daran, die Scherben zu einer neuen Form zusammenzufügen. Als größter Vorteil erwies sich ihre weitverzweigte Struktur, dank derer sich andere Regionalzellen mit anderen Protagonisten in die Lücken schieben konnten.

Mit der Person Manfred von Killingers war der militärische und operative Geist des Verbandes weggesperrt. Außer ihm aber waren alle Verhafteten nach einigen Wochen wieder auf freiem Fuß. Von Killingers Aufgaben übernahmen zum einen Teil Ehrhardts Stellvertreter Hoffmann, zum anderen Carl Tillessen, der ältere Bruder des Erzberger-Attentäters Heinrich Tillessen. Auch er hatte sich schon in der Sturmkompanie der Marinebrigade hervorgetan und war zwischenzeitlich zum Führer der O.-C.-Regionalzelle Sachsen aufgestiegen. Als Leiter des Dachbezirks Westdeutschland und Kommandeur aller Aktivistengruppen verlegte Tillessen Anfang 1922 sein Hauptquartier nach Frankfurt. »Durch die verhältnismäßig gut abgelaufene Erzberger-Affäre bekamen wir selbstverständlich ungeheuren Auftrieb«, wertete ein Vertreter von Friedrich Wilhelm Heinz diesen Vorgang.

Wegen ihrer Grenzlage zu dem seit dem Kriegsende französisch besetzten Rheinland waren die Region Hessen und die Stadt Frankfurt für die Nationalisten von herausgehobener Bedeutung. Der kriegsversehrte Friedrich Wilhelm Heinz lebte seit April 1920 von einer schmalen Offizierspension, dem Zeilenhonorar für Beiträge in rechten Zeitungen sowie von den Zuwendungen seines Halbbruders, der zum Bankdirektor aufgestiegen war. Er besaß viel Zeit für den Aufbau eines Frankfurter Ablegers der Organisation Consul, für die er, vonseiten der Reichswehr geduldet, geheimdienstliche Operationen und Sabotageakte gegen die französische Besatzungsmacht leitete. Heinz war Mitglied der Deutschnationalen Volkspartei und des Jungdeutschen Ordens, wo er auf Ernst von Salomon und seinen früheren Brigade-Gefährten Erwin Kern getroffen war. In den nationalen Sammelbewegungen fand er ein weiterhin unerschöpfliches Reservoir an zornigen jungen Männern.

Unter Heinz' Führung kümmerte sich von Salomon, mit 19 Jahren zwei Jahre jünger als Heinz, um die Rekrutierung neuer Mitglieder. Seinen Lebensunterhalt verdiente er sich in einer Geldwechselstube am Frankfurter Hauptbahnhof, wo er Beträge für die Operationen der O. C. abzweigte. Sein Freund und Vorbild war der Jura-Student Erwin Kern, 24 Jahre, auch er Marineoffizier, ehemaliger Ehrhardt-Freiwilliger und Kapp-Putschist, zu dem von Salomon ein Verhältnis hatte wie der Bursche zu seinem Offizier. »Rücksichtslos in seinen Forderungen gegen andere, weil ebenso rücksichtslos gegen sich selbst, übte dieser mittelgroße, breite Mann mit den offenen Zügen und dunklen Augen, dem man Willens- und Körperkraft sofort ansah, einen zwingenden, suggestiven Einfluß aus.« Die Berichte über Kern verraten die Wirkung, die er auf Jüngere ausübte. »Kern hinreißend, drängend und tatgestaltend«, beschrieb ihn einer der Kameraden Jahre später. »Kern glaubte an die Sache und riß, wie immer, alles mit sich. Er wußte: unser Tag kommt trotzdem.« Für die einen Tatmensch, für die anderen Fanatiker, stieg Kern in kurzer Frist zum führenden Aktivisten auf.

Die Schockwellen des Erzberger-Attentats erfassten im September 1921 die Frankfurter O.-C.-Zelle. Organisationspläne führten die Beamten auf die Spur des »Consul«-Bezirksleiters Heinz in Hessen. Er und von Killinger kannten sich vom Marsch auf Berlin und hatten sich in regem Austausch befunden. Beteiligung am Erzberger-Mord, Hochverrat und Geheimbündelei lauteten die Verdachtsmomente, derentwegen Heinz in Untersuchungshaft wanderte. Als er nach fünf Wochen auf Kaution wieder freikam, stand die Organisation Consul im Umbruch.

Zuständigkeiten und Initiativen hatten sich in die Flächen des Netzwerks verlagert, wodurch die Regionalzellen ein zunehmendes Eigenleben entwickelten. Die Männer von der O. C. Hessen unternahmen eine Reihe von Terroraktionen, die über das Gewohnte hinausgingen. Während ihre Sprengstoffanschläge auf zwei Synagogen und ein Denkmal scheiterten, gelang Carl Tillessen und Erwin Kern mit ihrem O.-C.-Kommando im Januar ein Coup, als sie einen als Kriegsverbrecher verurteilten Marineoffizier aus dem Gefängnis befreiten.

Kurz darauf entging der Fahrer des Fluchtwagens schwer verletzt einem Feme-Mordanschlag, an dem sich Heinz, Kern und von Salomon beteiligten, weil er sie mit der Polizei erpressen wollte. »Die Tage prasseln vorüber. Sie sind ein Trommelwirbel ohne Unterlaß. Jeder Tag ist eine Tat«, so beschrieb Friedrich Wilhelm Heinz die Dynamik der Frankfurter Zelle im ersten Halbjahr 1922. Dabei verloren sie nie aus den Augen, was ihre Organisation zusammenhielt. »Alle ihre örtlichen Gruppen, Verkleidungen, Masken waren in ihrer Gesamtheit dennoch das, was die O. C. werden sollte: Eine weitreichende soldatische Verschwörung gegen den Staat von Weimar!«

Im Februar 1922 meldete sich die Verbandszeitschrift *Der Wiking* mit einer Ausgabe zurück, die mit unvermindertem Grimm auf »das System« einschlug und alle Nationalisten auf die Fortsetzung des Kampfes einschwor. »Wir sagen den Umsturz voraus und wir hoffen, daß dann mit der großen Lüge der letzten drei Jahre gebrochen wird, und daß nationale Elemente nicht mehr ein System am Leben erhalten, das mehr wie antinational ist.«

Im Sommer 1922 kehrte Hermann Ehrhardt aus dem ungarischen Exil in sein Münchner Doppelleben zurück. Unter dem Decknamen Hugo von Eschwege firmierte er als Geschäftsführer einer Firma für optische Geräte, für seine Anhänger hingegen war er nach wie vor der Kapitän. »Meine geschäftliche

Tätigkeit dauerte von acht bis fünf, danach verzehrte ich noch in der Stadt als Herr von Eschwege mein Abendessen, um dann umgewandelt in Kapitän Ehrhardt bis in die Nacht hinein meinen eigentlichen Beruf zu erfüllen.«

Schließlich endete am 13. Juni 1922 vor dem Offenburger Schwurgericht der Indizienprozess gegen Manfred von Killinger wegen Beihilfe zum Mord an Matthias Erzberger. Acht Monate lang hatte die Staatsanwaltschaft Hinweise und Zeugenaussagen zusammengetragen, die von Killingers Beteiligung an der Tat von Tillessen und Schulz belegen sollten. Nach einer halben Stunde Beratung sprachen ihn die Geschworenen von den Vorwürfen frei. Die Reaktionen auf diesen Freispruch zeigten, wie tief zerrissen die politische Landschaft in Deutschland war. Die demokratische und bürgerliche Presse ereiferte sich über das unbegreifliche Urteil, die Linken beschuldigten Gericht und Staatsanwälte, den politischen Verbrechern von rechts alle Steine aus dem Weg zu schieben. Die Nationalisten setzten dagegen ihren Beifall über den Triumph der guten Sache.

Als Manfred von Killinger, begleitet von den Ovationen seiner Anhänger, aus dem Gerichtsgebäude in Offenburg die ersten Schritte in die Freiheit unternahm, war die Wiederbelebung der Organisation Consul abgeschlossen. Sie war nicht nur wieder da, sie war auch stärker als zuvor.

Der Auftritt des Assyrers

Freitag auf Samstag, 23./24. Juni 1922,
am Nachmittag, am Abend, in der Nacht

Während noch im großen Sitzungssaal des Deutschen Reichstags die Redeschlacht um die Reparationsfrage wogt, eilt Walther Rathenau zu seinem nächsten Termin. Hier im Reichstagsgebäude ist er zu einem Treffen des Reichswirtschaftsministers Schmidt mit ein paar rheinischen Industriebaronen geladen. Es geht um komplizierte Fragen der Kohlebewirtschaftung, die unentwirrbar verknüpft sind mit der Regelung des Reparationsproblems. Aufgrund seines technisch-wirtschaftlichen Sachverstands sowie seiner außenpolitischen Fachkompetenz überblickt kaum jemand besser als Rathenau dieses Minenfeld von Materie, in dem jede politische Maßnahme wirtschaftliche Verwerfungen riskiert, und zwar in Deutschland, Frankreich und Belgien zugleich.

Vorhin hat ihn der Frontalangriff seines Erzfeindes Karl Helfferich von den Deutschnationalen auf dem Podium des Reichstags in heftige Erregung versetzt. Jetzt trifft er nur ein paar Flure weiter auf seinen zweiten großen Widersacher, den Großindustriellen und Multimillionär Hugo Stinnes. Der »Kaufmann aus Mühlheim« herrscht über ein Imperium aus Bergbau-, Stahl- und Handelsunternehmen mit mehr als 1500 Einzelbetrieben. Für die konservative Deutsche Volkspartei DVP hat er einen Sitz im Reichstag, von dem aus er hinter den Kulissen für seine Geschäftsinteressen intrigiert. Sein Habitus ist unauffällig, seine

Kleidung schlicht und unmodisch, sein persönlicher Anspruch genügsam. Derselbe Zeitungsreporter, der kurz zuvor Helfferichs Auftritt beschrieben hat, warnt aber vor vorschnellen Schlüssen: »Kein Redner. Eher Beobachter. Wenn er aber spricht, kein Wort zu viel. Alles aufs Sachliche gestellt. Eine Rechenmaschine. Weiß jeden mit seiner ruhigen, kalten, überlegenen Sachlichkeit für den Augenblick zu erdrücken. Sein Sprechen ist ein scheinbar müdes Flüstern, Murmeln.« Manche halten Hugo Stinnes für den heimlich-unheimlichen Diktator des Deutschen Reiches.

»Der Assyrer«, so sein Spitzname wegen des dichten Vollbarts im Gesicht, tritt Rathenau am späten Nachmittag im Reichstag in der Runde beim Wirtschaftsminister gegenüber. Zwei Männer wie Nord- und Südpol, der eine Geistesmensch und Ästhet, der andere Zweckmensch und Rechenmaschine, Elektroindustrie gegen Kohle und Stahl, Weltmann vs. Westfale, einer deklamiert, wo der andere nuschelt. Sie beargwöhnen und beharken einander, seitdem sie zwei Jahre zuvor bei der internationalen Reparationskonferenz in Spa als Sachverständige die deutsche Regierung gemeinsam beraten sollten und dabei die Delegation mit ihren Streitereien lahmlegten. In politischen Fragen könnten die Gräben kaum tiefer sein. Für den Montanmagnaten Stinnes ist die Frage der Reparationen vor allem eine der ruinösen Kohlelieferungen an den Feind. Für den Erfüllungspolitiker Rathenau ist es ein Baustein zur Verständigung mit künftigen europäischen Partnern.

Bei der heutigen Verhandlung lassen sich die Minister von den Industriellen ins Bild setzen über das Ausmaß der Kohlekrise, ehe sie über Zugeständnisse ihrer Regierung beratschlagen. Rathenau schiebt die Beurteilung der geeigneten politischen Maßnahmen weiter an den Wirtschaftsminister, hätte aber nichts dagegen, wenn die Industrievertreter ihren Krisenbericht direkt gegenüber den alliierten Reparationskommissaren vortragen. Mit diesem Ergebnis gehen die Männer auseinander. Vom Reichstag aus sind es keine 500 Meter bis zum illustren Hotel Esplanade in der Bellevuestraße, in dem Stinnes sich für die Zeit seiner Berliner Kohlemission einlogiert hat. Noch in der Lobby fängt ihn der belgische Vertreter der Reparationskommission ab.

Unterdessen eilt Rathenau ein paar Ecken weiter im Tiergartenviertel zu seiner nächsten Verabredung, einem Abendessen beim US-amerikanischen Botschafter Alanson Houghton, der gerade den amerikanischen Beobachter der Reparationskommission zu Gast hat. Der Botschafter erinnert sich in einem Bericht über diese Abendveranstaltung, in welcher Verfassung der deutsche Außenminister bei ihm eintrifft. »Das Abendessen war auf acht Uhr angesetzt. Es war bereits halb neun, als Rathenau ankam. Wir fanden ihn sehr erregt. Er erzählte uns, daß Helfferich einen persönlichen und, wie er es nannte, ›vernichtenden Angriff‹ gegen ihn im Reichstag gemacht hatte, und er war allem Anschein nach sehr besorgt um die Wirkung, die diese Rede auslösen würde.« Wie begründet das ist, wird sich anderntags in der Berliner Presse zeigen, wo Zeitungen wie das *Berliner Tageblatt* die »stürmische Reichstagssitzung« zum Aufmacher auf den Titelseiten machen.

Rathenau ist nicht entgangen, dass die antisemitischen Angriffe auf seine Person in diesen Monaten an Heftigkeit zunehmen und die radikale Rechte sich zu allem entschlossen gibt. Praktisch täglich erreichen ihn Drohbriefe oder polizeiliche Hinweise. Wenn ihn, was regelmäßig geschieht, die Menschen aus seinem Umfeld darauf ansprechen, antwortet er mit der gewohnten Ergebenheit, in die sich ein trauriges Staunen schleicht. »Zum Schluß unserer rein sachlichen Unterredung lehnte sich Rathenau weit zurück und sagte mit veränderter Stimme, indem seine sonst so harten Augen einen weichen Schimmer bekamen:

›Sagen Sie, warum hassen mich diese Menschen eigentlich so furchtbar?‹«

Einem Freund gegenüber, der ihn im Außenministerium besucht, hat er einmal mit einem Seufzer die kleine Browning-Pistole gezeigt, die er in seiner Hosentasche trägt. Sie passt gar nicht zu dem durch und durch zivilen Feingeist aus dem Grunewald.

Aber der Tag im Parlament hat Walther Rathenau noch aus einem anderen Grund aufgewühlt. Demagogisch und hetzerisch mögen Helfferichs Angriffe gewesen sein, aber in der Sache ist der Mann kein Idiot, und das hat Rathenaus eigene Zweifel an seinem Kurs der Erfüllungspolitik vertieft. Von wegen Verständigung und Versöhnung – über die permanenten Zumutungen der ehemaligen Kriegsgegner dürfte er gar nicht laut reden. Und natürlich – Helfferich hat ja recht! – treibt die Inflation den Mittelstand in die Verzweiflung und den Bildungsbürger in die Armut. Die Moral im Volk löse sich auf, und von da sei es nicht weit zu Attentaten auf wichtige Politiker im Land. Bedrückt, ja deprimiert erleben die Gäste beim US-Botschafter den Berliner Gesellschaftslöwen während dieses Abends.

Nach dem Essen aber überrascht Rathenau Botschafter Houghton mit der Idee, zu ihrer Diskussion über die Kohlekrise doch Hugo Stinnes dazuzurufen, der die Kohlelage am besten kenne. Das Hotel Esplanade, in dem er abgestiegen ist, befindet sich gerade um die Ecke. Diese Aussicht ist für den US-Botschafter nicht ohne Reiz. »Ich wußte auch, daß die Beziehungen zwischen Rathenau und Stinnes sehr gespannt waren, und es kam mir der Gedanke, daß Rathenau wahrscheinlich beabsichtigte, diese Gelegenheit zu benutzen, um aus anderen und persönlichen Gründen eine Zusammenkunft mit Stinnes herbeizuführen.« Nach einem Telefonanruf im Hotel Esplanade nimmt der Kaufmann aus Mühlheim, der gerade beim Dinieren war, gegen halb elf Uhr in ihrer Runde Platz.

Zum zweiten Mal innerhalb weniger Stunden sitzt Walther Rathenau seinem langjährigen Intimfeind gegenüber. Er hat es so gewollt. Als Stinnes ihm ohne viel Vorrede auf den Kopf hin sagt, er sei in der Regierung für die Wirtschaft verloren und solle bald zurücktreten, hält er ihm amüsiert entgegen, dass es einer ja machen müsse. Gemeinsam setzen sie nun dem Botschafter und seinem Gast von der Reparationskommission das Ausmaß des Kohleproblems im Detail auseinander. Daraus erwächst eine drei Stunden dauernde Grundsatzaussprache über Reparation und Inflation, in der, wie es Hugo Stinnes in seinen Gesprächsnotizen darstellt, er und Rathenau die gleiche Auffassung vertreten. In allen Aspekten. »Herr Dr. Rathenau konstatierte, daß jetzt bezüglich der Behandlung der Dinge zwischen ihm und mir keinerlei Meinungsverschiedenheit mehr bestehe.« Dazu gehört die Überzeugung, dass Deutschlands Reparationszahlungen demnächst eingestellt würden und das Problem vor einer Lösung stünde. Falls Stinnes davon überrascht ist, lässt er es sich in seinem Gesprächsprotokoll nicht anmerken. Der Reichsaußenminister scheint hier zum ersten Mal laut über ein Ende seiner Erfüllungspolitik nachzudenken.

Zwischen ein und halb zwei Uhr morgens verlassen Rathenau und Stinnes, immer noch im angeregten Gespräch, gemeinsam die Residenz des Botschafters. In Stinnes' Hotel angekommen, führen sie ihre Unterredung stundenlang fort. Botschafter Houghton hat sie zuvor in dem Eindruck verabschiedet, dass beide Männer sichtlich zu einer Übereinstimmung kommen wollen. »Das Gespräch hat allem Anschein nach diese entscheidende Wendung während der Unterredung im Hotel Esplanade genommen.« Erst gegen vier Uhr morgens, als sich der Nachthimmel über Berlin bereits in ein regentrübes Grau aufzuhellen beginnt, fährt der Außenminister nach Hause in den Grunewald.

Umsturz

»Ich will Veränderung, ich will eine grundsätzliche Veränderung, ich will die AfD als letzte evolutionäre Chance für unser Vaterland erhalten. Ich will, dass wir diesen Halben einen Strich durch die Rechnung machen. Wir wollen das, denn wir wissen: Es gibt keine Alternative im Etablierten.«

Björn Höcke, Thüringischer AfD-Vorsitzender, 17. Januar 2017

Zu den Bestsellern des Jahres 1921 gehörte ein politischer Science-Fiction-Roman des Weltkriegsoffiziers a. D. Ferdinand Solf. Es war bereits sein zweites Werk, nachdem er zuvor einen Erlebnisbericht über seine Jahre als Geschützführer des berühmten deutschen Riesenmörsers »dicke Berta« veröffentlicht hatte. In seinem neuen Buch wandte er sich von der Vergangenheit, der er nachtrauerte, hin zur Zukunft, die er sich erträumte. Das kämpferische Vorwort steuerte der steckbrieflich gesuchte Oberst Max Bauer bei, der gemeinsam mit Hermann Ehrhardt in der »Nationalen Vereinigung« gegen die Republik intrigiert und dann in dessen Kapp-Unternehmen mit geputscht hatte, um sich nach dem Scheitern so wie Ehrhardt unter der Protektion des Polizeichefs Pöhner in München niederzulassen. Bauer lobte an dem Roman die technische Vorstellungskraft des Autors in der Beschreibung einer neuen Wunderwaffe, dank derer das deutsche Volk am Ende des Romans endlich Ehre und Selbständigkeit zurückgewinnt.

Der Ex-Major Solf erzählt in seinem Buch die Geschichte einer geheimen Organisation, die sich »Klub der Harmlosen« nennt und mit dieser raffinierten Tarnung den Sicherheitsapparat des Gegners in die Irre führt. In Wahrheit verbirgt sich hinter den »Harmlosen« ein groß aufgezogenes nationalistisches Verschwörerunternehmen, das sich in Stäbe und Fachressorts untergliedert. An ihrer Spitze steht der »General«, eine legendäre Soldatenpersönlichkeit, die nie aus dem Schatten ihres Pseudonyms hervortritt und ihr Leben im Untergrund dem Rachekrieg gegen die Fremdherrscher verschrieben hat. Diese Organisation unterhält über das ganze Land verteilt ein Netz von Vertrauensleuten, die in ihren Zellen die Mobilmachungslisten für den Ernstfall bereithalten. »Sobald wir Herr im Lande sind und eine nationale Regierung haben«, lässt der Erzähler einen der jungen Aktivisten erklären, »dann richten wir die Welt ein, wie es uns paßt.« Erst an dieser Stelle löst sich, zufällig oder nicht, die Geschichte von der Wirklichkeit des Jahres 1921, in der soeben in München die »Bayerische Holzverwertungsgesellschaft« alias Organisation Consul im Begriff war, vor einer entgeisterten deutschen Öffentlichkeit aufzufliegen. Im Gegensatz dazu versteht es in Solfs Fiktion der »Klub der Harmlosen«, seine Tarnung zu wahren, und gelangt dank visionärer deutscher Ingenieurskunst in den Besitz einer Wunderwaffe, mit deren Hilfe sich der Umsturz am ersehnten Tag X ins Werk setzen lässt. Die Feindbesatzer sind erledigt, Regierung und Reichspräsident treten ab, der »General« übernimmt das Ruder, errichtet eine Militärdiktatur und versäumt nicht, Tage der Abrechnung in Aussicht zu stellen. Im Herbst 1921, kurz nach dem Erzberger-Mord, erschien Solfs Buch unter dem Titel *1934 – Deutschlands Auferstehung*. Auf dieses Jahr hatte er seine Fantasie von der nationalistischen Machtergreifung in Deutschland datiert: 1934. Das Buch setzte in wenigen Wochen 10 000 Exemplare ab.

Unabhängig von der nicht mehr zu klärenden Frage, wie weit sich Solfs Zukunftsroman von seiner persönlichen Kenntnis der realen Geheimorganisation Consul hat inspirieren lassen, liefert er ein Abbild des politischen Wunschdenkens rechter Kreise in den Anfangsjahren der Weimarer Republik. Diese Erzählung unterstellte die Existenz eines geheimen Deutschland, in dem sich die Wahren, Echten und Letzten zusammenschließen. Um die erniedrigte Nation von der Demokratie zu befreien, müssten sie erst das Land ins Elend eines Bürgerkriegs stürzen, um darin als Retter zu triumphieren. Eine Geschichte von blutiger Erlösung aus der Fremdherrschaft, die aufseiten der gewaltbereiten Rechten eine unwiderstehliche Anziehungskraft entwickelte, weit über den Bucherfolg eines Major Solf hinaus. War der Mordanschlag auf Matthias Erzberger noch in erster Linie ein Akt der politischen Feme gegen den »Volksverräter« gewesen, so gewann in den Reihen der Organisation Consul nach ihrer Neuformation diese andere Lesart des terroristischen Aktivismus an Bedeutung, die mehr wollte als bloße Vergeltung.

Bis dahin herrschte Ungewissheit in der Frage, wie das Ziel des Regimewechsels anzustreben sei. Noch in der ersten Jahreshälfte 1921 glaubten einige in den ländlichen Arbeitsgemeinschaften, der ganze Verschleierungsaufwand diene dem Zweck, auf den nächsten Putsch hinzuarbeiten. Doch die Männer auf der Kommandoebene waren nie über das Fiasko des Kapp-Putsches hinweggekommen. Am wenigsten hatte der »Consul« selbst das Bedürfnis, ein zweites Mal an der Spitze eines solchen Unternehmens zu marschieren. Den größten Fehler sah Hermann Ehrhardt mittlerweile darin, dass sie nicht die reguläre Armee hinter sich gehabt hätten. Als nach dem Erzberger-Mord wieder Gerüchte um seine Person hochkochten, verschickte er im Oktober 1921 aus dem Untergrund ein Dementi an die Presse, in dem er seine Lehren aus dem Kapp-Desaster darlegte. »Ich persönlich habe vielleicht am meisten von allen Beteiligten an den Folgen dieses verunglückten Putsches zu leiden gehabt. Ich sehe ganz klar, daß ein neuer Putsch zum Scheitern verurteilt ist. Das Bürgertum ist zerrissener und uneinheitlicher denn je. Die Machtmittel des Staates sind im Vergleich zum März 1920 erheblich gefestigter. Die Führer denken nicht daran, ihr sicheres Brot zu riskieren.« Im Übrigen, so schloss er seine Erklärung, bitte er künftig von derlei Diskussionen verschont zu bleiben und hoffe auf eine baldige Amnestie.

In den Vernehmungen zum Erzberger-Mord wiesen die verhafteten O.-C.-Mitglieder alle Putsch-Absichten von sich. Dass ihr Geheimbund eine politische Agenda hatte, ließ sich im Angesicht der Beweismittel dagegen schwer von der Hand weisen. In dem Satzungsentwurf, der den Ermittlern in die Hände gefallen war, hieß es: »Die Mitglieder verpflichten sich ein Machtfaktor zu sein, um geschlossen als starke Einheit dazustehen, wenn die Not, die Ehre unseres deutschen Volkes und die Erreichung unserer Ziele es erfordert.« Auf die Rückfrage seiner Vernehmer, ob sie sich als Machtfaktor gegen die

Weimarer Verfassung verstünden, antwortete Ehrhardts Stellvertreter Alfred Hoffmann: »Wir wollen keine Revolution von rechts gegen die Verfassung und Regierung hervorrufen, sondern dann erst eingreifen und eine andere Verfassung herbeiführen, wenn die von uns erwartete Revolution von links kommt.« Diese andere Verfassung würde allerdings das Prädikat »national« für sich beanspruchen.

Es war der alte Freikorps-Traum, der in diesen Köpfen niemals zur Ruhe gekommen war. Bolschewisten, die zum Angriff auf die Heimat blasen; ein Staat, der um Hilfe ruft; der Schulterschluss mit Reichswehr und Polizei; ein Kampf, ein Sieg und der Moment, die Republik abzuservieren und den autoritären Führer in den Sattel zu heben. Andererseits hatte sich das Schreckgespenst vom linken Umsturz, auf das sich die Strategie der Organisation Consul ausrichtete, in diesen Monaten merklich zurückgezogen. Bei den Märzaufständen in Mitteldeutschland 1921 waren die linksradikalen Kräfte auf ganzer Linie gescheitert und die kommunistische Partei seither geschwächt. Ein weiterer Aufstand lag nicht in der Luft, doch die zur Tat drängenden Aktivisten der O. C. wollten nicht abwarten, ob sich der Wind von selbst in ihre Richtung dreht.

Einige Zeitgenossen sprachen damals schon von der »Provokationstheorie«, die beim militärischen Personal des Geheimverbunds deshalb so viel Anklang fand, weil sie die Möglichkeit eröffnete, das Heft des Handelns wieder in die Hand zu nehmen. Wenn der Linksputsch nicht von selber käme, so der Gedanke, dann müsse man eben nachhelfen und den Gegner zum Aufstand provozieren. »Ein Linksputsch solle durch Anhänger der Organisation ›C.‹ agitatorisch und provokatorisch vorbereitet und unterstützt werden«, gab das Mitglied einer regionalen Ortsgruppe im Oktober 1921 zu Protokoll. »Nach Ausbruch eines Linksputsches sollte sich die Organisation ›C.‹ angeblich in den Dienst der Regierung stellen und staatserhaltend eingreifen.

Nach Niederwerfen des Linksputsches war es Aufgabe der Führer der Gruppe C., ihre Macht zur Erreichung der herrschenden Staatsgewalt einzusetzen und somit die bestehende Regierung, wie auch die Verfassung von Weimar, umzustoßen.« Der Aussage dieses sächsischen Funktionärs wurde von den Behörden kein Gewicht beigemessen.

Um die Idee, mit gezielten Gewalttaten eine Kettenreaktion bis zum politischen Erdrutsch auszulösen, kreisten viele Gespräche in den terroristischen Zellen der Organisation. »›Wir dürfen nicht zuerst losschlagen. Die Kommunisten müssen es tun!‹«, zitiert Friedrich Wilhelm Heinz seinen Kameraden Ernst von Salomon aus den Gesprächen in der Frankfurter Gruppe. »›Wenn die Reichswehr mit dem Spuk nicht mehr fertig wird und man uns in aller Unschuld wieder ruft, dann haben wir das Heft wieder in der Hand.‹ – ›Ja, wenn die Kommunisten zuerst losschlagen ...‹, sagt Forster. – ›Man muß sie dazu zwingen! Ja‹, und Salomon wiederholte es, ›man muß sie dazu zwingen.‹« Jahrzehnte später bestätigte von Salomon, dass die einzelnen Aktionen die Entwicklung zu einer nationalen Revolution vorantreiben sollten.

Von Salomons Freund Erwin Kern, der im Aktionskommando eine herausgehobene Stellung einnahm, erläuterte einem Rekruten die Provokationstheorie als eine Form von innerem Krieg zwischen linkem und rechtem Lager, als finale Machtprobe mit der Roten Armee. »Er sagte, daß das natürlich seiner Meinung nach nicht auf gesetzlichem Wege erreicht werden könnte, sondern es bedürfe dazu eines gewaltsamen Anstoßes, und zwar müßte das die gewaltsame Beseitigung eines politisch linksstehenden Führers sein.« Letztes Ziel des politischen Mordes war in diesem Kalkül die Republik; die Tat war Botschaft und Mittel.

Die schriftlichen Listen potenzieller Opfer umfassten ein repräsentatives Spektrum der republikanischen Elite. Darunter fielen Reichspräsident Ebert, Reichskanzler Wirth, Außenminister Rathenau und der frühere Regierungschef Scheidemann als prominenteste Spitzen der politischen Klasse. Die jüdischen Bankiers Max Warburg und Oscar Wassermann standen für die Finanzelite, Walther Schücking und Hellmuth von Gerlach gerieten als Pazifisten ins Zielfeld. Oscar Cohn, Richard Lipinski, Alexander Parvus und Erich Zeigner vertraten als Gewerkschafter oder Parteipolitiker das linke Lager und Theodor Wolff die Weimarer »Systempresse«. Einige, nicht alle von ihnen, waren Juden. Es war ein Querschnitt durch das linke und liberale Establishment, das in den Augen der extremen Rechten das deutsche Volk verraten hatte. »Man muß Scheidemann, Rathenau, Zeigner, Lipinski, Cohn, Ebert und die ganzen Novembermänner nacheinander killen. Dann wollen wir doch mal sehen, ob sie nicht hochgehen in Korona, die rote Armee, die U. S. P., die K. P. D.« Im Sommer 1922 waren die Todeslisten aufgestellt für eine Serie von Anschlägen, die einen deutschen Bürgerkrieg auslösen sollten.

Politischer Mord, die vorsätzliche Tötung aus politischen Motiven, zieht sich seit der Antike durch die Geschichte. Der Begründung der athenischen Demokratie vor 2500 Jahren ging die Ermordung eines Tyrannen voraus, und in den 23 Dolchstichen auf Cäsar in Rom fand der politische Mord seine klassische Erzählung. Die Frage, wann eine solche Tat ein legitimes Mittel zur Befreiung von Unrechtsherrschaft sei, wurde von Beginn an diskutiert, aber nie abschließend geklärt, auch nicht im modernen Widerstandsrecht. Zu kontrovers sind die juristischen, moralischen, religiösen Positionen geblieben. Ungeachtet dessen morden Attentäter seit Cäsars Tod weiter in Kathedralen, Badewannen, Theaterlogen, Parks, fahrenden oder stehenden Autos, Eisenbahnzügen, in Wohn- und Schlafzimmern, auf Terrassen und in Menschenmengen. Die Wahl der Waffen hat mit dem technischen Fortschritt mitgehalten, zum Dolch kamen Pistole und Bombe bis zu ferngesteuerten Sprengsätzen und, in jüngster Zeit, Lastwagen und Flugzeuge. Der politische Attentäter versteht sich als Werkzeug der Rache, der unterdrückten Wahrheit oder einer besseren Welt. Uneigennützige Motive wie der Kampf gegen Machtmissbrauch, Volksverrat oder Ehrverlust der Nation machen ihn zum Kämpfer um Werte. Vor dem Gewissen oder einem Gericht gibt es dafür später keine Reue, da sich der politische Mörder höheren Instanzen verpflichtet sieht. Diese heißen Volk und Vaterland, Geschichte oder Gott.

Als dramatischer Akt zielt der politische Mord auf die Öffentlichkeit, wie es die Rede vom »Fanal«, dem »Leuchtfeuer«, zeigt, als unübersehbares Zeichen, dass sich eine Wende ankündigt. Die Botschaft ist der Schrecken, der überall zuschlagen kann und die Schwäche der Herrschenden bloßlegt. Wer den Lauf der Dinge auf diese Weise umlenken will, löst jedoch eine komplexe Abfolge von Reaktionen aus, ein Gemenge aus Verstörung, Hass und Abscheu, deren Wirkung er nicht steuern kann. Zwar verändert der Attentäter die politische Landschaft, aber das langfristige Ergebnis gleicht selten seinen Absichten. Das perfekte Attentat ist eine historische Ausnahme.

Vor dem Ersten Weltkrieg war Deutschland kein Land der politischen Morde gewesen. Ein paar missglückte Anschläge auf die Monarchen Wilhelm I., Wilhelm II. sowie den Reichskanzler Bismarck hatte es gegeben, doch das einzige Todesopfer eines politisch motivierten Verbrechens blieb der Schriftsteller August von Kotzebue, den der radikalnationale Burschenschafter Karl Sand 1819 mit der Begründung, er sei ein »Landesverräther«, in seiner Mannheimer Wohnung erdolchte. Ein Toter in hundert Jahren. Über hundert Tote waren es dagegen schon in den ersten sechs Monaten nach Gründung der Weimarer Republik. Bis zum Sommer 1922 fielen im Deutschen Reich mehr als 370 Menschen politisch motivierten Anschlägen zum

Opfer. Eine solche Explosion des Terrors, die ohne Beispiel war, trug wesentlich dazu bei, das Vertrauen in die innere Ordnung der neuen Staatsform gar nicht aufkommen zu lassen. Im Fall Deutschlands bestätigt sich die Annahme, dass weniger die fest gefügten autoritären Systeme, sondern Gesellschaften nach Kriegen und Umstürzen anfällig für extremistische Gewaltwellen sind. Da, wo sich die Menschen an das tägliche Töten gewöhnt haben, und dort, wo sie nach dem Zerfall der alten Herrschaft einer neuen mit überspannten Erwartungen gegenübertreten, um sich dann umso tiefer enttäuscht zu sehen. Im Deutschen Reich nach dem Ersten Weltkrieg trat beides ein.

Der Berliner Kriminalist Bernhard Weiß, der 1920 im Polizeipräsidium die Abteilung I A »Politische Polizei« übernommen hatte, bekam von Amts wegen Hunderte politischer Mordopfer zu Gesicht. In seinen schriftlichen Betrachtungen zu *Polizei und Politik* kommt er im Kapitel über den politischen Mord auf einen auffälligen Umstand im Deutschland nach 1918 zu sprechen. »Dabei läßt sich die eigenartige Tatsache feststellen, daß die Mehrzahl der politisch Ermordeten nicht, wie es bei allen früheren Revolutionen der Fall war, zum Kreise der alten Machthaber gehörte, sondern daß die Ermordeten zum größten Teil Anhänger der neuen Staatsmacht waren.«

Nicht ein einziger Repräsentant der Monarchie, die das Land in Krieg und Niederlage geführt hatte, war unter ihnen, dafür aber viele derer, die aus den geerbten Trümmern etwas Neues errichten wollten. Keine Kugeln für Kaiser, Fürst oder Weltkriegsgeneral, für Hohenzollern, Hindenburg oder Helfferich, stattdessen starben republikanische Minister, Demokraten, Arbeiterführer und abtrünnige Soldaten. Weiß hat seinen Ausführungen Täter- und Opferfotos aus den Ermittlungsakten beigefügt und so den politischen Gewaltalltag dieser Jahre verdichtet zu einem albtraumhaften Panoptikum aus in die Luft gesprengten Autos, verwesten Skeletten, grotesk verkrümmten Körpern, zertrümmerten Schädeln und zu Brei geschlagenen Gesichtern.

Die exakten Zahlen dazu lieferte nicht seine Polizeibehörde, sondern der kaum dreißig Jahre alte Privatgelehrte Emil Julius Gumbel, der 1914 wie Millionen andere begeistert ins Feld gezogen war. Zurück kehrte er als entschiedener Kriegsgegner. Die Organisationen, denen er sich anschloss, waren der pazifistische »Bund Neues Vaterland«, der »Friedensbund der Kriegsteilnehmer« und der »Aktionsausschuss ›Nie wieder Krieg‹«. Zudem war er zunächst USPD-, dann SPD-Mitglied und Funktionär in der deutschen Friedensbewegung. Linksdemokratisch, friedensbewegt und obendrein jüdisch, damit bediente Emil Gumbel alle Feindreflexe der völkisch-nationalistischen Rechten. Als er im März 1919 von einer Friedenskonferenz zurückkehrte, fand er seine Berliner Wohnung verwüstet vor. Nur durch seine Abreise war er einem Killerschwadron des Freikorps »Garde-Kavallerie-Schützendivision« entwischt. Im Jahr darauf kam er mit schweren Verletzungen davon, als ein Trupp von Baltikumer-Freikorpskämpfern eine Versammlung der Deutschen Friedensgesellschaft sprengte. Sein Engagement hatte ihm einen Platz auf ihren Todeslisten eingebracht.

Gumbels Erfahrungen mit einer von Staats wegen nicht geahndeten und von der Öffentlichkeit hingenommenen Gewalt bewogen ihn, den politischen Terror in der Weimarer Demokratie publik zu machen. Sein Blick war der des promovierten Statistikers, der empirische Daten erhebt, sie zu Kennziffern verdichtet und in Tabellenform miteinander in Beziehung setzt. Jeden einzelnen Fall von politischem Mord, von links wie von rechts, wählte er nach strengen Kriterien aus, auf dass keine Grenzfälle von persönlicher Rache oder Notwehr Eingang fänden in sein Zahlenwerk, das um der Glaubwürdigkeit willen jeder Nachfrage standhalten musste. Er grub sich durch die Quellen in Gerichtsakten, Zeugenaussagen und Zeitungsnotizen, wandte sich an Angehörige und Prozessteilnehmer und ließ sich am Ende alles noch einmal gegenrecherchieren.

»Alles, was ich nachzuprüfen hatte, lag bereits in seinen Dossiers«, berichtet sein Hilfsrechercheur von 1920, den Gumbel zum Zweck der Gegenkontrolle bei sich engagiert hatte. »Er wollte auch den kleinsten Irrtum ausschließen und seine Dokumentation so vollständig wie nur irgend möglich gestalten. Diese peinliche Exaktheit machte alle seine Publikationen unwiderlegbar.« Als die erste von Gumbels Schriften 1921 erschien, besprach sie Kurt Tucholsky in der Zeitschrift *Die Weltbühne*: »E. J. Gumbel hat im Verlag Neues Vaterland ein kleines Buch erscheinen lassen: ›Zwei Jahre Mord‹: Es ist die wichtigste Publikation der letzten drei Jahre.«

Gumbel vertraute der Macht seiner Zahlen. Seine Schilderungen der Mordtaten waren sachlich bis zur Eiseskälte, sporadisch durchzog ein beißender Sarkasmus seinen Duktus. Er musste dem Horror gar nicht nachhelfen, den seine Statistiken verströmten, in denen er säuberlich rechte und linke Taten voneinander schied. Nicht nur die schiere Masse, auch die Art und Weise der rechtsextremen Tötungswut überstieg jede Vorstellungskraft. »Und wie getötet!«, schrieb Tucholsky über Gumbels Schrift, die er als das Buch der deutschen Schande würdigte. »Zerstampft, zu Tode geprügelt, von hinten erschossen, erschlagen, ins Wasser geworfen und mit ›Fangschüssen‹ erledigt! Summa: 314. Dem gegenüber stehen während zweier Jahre 14 analoge Mordtaten der Kommunisten.«

Im Durchschnitt, darauf wies der Statistiker Gumbel hin, wurde in den Jahren 1919 und 1920 fast jeden zweiten Tag ein politischer Mord von rechts verübt. Obwohl er sich die Nationalisten damit erst recht zu Todfeinden machte, was sich in gehässigen Zeitungsartikeln und Leserbriefen niederschlug, saß er bereits an der Fortsetzung seiner Terrorstatistik, da er nicht glaubte, dass die Reihe beendet sei. Was er glaubte, war, dass in

Deutschland der Respekt vor der Heiligkeit des Lebens verloren gegangen war.

»Die liberalen und humanitären Zeitalter neigen dazu, den Wert des Menschenlebens zu überschätzen«, so lautete das Echo aus der Feder von Friedrich Wilhelm Heinz, der seine Betrachtungen über den politischen Mord vom entgegengesetzten Ende des Spektrums her anstellte. »Jedes Leben ist nur soviel wert, als der damit Begnadete für Volk, Staat und Reich zu leisten gewillt und imstande ist. Wer bewußten Verrat am Vaterland begeht, muß sterben.« Heinz beschrieb in seinem Aufsatz »Politische Attentate in Deutschland« die neue Gedankenwelt in einem Land, in dem bis dahin das Attentat nicht zum politischen Werkzeug gehört hatte. Erst die Vorgänge im Jahr 1918 hätten die Bevölkerung in einen seelischen und wesensmäßigen Ausnahmezustand versetzt. »Es war schon für den deutschen Menschen die ungeheuerliche Tragödie des trotz aller siegreichen Feldzüge verlorenen Weltkrieges und das Erlebnis der Feigheitsrevolution vom November 1918 notwendig, um ihn in jene düsteren und gleichzeitig magischen Bezirke hineinzuführen, in denen die seelische Entscheidung zu Attentat und Mordanschlag gefällt wird.«

In den Erfahrungen von Materialschlacht und Bürgerkrieg habe sich das Verhältnis zu Leben und Tod gewandelt. Die Vernichtung des Gegners sei nicht mehr unsagbarer Skandal, sondern ein Mittel zur Fortsetzung des Kampfes um Deutschland, das die Männer der rechten mit Bewegung als einen Kampf ums Überleben auffassten. »So muß gleich das erste Attentat gegen die Führer der Spartakus-Bewegung, Karl Liebknecht und Rosa Luxemburg, als eine solch erweiterte Kampfhandlung des großen Krieges aufgefaßt werden.« Der Feind war das System, was den politischen Mord zur Tat im Auftrag der obersten Instanz adelte: zur Notwehr im Namen des deutschen Vaterlands. Den

Anschlag auf Matthias Erzberger in der Abgeschiedenheit des Schwarzwalds erklärte Heinz in diesem Sinn zum Gewissensakt im Namen eines mythischen Volksgerichts.

So liest sich die nachträgliche Legitimierung einer politischen Gewaltkultur, die es bis dahin nicht gegeben hatte. Zum ersten Mal befand sich eine ganze Gruppe im Krieg gegen den Staat. Zum ersten Mal organisierten sich Staatsfeinde in militärischen Strukturen wie der Organisation Consul, die dafür Ernstfallstrategien und moderne Waffentechnik vorhielten. Der vom Volk gewählten Macht sprachen sie das Recht auf seine Vertretung ab, um daraus ihr eigenes Recht auf gewalttätigen Widerstand und eine private Gerichtsbarkeit zu begründen – mit Todeslisten, Feme-Morden und politischen Hinrichtungen. Neu war auch die öffentliche Instrumentalisierung dieser Gewalttaten. »Der politische Mord, von Seiten der ›Rechten‹ begangen«, so erinnerte sich ein Jugendlicher, der im Berliner Villenviertel Zehlendorf wohnte, »wurde weithin von der innerlich verkrampften bürgerlichen Gesellschaft um seiner nationalen Motive willen mit anderen, milderen Maßstäben gemessen als die Gewalttaten der ›Roten‹. Die eigentlichen Verbrecher waren in den Augen der reaktionären Gesellschaft die Ermordeten.«

Politische Gewalt war keine exklusive Beziehung zwischen Außenseitern und Eliten mehr, sondern mitten in der Gesellschaft angekommen, wo sie Angst und Schrecken verbreitete, aber auch auf Zustimmung traf. So entwickelte sich in diesen ersten Jahren der Weimarer Republik ein moderner Terrorismus, der seither über ein Jahrhundert die Welt herausgefordert hat. Am Anfang stand die Erfindung des Rechtsterrors aus dem politischen Mord im Deutschland der Weimarer Republik. Im Jahr 1922 sollte dieser Prozess auf den Höhepunkt zutreiben, in dessen Zentrum die Organisation Consul stand.

»Es dürfte wohl keinen politischen Mord der letzten Zeit in Deutschland geben, bei dem nicht die Organisation C unmittelbar oder mittelbar beteiligt gewesen wäre«, vermutete Emil Julius Gumbel in bewusster Übertreibung, als der Geheimbund nach seiner Enttarnung zum Synonym für die Bedrohung aus dem Untergrund geworden war. »Ein weites Netz spannt sie über Deutschland aus. Der Zusammenhang selbst ist lose. Jeder kennt nur seine Aufgabe. Nichts weiter.« Im April 1922 reisten zwei Mitglieder der O.-C.-Regionalzelle Elberfeld-Rheinland mit dem Auftrag nach Kassel, den Oberbürgermeister Philipp Scheidemann zu ermorden, um die geplante Anschlagsserie auf die Fundamente der Republik zu eröffnen.

Scheidemann gehörte auf den Opferlisten zu den Namen, die keiner infrage stellte. Nie hatten sie ihm verziehen, dass er am 9. November 1918 vom Westbalkon des Reichstags verkündet hatte, dass die Monarchie gefallen und die Revolution siegreich sei. Unter den Symbolfiguren der Demokratie ragte seine hochgewachsene Gestalt mit dem Knebelbart und den buschigen Augenbrauen hervor. Scheidemann war erster Regierungschef der Republik in der Umbruchszeit der Aufstände, als der Versailler Frieden die Bevölkerung aufwühlte. »Unannehmbar« hatte Scheidemann die Vertragsbedingungen genannt und war aus vergeblichem Protest dagegen zurückgetreten, was ihm die Rechten als Ausbund demokratischer Feigheit ausgelegt hatten: Worte statt Taten! Als er sich Anfang 1920 aus der Reichspolitik zurückzog, verfolgte ihn der Hass der Rechten in seine Heimat Kassel, wo er gegen gekaufte Zeugen und gefälschte Urkunden prozessieren musste, die ihm Landesverrat und Bereicherung auf Kosten des Volkes unterstellten. Sein Haus fand er mit Parolen beschmiert und mit Brettern vernagelt. »Der Feind steht rechts!« – Mit diesem Ausruf in der Nationalversammlung hatte Scheidemann im Oktober 1919 seine persönlichen Erlebnisse mit der Sorge um die Republik zur Deckung gebracht. Einige Zeit später veröffentlichte er eine Sammlung von Drohbriefen. »Briefe, in denen man Dolche zückt und Revolver knacken läßt.« Er hatte sich angewöhnt, selbst einen Revolver bei sich zu tragen.

Für Hans Hustert und Karl Oehlschläger stand dieser Mann zu Recht auf ihrer Todesliste. Der eine hatte dem anderen eine druckfrische Broschüre zugesteckt aus der Feder des Obersten Max Bauer, Hermann Ehrhardts Mitputschisten, in der dieser an Philipp Scheidemann die rhetorische Frage richtet: »Wer trägt die Schuld an Deutschlands Unglück?« Der Weltkrieg hatte die beiden ausgeworfen, die Ehrhardt-Truppen hatten sie aufgefangen, in den Kämpfen in Oberschlesien von 1921 kreuzten sich ihre Wege unter dem Kommando des Sturmkompaniechefs Manfred von Killinger. Seither stand die Verbindung zur Organisation Consul, im Auftrag von deren Regionalzentrale in Elberfeld sie sich Ende April aufmachten nach Kassel. Wie beim Unternehmen gegen Matthias Erzberger erhielten hier zwei niedere Dienstgrade einen Mordauftrag, den auszuführen ihnen selbst überlassen war; zwei perspektivlose Jungveteranen, denen Geld und Zeit zur Verfügung standen, um Haus und Leben des Kasseler Oberbürgermeisters zu beschatten und sich ihr Opfer zurechtzulegen.

Am Pfingstsonntag, dem 4. Juni 1922, ging Philipp Scheidemann mit seiner Tochter und der neunjährigen Enkelin im Bergpark Wilhelmshöhe spazieren, als sie in zügigem Tempo ein Mann von Anfang zwanzig einholte. Auf gleicher Höhe zog Hans Hustert einen roten Gummispritzball aus seiner Tasche und richtete einen Strahl von Blausäure einmal, zweimal auf Scheidemanns Gesicht. Während der, vom hochtoxischen Cyanidgift getroffen, zusammensackte, zog er seinen Revolver aus der Tasche und feuerte einen ziellosen Schuss ab, ehe er bewusstlos niedersank. Hustert und Oehlschläger waren da bereits auf der Flucht.

Philipp Scheidemann überlebte den Anschlag, weil das Gift an der freien Luft seine tödliche Wirkung nicht entfalten konnte.

Diesen Ausgang nahmen die nationalistischen Zeitungen zum Anlass, den Vorfall ins Lächerliche zu ziehen und das Opfer zum Täter zu stempeln: »Hätte Scheidemann den dummen Jungen, der ihn bespritzte, erschossen«, so kommentierte die *Deutsche Tageszeitung*, »so hätte er einen Totschlag auf dem Gewissen, für eine Angelegenheit, die nicht mehr als eine Tracht Prügel oder ein paar Maulschellen verdient hätte.« Entgegen der Mutmaßung, es handele sich um zwei unreife Einzeltäter, fanden die Ermittler indes Indizien für konspirative Querverbindungen zu Hintermännern und Kurieren, die den Verdacht auf die Organisation Consul lenkten.

Zwei Wochen nach der Tat beantragte der Kasseler Oberstaatsanwalt Haftbefehl gegen Alfred Hoffmann, Carl Tillessen und Friedrich Wilhelm Heinz. In seiner Autobiografie zitiert Heinz sich bezüglich des gescheiterten Giftmordanschlags selbst: »Es ist gewiß als Einzelaktion vollkommen blödsinnig. Aber es könnte, verbunden mit einigen ähnlichen Unternehmungen, die ruhig zuerst einmal genau so harmlos verlaufen dürften, die notwendige Atmosphäre schaffen, aus der dann der zerschmetternde Blitz niederfährt.« Die geplante Anschlagsserie hatte gerade begonnen, und die Liste an möglichen Zielen war lang. Unter den ersten Glückwunschtelegrammen an den Kasseler Oberbürgermeister, der dem Vergiftungstod entkommen war, war eins vom deutschen Außenminister Walther Rathenau.

Die Gattung der Schmähschrift erlebte in diesen Jahren einen Boom. Wer seinen Gegner herabwürdigen oder vor ihm warnen wollte, konnte ungestraft seinen Pranger in Broschürenform in die Welt setzen. Den Druck übernahmen politisch motivierte Verlage oder Verbandsmedien wie die »Deutschvölkische Verlagsanstalt«, die je nach Skandalpotenz des Verfassers oder seines Gegenstands mit fünfstelligen Auflagen rechnen konnten. Dem Opfer blieb der Klageweg vor Gericht, der es aber, wie das Beispiel von Matthias Erzberger gezeigt hatte, noch tiefer stürzen lassen konnte. Wie Erzberger seinen Helfferich und Scheidemann seinen Oberst Bauer, so hatte auch Walther Rathenau seine Schmähschreiber. Im Jahr 1918 schilderte der deutschnationale Gewerkschafter Walther Lambach auf 64 Seiten den »Diktator Rathenau« als Volksverführer, der mit seinem wirtschaftspolitischen Programm die Macht im Deutschen Reich an sich reißen wolle. »Wer sich ihm beugt und sei es in geheimster stillster Stunde, reiht sich in das Heer ein, dessen Atem unserer Volkswirtschaft Verdorrung, unserem Volke Verwesung bringt.«

Der völkische Flügel, dem Lambach in der DNVP angehörte, operierte mit antisemitischen Klischees wie jenem, dass Rathenau zusammen mit einer Clique von dreihundert verschworenen Männern die Wirtschaft Europas unter sich aufteilen wolle. Tatsächlich hatte Walther Rathenau einmal in einem Aufsatz die europäische Geschäftswelt als geschlossene Oligarchie charakterisiert. »Dreihundert Männer, von denen jeder jeden kennt, leiten die wirtschaftlichen Geschicke des Kontinents und suchen sich Nachfolger aus ihrer Umgebung.« Nichts war leichter, als diese in kritischer Absicht vorgebrachte Bemerkung aus dem Zusammenhang zu reißen und zum Bestandteil einer jüdischen Verschwörungslegende zu machen. Dieser Satz aus dem Jahr 1909 holte Rathenau zehn Jahre später auf fatale Weise ein.

Im Juli 1919 erschien unter dem Titel *Die Protokolle der Weisen von Zion* erstmals in deutscher Sprache eine Schrift, die zum Bestseller unter den antisemitischen Manifesten avancierte. Aufgemacht war sie wie die Mitschrift eines Treffens weltweiter jüdischer Führerfiguren, die sich über ihren geheimen Plan verständigen, die Weltherrschaft zu erobern. Zu diesem Zweck wollen sie sich der Demokratie und des Liberalismus bedienen, des Finanzkapitals und einer gelenkten Presse. Diese Erzählung traf die Stimmungslage vieler Menschen, bei denen sich in den Zorn über die Niederlage die existenzielle Angst vor einer Auflösung der eigenen Welt mischte, indem sie ihnen eine simple Erklärung und einen Schuldigen bot. Die vorgeblichen Beweisprotokolle für die jüdische Weltverschwörung waren zwar voller Widersprüche, es fehlten Fakten und Namen, Orts- oder Zeitangaben; und schon zwei Jahre später hatte die englische *Times* sie als Fälschung und Lügenkonstrukt entlarvt. Das aber verstärkte ihre Wirkung bei den Gläubigen, die in der Widerlegung eine Medienlüge und den Beweis ihrer Echtheit sahen. »Die Protokolle der Weisen von Zion« erschienen in immer neuen Auflagen, und als einer dieser Weisen galt sogleich Walther Rathenau – man musste ja nur seinen Satz von den dreihundert Männern der Wirtschaft auf das Geheimtreffen der jüdischen Weltverschwörer übertragen.

Nachdem Rathenau Ende Januar 1922 Außenminister geworden war, veröffentlichte der antisemitische Verbandsfunktionär Alfred Roth eine Artikelsammlung über Rathenau als »Agent des Auslands«. Nach allen Regeln der Verschwörungstheorie projizierte er Kriegsniederlage, Versailler Friedensdiktat und allerlei anderes Verhängnis auf dessen Person und seine jüdisch-fremdländische Mission, die Deutschen zu Sklaven Europas zu machen. Sein Traktat schloss mit den Worten: »Wir sind zum äußersten entschlossen und bereit.«

Jenseits solcher antisemitischen Klischees taugte Walther Rathenau aber eher weniger zum Sündenbock der Rechten als ein Erzberger oder Scheidemann. Im Jahr 1914 hatte er als Organisator der Kriegsrohstoffversorgung die deutsche Wirtschaft in Rekordzeit in einen kriegsfähigen Zustand versetzt. Der Novemberrevolution war er ferngeblieben, er hatte keine Reden im Parlament geschwungen und sich nie den Bolschewisten angedient. Dafür bekannte er sich unentwegt als deutscher Patriot. Auch seine Schriften ließen sich keinem Lager so recht zuordnen. Den Linken galt er als Hochkapitalist, den Finanzkapitalisten als Salonbolschewist. Rathenaus umstrittenes Buch über den Kaiser stellte weniger eine Abrechnung mit dem Monarchen dar als mit dem ihn umgebenden Großbürgertum. Der Solitär Rathenau, sosehr der völkische Flügel ihn als Juden verachtete, gehörte nicht zu den »Novemberverbrechern«. Eher war er ein Mann der Widersprüche und vielen Gesichter. »Walther Rathenau dagegen lebt in mehreren Welten«, hieß es in Walther Lambachs Rathenau-Polemik von 1918. »Dieses Leben in mehreren Welten macht ihn überlegen, geheimnisvoll und anziehend. Es läßt ihm die Menschen ins Garn gehen, und sich darin verstricken, wie sich die Wölfe und Bären in der Fabel immer wieder von listenreichen Fuchsen übertölpeln lassen.« In den Kreisen der Rechten war Rathenau zu einem Mythos eigener Art geworden, gefährlich und doch anziehend. Sie betrachteten ihn mit Abscheu und Bewunderung.

Im Kreis der Organisation Consul entzündete der Name Rathenau die Vorstellungskraft mehr als jeder andere. In einem Vorwort zu seinem autobiografischen Freikorps-Roman bekannte Ernst von Salomon, das Kernstück seines Buches sei die Auseinandersetzung mit der Figur Rathenaus gewesen, ja er habe es überhaupt nur aus diesem Grund geschrieben. »Hinter den Kulissen des Staates«, schrieb Ernst Werner Techow, der als Zwanzigjähriger in Berlin zur Organisation Consul stieß, »geisterte ein Mann, vorerst nur wenigen sichtbar, der die Drähte des Marionettenspiels in der Hand hielt: Rathenau. Zwiespältig in seinem Wesen, dokumentiert sich dieser innere Gegensatz in seinen Schriften gleicherweise wie in der Beurteilung seiner Kritiker.« Als im Februar 1922 *Der Wiking*, die Verbandszeitschrift der Consul-Leute, seine Tätigkeit wieder aufnahm, widmete er dem neuen Außenminister gleich eine ausführliche Betrachtung.

Am 28. Oktober 1921 hielt Walther Rathenau im Frankfurter Volksbildungsheim einen Vortrag, drei Tage nachdem er sein Amt als Wiederaufbauminister niedergelegt hatte. Das Kabinett von Reichskanzler Wirth war zurückgetreten, weil der Oberste Rat der Alliierten entgegen dem Ergebnis der Volksabstimmung eine für Deutschland nachteilige Gebietsaufteilung Oberschlesiens beschlossen hatte. Rathenau begann mit seinen Eindrücken vom oberschlesischen Drama und spannte von dort den Bogen zu den Zwängen einer deutschen Außenpolitik im Rahmen des Versailler Vertragsregimes. Er sprach über Reparationen und Inflation und über die Zerrüttung des Reiches im Inneren. Die Zuschauer im bis auf den letzten Platz besetzten Saal hörten einen Staatsmann auf dem Gipfel seiner Redekunst. Er verstand, Großes mit Kleinem zu verknüpfen, die kühle Analyse mit persönlichem Schmerz, ein Souverän der Zahlen und Paragrafen, dem zu ihrer Veranschaulichung Bilder aus dem Neuen Testament ebenso einfielen wie aus dem Bereich der Kleinviehzucht. Mit seinem Scheitern als Minister hielt er sich nicht lange auf, bevor er das Verhängnis der inneren Spaltung seines Volkes beschwor. »Es ist dringend nötig, daß der Konfliktstoff, der in unserem Lande aufgespeichert ist, daß das rasende Haßgefühl, das von Schicht zu Schicht im Lande sich nährt, wieder abgebaut wird.«

Ein paar Meter vom Rednerpult entfernt standen an einer Säule Erwin Kern und Ernst von Salomon, die im überfüllten Frankfurter Volksbildungsheim keinen Sitzplatz gefunden hatten. Von Salomon beschrieb seinen Eindruck vom soeben zurückgetretenen Minister, seine gepflegte Lässigkeit, die stille Melancholie in den dunklen Augen, die geschliffenen Gedanken, die sich ihres Wertes bewusst waren. Rathenau unternahm eine Rechtfertigung seiner Erfüllungspolitik, verbunden mit einer Absage an jene Welt, für die zu kämpfen Kern und von Salomon einen Eid geschworen hatten. »Niemals wieder können wir das Land so aufbauen, wie es aufgebaut gewesen ist, auf reiner Autorität und auf militärischer Disziplin des Ganzen«, sagte Walther Rathenau, als er in seinem Vortrag zum Ende kam. »Wir können es in Zukunft nur aufbauen auf dem freien Willen zur Mitarbeit und dem freien Willen zur gemeinschaftlichen Organisation. Dies aber heißt Demokratie.«

Von Salomon beschreibt aus seiner Erinnerung die Szene, wie Erwin Kern an der Säule gelehnt den Redner fixierte und dieser sich dessen anscheinend bewusst wurde. »Der Minister aber wandte sich zögernd, sah flüchtig erst, verwirrt sodann nach jener Säule, stockte, suchte mühsam, fand sich dann und wischte fahrig mit der Hand sich von der Stirn, was ihm angeflogen war.« Als die Veranstaltung zu Ende war und sie zum Ausgang drängten, kam Kern dicht an Rathenau vorbei, der ihm, wie von Salomon zu sehen meinte, mit einem fragenden Blick folgte. Später zitierte er Kern mit den Worten, dass dieser Mann Hoffnung auf die Zukunft und den Glauben an die Demokratie zu wecken imstande war. Genau darin liege seine Gefährlichkeit. Kern hatte seine Schlüsse aus den *Protokollen der Weisen von Zion* gezogen.

Ein halbes Jahr später, Rathenau war mittlerweile Außenminister, sprachen die Aktivisten der Organisation Consul offen davon, ihn zu ermorden. Er verkörperte für sie das System Weimar wie kein Zweiter, mit all den Ambivalenzen und Paradoxien, die ihrem eigenen Weltbild zuwiderliefen. Sie sehnten sich nach Klarheit und eindeutiger Zuordnung, während Rathenau aus nichts als Widersprüchen und Zwischentönen zu bestehen schien. »Mit diesem Manne, der nun allen als Exponent des Liberalismus sichtbar wurde, ist all das System geworden, was die aktivistischen Stoßtrupps bekämpften«, fasste Ernst Werner Techow ihre Diskussionen zusammen. »Zwischen ihm und uns gab es kein Verstehen mehr, gab es nur noch – die Tat. Der Stoß gegen Rathenau mußte das System ins Herz treffen.«

Im Frühjahr 1922 erhielt Erwin Kern bei einem Treffen mit der Führung in der Münchner O.-C.-Zentrale den Auftrag, einen Anschlag auf den Reichsaußenminister zu verüben, der auf dem

Höhepunkt seiner Bekanntheit stand. Die Verschwörer gegen die Republik spielten mit dem größtmöglichen Einsatz.

Erwin Kern, der 24 Jahre alte Student der Rechtswissenschaft aus Kiel, konnte in seinem Lebenslauf alle Qualifikationen vorweisen, die der Zugang zum innersten Verschwörerzirkel verlangte. Marineoffizier im Weltkrieg, Ehrhardt-Brigade, Kapp-Putsch, seither viele Aktionen aus dem Untergrund, Waffenschmuggel, Gefangenenbefreiung und Verräterfeme. Er verband Charisma und Fanatismus mit Kaltblütigkeit im Handeln und drängte sich auf als Kraftzentrum des Terrorkommandos, das er im Lauf des Mai und Juni 1922 in Berlin um sich herum zusammenstellte. Der Anschlag sollte nach der bewährten Auftragstaktik ablaufen, indem ein Zweimannteam den Gegner aufspürt, seine Umgebung und Gewohnheiten aufklärt, um den bestmöglichen Tatzeitpunkt zu finden. Aus dem Kreis von Zuarbeitern sollte keiner mehr erfahren als das Nötigste, damit sich die Spur nicht zurückführen ließe zum Hauptquartier der Verschwörung.

Ein Fehlschlag wie der Giftanschlag auf Scheidemann durfte sich nicht wiederholen. Da es sich bei Rathenau um eine der höchstgestellten Persönlichkeiten des Landes handelte, brauchte es besondere Vorbereitung und beachtlichen Aufwand an Material und Geld. Eine Pension am Schiffbauerdamm diente Kern als Schaltstelle der Operation. Für Kurier- und Aufklärungsdienste bestellte er Ernst von Salomon aus Frankfurt nach Berlin, den er von gemeinsamen Aktionen der Frankfurter Zelle kannte. Kern weihte ihn auf einer Bank im Berliner Tiergarten in seine Absichten ein. Alles, was sie bis dahin an Anschlägen verübt hätten, sei ungenügend gewesen. »Wir trafen Glieder, nicht das Haupt und nicht das Herz«, lässt von Salomon Kern in seinen Aufzeichnungen sagen. »Ich habe die Absicht, den Mann zu erschießen, der größer ist als alle, die um ihn stehen.« Außergewöhnlich war Kerns Plan, den Außenminister in dessen

Erwin Kern, um 1920

Cabriolet von einem fahrenden Auto aus anzugreifen. »Ich bin gewohnt, von allen Möglichkeiten die entschiedenste zu ergreifen.«

Zum Fahrer seines Wagens bestimmte er einen 20 Jahre alten Maschinenbaustudenten, der aus einer Berliner Magistratsfamilie stammte und in seinem Vorleben Seekadett, Freikorps-Soldat und Kapp-Putsch-Teilnehmer gewesen war. Ernst Werner Techow gehörte zur Berliner Ortsgruppe der Organisation Consul und brachte die notwendige Ortskunde in das Unternehmen ein. Nicht jeder konnte in diesen Jahren ein Auto steuern, Techow aber besaß den Führerschein, und so fiel ihm eine bedeutsame Rolle bei dem Mordkomplott zu. Ein »schicker Bengel, der alles macht und nichts fragt.« – Mit diesen Worten empfahl ihn ein Führungskader der Organisation.

Techow, von hohem Wuchs, aber von zauderndem Herzen, drängte sich nicht auf den Fahrersitz der Mordexpedition. Es war die Furcht vor Kerns Verräterrache, die ihn nicht davonlaufen ließ. Im Gegensatz dazu war der Maschinenbauingenieur Hermann Fischer aus Chemnitz, deutschvölkisch bewegt, Sohn eines Dresdner Professors, Kriegsoffizier, Ehrhardt-Brigadist und Funktionär der Organisation Consul in Sachsen, genau der Typ des stillen Frontsoldaten, den Kern als Todesschützen zur Seite haben wollte. Wo dieser Takt und Impuls vorgab, folgte ihm Fischer in schweigender Zustimmung. Im Tatendrang gegen die Republik war Fischer der getreue Diener seines Kern.

In diesen Juniwochen zeigte das Netzwerk der Geheimorganisation Consul, was es zu leisten imstande war. Das Berliner Terrorkommando war aus verschiedenen Gegenden Deutschlands zusammengeführt worden, junge Männer aus Kiel, Frankfurt, Berlin und Dresden, die sich zum Teil gar nicht kannten, aber die gleichen Stationen durchlaufen hatten. Sie waren nie wirklich allein. Im Lauf ihrer Vorbereitungen setzten sich immer mehr Fäden des Netzes im ganzen Reich in Schwingung. Kuriere kamen und gingen, beförderten Geld und Nachrichten, aus Frankfurt, nach Hamburg, aus München, nach Kiel. Ein Berliner O.-C.-Mann stellte seine Postadresse zur Verfügung, das Tat-Auto kam von einem Fabrikanten aus Freiberg in Sachsen, die Ortsgruppe Schwerin stellte die Maschinenpistole aus Armeebeständen zur Verfügung. In Rostock deponierten Helfer zwei Sätze Wechselkleidung für die Flucht nach der Tat.

Sie brauchten diese Unterstützung, da weniges auf Anhieb klappte, wie sich von Salomon erinnerte, etwa die Suche nach der richtigen Waffe, dem Wagen, dem Tatort, auch das Probeschießen im Grunewald ging schief. Kern und Fischer besuchten Sitzungen des Reichstags, um den Außenminister persönlich zu erleben. Techow übernahm in Freiberg das Auto, einen schweren sechssitzigen Tourenwagen von Mercedes Benz in dunkelbrauner Farbe mit Klappverdeck, und überführte ihn nach Berlin. Sie bastelten falsche Nummernschilder, legten Gummimäntel und

Fliegerkappen bereit, begingen die Örtlichkeiten entlang der Hundekehle im Grunewald, hielten Ausschau nach dem Privatwagen des Außenministers.

Vor der Villa Rathenau in der Koenigsallee bezog Ernst von Salomon einen Beobachtungsposten. Ihn interessierten zum einen die Abfahrtszeiten des Ministers von seinem Haus zum Amtssitz in Mitte. Und zweitens die Sicherheitsmaßnahmen um seine Person. Vor dem Grundstück stand das kleine Cabriolet, in dem der Fahrer wartete. Dann öffnete sich die Haustür und gab von Salomon den Blick auf die hohe Gestalt in Hut und Regenmantel frei. »Ich sah Rathenau ganz kurz, wie er aus seinem Hause trat und den Wagen bestieg, um ins Auswärtige Amt zu fahren.« Kein Begleitfahrzeug, kein Leibwächter, nur der Minister und sein Fahrer, und, trotz der feuchten Witterung, ein offenes Verdeck.

Am Freitag, dem 23. Juni, während sich Außenminister Rathenau im Reichstag dem von Karl Helfferich entfachten Sturm gegen seine Erfüllungspolitik ausgesetzt sah, nahmen Kern, Fischer und ihr Chauffeur Techow in Schwerin eine »Bergmann«-Maschinenpistole in Empfang, äußerlich einem kurzen Karabiner ähnlich, aber mit einem seitlich montierten Trommelmagazin und gelöchertem Lauf wie ein zylindrisches Sieb. Eine neuartige Waffe für eine neue Frequenz des Tötens. Im Rückblick spricht Ernst Werner Techow von Todesahnungen, während sie spätnachmittags die Rückfahrt nach Berlin antraten. »Peitschende Hast treibt den Wagen vorwärts. Der Geschwindigkeitszähler klettert rasch und rascher – 80, 85, 90 und mehr. Hinter uns versinkt die Sonne im Nebel. Wir haben keine Zeit, uns danach umzusehen. Wir wissen nur eines: Wir fahren den Tod.« Auf der Fahrt brach die Leitung zum Öldruckmanometer, doch Techow konnte das Fahrzeug noch zum vorgesehenen Quartier steuern, das ihnen ein Sympathisant in Berlin-Schmargendorf, einem

Nachbarviertel von Grunewald, zur Verfügung gestellt hatte. Das war gegen halb acht.

Zu dieser Stunde saß Walther Rathenau, immer noch im Reichstag, beim Wirtschaftsminister seinem Rivalen Hugo Stinnes gegenüber. Nicht lange danach brach er zum US-amerikanischen Botschafter auf, der ihn zum Abendessen in seiner Residenz erwartete. Kern, Fischer und Techow hatten mittlerweile ihr Gepäck und die Maschinenpistole in die Wohnung des Garagenbesitzers gebracht, wo ein Schlafplatz für sie hergerichtet war. Am nächsten Morgen in aller Frühe musste jemand den Schaden an der Ölleitung beheben. Noch einmal holten sie den Berliner Stadtplan des Pharus-Verlags heraus. »Ein Pharusplan liegt auf dem Tisch. Kern zeigt auf eine Straßenkreuzung. Es ist die Ecke der Koenigsallee und der Wallotstraße. ›Hier geschieht es.‹« Das war einen, vielleicht zwei Kilometer von ihrer Garage entfernt. So nah vor der Begegnung mit dem Schicksal bekam es Techow wieder mit der Angst und versuchte sich aus der Affäre zu reden, doch dazu war es zu spät. Kern und Fischer ließen nichts mehr gelten. Sie beschlossen ihren Abend mit Wein, Bier und Cognac – für den Mut und gegen die Angst; Rathenau den seinen im Gespräch mit Hugo Stinnes, ehe er sich in grauer Morgendämmerung auf den Heimweg nach Grunewald machte.

Die S-Kurve in der Koenigsalle

Samstag, 24. Juni 1922, am Morgen

Noch so ein nass verhangener Junimorgen in Berlin. Rund um den astronomischen Sommeranfang haben sich die Temperaturen auf einem leidlichen Zwischenniveau eingependelt, um die 15 Grad. In ihren Morgenausgaben berichten die Berliner Zeitungen von der Reichstagssitzung am Vortag, von Helfferichs Provokationen gegen den Außenminister, von Lärmszenen und dem Aufruhr im Hohen Haus, von der Debatte bis in den Abend hinein. Für den heutigen Samstag hat sich der Reichstag auf ein paar kleinere Vorlagen vertagt.

Seit früh um sieben ist Ernst Werner Techow auf den Beinen, um nach dem Stand der Reparaturen am Mercedes zu sehen. Gegen zehn Uhr, so schätzt er, dürfte der Wagen fahrtüchtig sein, wenn es dann nicht zu spät sei. Um halb elf, so hat die Überwachung des Ministers ergeben, würde der sich in sein Auto setzen. Noch einmal besprechen sie ihr Vorgehen, noch einmal vergewissern sich Erwin Kern und Hermann Fischer, dass ihr Fahrer sich seiner Nerven sicher sei. Sie entscheiden sich gegen ein Abbrechen, sie wollen, so weit, wie sie nun schon mal gekommen sind, auf jeden Fall ihr Glück versuchen. Sie verstauen ihr Gepäck im Wagen, die Maschinenpistole, die Handgranaten, Techow hilft in der Garage beim Reparieren. Fischer müht sich mit den gefälschten Nummernschildern, Kern drängt aufs Tempo, es wird jetzt alles sehr knapp.

Um kurz vor halb elf startet Ernst Werner Techow den Wagen

und rollt auf die Straße, ohne Regenverdeck, das können sie heute nicht brauchen. Ein Stück weiter steigen Kern und Fischer zu, und bald stoßen sie auf die Koenigsallee, in Sichtweite jenes auffällig schlichten Baus mit dem schmalen Hauptportal, dessen Fassade von einem eigenwilligen Band aus verschlungenem Rankenwerk umfasst ist. Ein paar Minuten verstreichen auf der Suche nach einem geeigneten Standplatz, Kern steigt aus, läuft ein paar Minuten voraus, steigt wieder ein, bis Techow den Wagen in der Joseph-Joachim-Straße, einer kleinen Seitenstraße am Hundekehlesee, zum Halten bringt. Von hier aus haben sie Einblick in jene Kreuzung an der Koenigsallee, an der gleich ein paar Meter weiter das Haus mit der Nummer 65 steht. Wenn Rathenau in Richtung Innenstadt fahren will, muss sein Auto ihr Blickfeld kreuzen. Wie es aussieht, wissen sie genau. Zu den langen, schweren Mänteln haben sich alle drei ihre Fliegerkappen aus Leder über den Kopf gezogen, die aus ihren Gesichtern ovale Schemen machen. Techow trägt dazu noch eine Fahrerbrille. Wie ein paar Außerirdische wirken sie damit, hier im gediegenen Villenviertel des Berliner Grunewalds an einem verschlafenen Wochenendvormittag.

Der Außenminister sollte eigentlich schon fort und in seinem Amtssitz sein. Auf der Straße vor dem Grundstück steht seit zwanzig Minuten sein kleiner NAG-Kraftwagen, bestellt für halb elf, das Verdeck offen, am Steuer der Fahrer Josef Prozeller. Im Auswärtigen Amt warten die Beamten auf den Herrn Doktor, da er an diesem Vormittag an einer Prüfung von Konsularanwärtern teilnehmen soll. Aber der unendliche Freitag gestern hat ihn nicht nur bis in die Morgendämmerung wach gehalten, er hat ihm alles abverlangt an Contenance, Konzentration und Gesprächsvermögen. Es war ein Aufgalopp seiner Gegner, der ihm einmal mehr die Verletzlichkeit seiner Position und seiner eigenen Person vor Augen geführt hat. Daran erinnert ihn die Browning-Pistole, die seit ein paar Monaten so sperrig seine

Hosentasche ausbeult. Walther Rathenau weiß genau, wo er steht, heute, in Deutschland. »In einigen Teilen meines Landes«, hat er einem Offizier der britischen Militär-Kontrollkommission mit Blick auf seine kleine Handwaffe vor einiger Zeit gesagt, »marschieren Kompanien von Männern im Rhythmus der Worte: ›Schlagt tot den Walther Rathenau, die gottverdammte Judensau!‹« Es sind Worte, die aus den Reihen der Freikorps ihren Weg ins Vokabular der Rechten gefunden haben. »Das wiederholte er langsam, sanft und eintönig«, berichtet der britische Offizier von dieser Begegnung, »er lächelte ein wenig – aber seine Augen waren die Augen eines Mannes, der furchtbar verletzt worden war.«

Zu viel Anspannung, zu wenig Schlaf und daher mit Verspätung tritt Rathenau aus der Tür seines Grunewald-Hauses, deren Durchgangsbreite auf genau einen Menschen angelegt ist. Mit Hut und Mantel, Handstock in der einen und Zigarre in der anderen Hand erscheint er unter dem stuckverzierten Sturzbogen, um die Stufen hinab zum Auto zu nehmen. Dann aber macht er plötzlich kehrt und verschwindet wieder im Inneren seiner Villa. Noch einmal tritt er an seinen Schreibtisch und setzt auf einen Papierblock die Überschrift »Gesamtrahmen d. Pol.«, darunter das Wort »Unerfüllbar«. Dann erst verlässt er endgültig das Haus und steigt in den Fonds seines Wagens.

Rathenaus Zettel. Die Bedeutung dieser Notiz ist seitdem Gegenstand von Spekulationen geworden, die ihre Brisanz vor allem dem Zeitpunkt ihrer Abfassung verdanken, in diesen für Rathenau so kritischen Stunden. Gerade weil sie so unfertig daherkommen, eröffnen die Zeilen einen großen Möglichkeitsraum. Unweigerlich legt das Wort »Unerfüllbar« aus der Feder des umstrittenen Erfüllungspolitikers das Moment eines Sinneswandels nahe, die eilige Ausführung dazu einen Geistesblitz, der ein »Heute noch!« fordert, ein »Sofort und unverzüglich!«. Wer vom »Gesamtrahmen« der Politik spricht, will damit nicht nur

Walther Rathenau

auf irgendein mickriges Detail aufmerksam machen. Die aufwühlenden Ereignisse am Vortag, zusammen mit dem Erkenntnisprozess der vorangegangenen Wochen, lassen vieles dafür sprechen, dass der Minister sich in diesem Augenblick einen politischen Kurswechsel vornehmen will, wie ihn seine Feinde und Kritiker, aber auch nüchterne Beobachter seit Monaten fordern. Damit stünde Rathenaus Zettel am Beginn einer tektonischen Verschiebung in der deutschen Außenpolitik, die auch die inneren Fronten des Reiches verändern würde. Aber der Zettel bleibt auf dem Schreibtisch liegen, die Tür fällt ins Schloss, der Minister besteigt sein Auto, und nirgendwo streikt eine Ölleitung. Es ist 10.45 Uhr.

»Fahren Sie los und machen Sie das besprochene Manöver!«, hört der Fahrer Techow von hinten. Der starkmotorige Tourenwagen hat kaum eine Minute an seinem Lauerplatz in der Nebenstraße gestanden, als Rathenaus Auto die Kreuzung passiert und die Koenigsallee stadteinwärts fährt. Der Verkehr an diesem Samstagvormittag im Grunewald ist spärlich, sodass Techow die

Straße weithin überblicken und ohne Hektik die Verfolgung aufnehmen kann. Ein Schutzpolizist sieht beide vorüberfahren, die kleine graue Motordroschke mit den roten Rädern, dahinter die dunkelbraune Kampfmaschine mit den drei Fliegerkappen. Techow bemerkt ein Fuhrwerk, das den anderen vor ihm zum Abbremsen zwingt und ihm selbst die Gelegenheit gibt, aufzuschließen genau an der Stelle, die sie gestern Abend über dem Pharus-Stadtplan vereinbart haben – die S-Kurve an der Koenigsallee Ecke Wallotstraße und Erdener Straße. »Als ich ihn überholte, befand ich mich von ihm nach meiner Schätzung höchstens einen halben Meter entfernt.«

Weder Walther Rathenau, der hinten im Wagen in der Ecke sitzt, die rauchende Zigarre in der Rechten, den Handstock in der Linken, noch sein Fahrer Prozeller, der den Wagen vor der Kurve scharf rechts hält, haben etwas von der Verfolgung bemerkt. Ein Bauarbeiter auf einem Grundstück an der Ecke zur Erdener Straße sieht zwei offene Autos im Überholvorgang auf sich zukommen, bis sie direkt auf seiner Höhe auf Armeslänge nebeneinanderliegen. »Der in der Fahrtrichtung links sitzende Mann beugte sich plötzlich nach vorn und erhob sich von seinem Sitz. Dann drehte er sich halbrechts seitwärts.« Der Arbeiter auf der Baustelle hört acht bis zehn Schüsse krachen, er bemerkt die Maschinenpistole in Kerns Hand und wie beide Wagen abrupt abbremsen. Josef Prozeller dreht sich um und sieht den Minister in sich zusammensinken, die weit aufgerissenen Augen starren in die seinen.

Nun erhebt sich Fischer und wirft einen faustgroßen Gegenstand auf den Rücksitz des Cabriolets. Techow, der sich nicht umgedreht hat, kurvt den Wagen links-rechts über die Erdener in die Wallotstraße. »›Wir haben Rathenau erschossen, fahren Sie so schnell wie möglich‹«, ruft einer von hinten Techow zu, »kurz nach diesen Worten hörte ich einen dumpfen Knall.« Fischers Handgranate ist im Fußraum unter Walther Rathenau explodiert, sein Wagen kommt endgültig zum Stehen. Techow dagegen steigt aufs Gas, die Mörder entkommen durch die Wallotstraße – benannt nach dem Architekten Paul Wallot, dem Erbauer des Reichstags, den sie am liebsten niederbrennen würden. Nach einer Schleife stößt die Wallotstraße wieder auf die Koenigsallee, die der Mercedes überquert, ehe er zurückjagt in Richtung Schmargendorf. Die Männer reißen sich die ledernen Sturzkappen vom Kopf, setzen stattdessen Hüte auf, und die Maschinenpistole schmeißen sie irgendwo in einen Garten. Kern und Fischer steigen am Hohenzollerndamm aus, Techow fährt zurück zur Garage. Alle drei haben funktioniert, alles hat wie am Schnürchen geklappt. Ihre Tat zur Rettung Deutschlands hat sie nicht mehr als ein paar Minuten gekostet.

Die Krankenschwester Helene Kaiser, die an der Ecke Erdener Straße auf einer Bank auf ihre Straßenbahn gewartet hat, kommt herüber zum rauchenden Auto gelaufen und blickt in das blutüberströmte Gesicht des Ministers. Sie sieht die zerschmetterte untere Gesichtshälfte, seinen aus vielen Wunden blutenden Körper, die brennende Polsterung und die große schwarzrote Lache am Boden des Wagens. »Er sah mich mit großen starren Augen an, gab aber auf meine Frage, was denn passiert sei, keine Antwort, da er wohl bewußtlos war.« Sie tritt die brennende Fußmatte aus und steigt zu ihm ins Auto, um dem schwer verletzten Mann Hilfe zu leisten. Der Chauffeur, der den Motor des Wagens mithilfe der Kurbel wieder in Gang gebracht hat, wendet und fährt die Koenigsallee zurück zur Villa, während Helene Kaiser sich um den sterbenden Rathenau bemüht. »Ich stützte den Herrn, und auf der Fahrt zur Hundekehle merkte ich, daß er in meinen Armen verschied.« Als Walther Rathenau, zehn Minuten nach seinem Aufbruch, um kurz vor elf Uhr nach Hause zu seiner Villa zurückkehrt, ist er tot. Er ist 54 Jahre alt geworden.

Der Obduktionsbericht vom darauffolgenden Tag führt fünf Treffer aus Erwin Kerns Maschinenpistole auf, die Rathenaus Körper aus nächster Nähe durchdrungen haben, dabei seine Schulter, Brusthöhle und Lunge durchbohrten und Rücken-, Halswirbel und Unterkiefer zersplitterten. Hermann Fischers Handgranate hat die Finger seiner linken Hand sowie den rechten Fuß zerfetzt. Walther Rathenau, in der Falle seines fahrenden Autos sitzend, aus dem Hinterhalt von kampferprobten Soldaten mit modernen Kriegswaffen angegriffen, hatte keine Überlebenschance. Er stirbt an den Verletzungen aus einem Krieg, den die Extremisten der Organisation Consul dem Staat und seinen wichtigsten Repräsentanten erklärt haben.

Der Körper des Außenministers liegt zunächst eine Weile in seinem Arbeitszimmer flach auf dem Fußboden, von einem weißen Laken verhüllt, bevor sie ihn nach oben ins Schlafzimmer tragen und in sein Bett legen. Vor dem Haus bilden sich Ansammlungen von Autos, Menschengruppen und Polizeibeamten. Gegen Mittag kommt die zwölfjährige Erika, die Tochter von Rathenaus langjährigem Hausdiener Hermann Merkel, aus der Schule nach Hause. Wie gewöhnlich betritt sie die Villa durch den Hintereingang zu ihrer Familienwohnung. Als sie eines der Mädchen mit einem blutigen Lappen durch die Küche laufen sieht, ist ihr sofort klar, was geschehen sein muss. Wie oft haben sie in der Familie Merkel darüber gesprochen, wie sehr haben sie sich davor gefürchtet.

Schock

»Ich werde schnell vergessen sein. Das stört mich nicht weiter, ich bin nur ein kleiner, in sich gekehrter Mensch. Aber die Schockwellen meiner Tat werden noch über Jahre Politik und Gesellschaft in Atem halten. So schaffen sie genau jenes Klima von Angst und Veränderung, das wir brauchen.«

Brenton Tarrant, Attentäter von Christchurch in Neuseeland, März 2019

Wie eine konzentrische Welle nach dem Steinwurf ins Wasser nahm die Nachricht von der Ermordung des deutschen Außenministers ihren Weg. Vom Grunewald ausgehend jagte sie durch Berlin, von dort fuhr sie in alle Himmelsrichtungen des Reiches, drang über seine Grenzen hinweg kreuz und quer durch Europa und hinaus über den Erdball. Extrablätter meldeten sogleich die Todesmitteilung. Die Hauptstadt-Zeitungen, die zweimal am Tag erschienen, die *Vossische*, die *Deutsche Allgemeine*, das *Berliner Tageblatt*, die *Börsen-Zeitung*, die *Berliner Volks-Zeitung* machten noch am 24. Juni in ihren Abendausgaben damit auf: Rathenau ermordet! Von Auto zu Auto! Maschinenpistole und Handgranate! In den eilig aufgesetzten Berichten mischten sich akkurate Detailbeschreibungen mit Mutmaßungen und Gerüchten. In wenigen Stunden hatte sich die Nachricht über ganz Berlin ausgebreitet, und ihre Wirkung war die eines schweren Schocks.

Jeder, der davon erfuhr, erinnerte das Wie und Wann noch Jahrzehnte später in allen Details. Der Bühnenautor Hermann Sudermann, ein Nachbar Rathenaus in Grunewald, befand sich gegen halb zwölf Uhr auf dem Nachhauseweg in der Straßenbahn am Kurfürstendamm, als er den Schaffner sagen hörte, in der Erdener Straße sei wohl gerade ein politischer Mord geschehen. Kurz darauf fiel der Name Rathenau. Nun bemerkte Sudermann die erregten Menschen an der Straße, die vielen Autos, die flüsternden Gruppen, die eng beieinanderstanden. »Ich eiskalt vor Entsetzen und hoffend, es sei nicht wahr, renne die paar Schritte zu Rathenaus Haus«, schreibt Sudermann, der als gelegentlicher Gast dort gut bekannt war. »Der Diener packt losweinend meine Hand. Und dann gehen wir ins Arbeitszimmer. Da liegt vorm Schreibtisch auf der Erde, mit weißem Laken bedeckt, ein längliches Etwas. Schlage das Laken zurück: Sein Gesicht, der rechte Unterkiefer durch eine drei Finger breit klaffende Wunde gespaltet, der weißgewordene Spitzbart durch darüber geronnenes Blut wieder braun.«

Alfred Kerr, der andere Freund und Nachbar, stand an diesem Samstagvormittag drei Straßen entfernt vor gepackten Koffern für eine Reise nach England, als eine Verwandte seiner Frau ihn mit der Todesnachricht in seinem Arbeitszimmer überfiel. »›Sie haben Rathenau erschossen – da drüben liegt er.‹ Sie zeigte durch die Grunewaldbäume nach der Königsallee. Der Mord geschah ein paar hundert Meter von unsrer Wohnung.« Kerr musste an das Auto denken, in dem Rathenau ihn manchmal morgens mit in die Stadt genommen hatte, und an dessen Schulterzucken angesichts der vielen Morddrohungen. »Was hat er gefühlt? Vielleicht eine Bestätigung dessen, was er im Grunde schon für möglich hielt. Und doch vielleicht ein letztes Erstaunen.« Der damals 14-jährige Berliner Bürgersohn Sebastian Haffner erinnerte sich an die Schlagzeilen und ein Gefühl, als wiche der Boden unter seinen Füßen, da der Mordanschlag so mühelos vonstattengegangen war. »Auf diese Art wurde es wirklich unheimlich, ja *unheimlich* leicht, Geschichte zu machen. Offenbar gehörte die Zukunft nicht den Rathenaus, die sich die Mühe machten, ungewöhnliche Persönlichkeiten zu werden, sondern den Techows und Fischers, die einfach Autofahren und Schießen lernten.« In seinen Memoiren beschreibt Rathenaus damaliger Kabinettskollege, der Justizminister Gustav Radbruch, wie er am Vormittag gerade mit seinen Mitarbeitern über eine Strafrechtsreform beriet, als ihn ein Telefonanruf aus der Amtsroutine riss. Rathenaus Freund Harry Graf Kessler meinte sich vom Blitz getroffen, als sein Privatsekretär ihm die Nachricht in seinem Schreibzimmer überbrachte.

Auch wer sich nicht im Radius der Berliner Schockwelle aufhielt, war wenige Stunden später im Bilde. Rathenaus Schwester Edith Andreae erfuhr davon am frühen Nachmittag während eines Besuchs im Kölner Dom. Der Oberreichsanwalt Ludwig Ebermayer, der als höchster Ankläger des Reichs die politischen Verfahren wegen Landes- und Hochverrats führte, saß mit seinem Sohn nach dessen bestandener Doktorprüfung am Strand der Nordseeinsel Borkum, als am späten Nachmittag ein Extrablatt die Insel aus ihrer Sommerfrische riss. Nur eine Stunde später beorderte eine Depesche von Justizminister Radbruch Ebermayer unverzüglich nach Berlin. Der elfjährige Schüler Rudolf Pörtner aus dem Kurort Bad Oeynhausen an der Weser sah an diesem Tag aus dem Küchenfenster den Nachbarn in Hausschuhen, Hemdsärmeln und offener Weste auf die Haustür seiner Eltern zustürzen und Sturm klingeln. Haben Sie schon gehört, der Rathenau! – Sein Vater nicht weniger überrascht und bestürzt, zwei Männer wie aus der Bahn geworfen. »Die beiden Nachbarn besprachen das Ereignis dann noch fast eine halbe Stunde und waren sich darin einig, dass ›dieser Mann‹ der einzige gewesen sei, dem man hätte zutrauen können, den Karren aus dem Dreck zu schieben.«

Während sich viele Menschen in Berlin und Deutschland erst im allmählichen Bewusstwerden des Verlusts über die Bedeutung des Toten klar zu werden schienen, brauchte das politische Berlin keinen Augenblick des Innehaltens. Rathenaus Ermordung entfesselte in der Regierung und im Parlament eine Energie, die dieser vielverhöhnten Republik kaum jemand zugetraut hätte. Unübersehbar wuchs die Figur von Reichskanzler Wirth. Er verlor an diesem Morgen nicht nur seinen Außenminister und Kabinettskollegen, seinen politischen Verbündeten und intellektuellen Gegenpart, sondern auch einen Schicksalsgenossen und Freund. Aber weder lähmte die Trauer seine Tatkraft, noch erschütterte der Schock seinen politischen Stand.

Joseph Wirth, mit 42 Jahren ein noch immer junger Mann im höchsten Regierungsamt, verstand sich vielleicht nicht sonderlich auf das achtsame Bohren dicker Bretter in den Gremien der Staatsbürokratie, doch in den Stunden und Tagen der Katastrophe half ihm jene Unbeirrtheit und Leidenschaftlichkeit, die sein Temperament ausmachten.

Joseph Wirth

Die leitenden Beamten des Auswärtigen Amtes, die an diesem Morgen vergeblich auf ihren Minister gewartet hatten, erfuhren um kurz nach elf Uhr von dessen Schicksal. Sein Staatssekretär meldete es dem Reichskanzler, der um kurz vor halb zwölf den Reichstag informierte. Die summende Betriebsamkeit, die das Parlament an diesem Samstagvormittag in seinen Ausschüssen, Räten und informellen Besprechungen erfüllte, kam abrupt zum Stillstand. Der Ältestenrat, der seine Beratungen über die Geschäftsordnung gerade aufgenommen hatte, brach diese ebenso ab wie der Ausschuss für Landwirtschaft seine Debatte über die Regelung des Getreideverkehrs. Im Steuerausschuss hatte der deutschnationale Abgeordnete Karl Helfferich gerade eine Wortmeldung zur Gütergemeinschaft von Ehegatten abgegeben, als die Nachricht vom Tod des Außenministers einige aus ihren Sitzen fahren ließ. »Sie sind der Mörder! Das ist die Wirkung Ihrer gestrigen Rede!«, schrien zwei Sozialdemokraten Helfferich entgegen, der sich bei dem Versuch, den Sitzungsort zu verlassen, von weiteren Abgeordneten umringt sah, die ihn als Mörder beschimpften. Seine Parteifreunde mussten ihn vor ihren Fäusten schützen. Ein Reichstagsbote und ein Hausmeister halfen Helfferich, aschfahl vor Schreck und Erschütterung, sich in einem entlegenen Teil des Hauses in Sicherheit zu bringen.

Innerhalb weniger Minuten war aus der Herzkammer des deutschen Parlamentarismus, der Bühne für demokratischen Diskurs und Willensbildung, ein Dampfkessel der politischen Leidenschaften geworden, in dem die Risse und Feindseligkeiten einer mit sich selbst unversöhnten Nation zutage traten. Lärm und Erregung echoten durch die Wandelhalle mit der schwarz-rot-goldenen Fahne unter der hohen Kuppel, in der die Abgeordneten in verfeindeten Gruppen gegeneinanderstanden, zischten und pesteten. Die Rechtsnationalen, sofern sie sich dem Aufruhr nicht entzogen, sahen sich in diesen Stunden dem Generalverdacht der Beihilfe zum Mord an einem der herausragenden Vertreter des Staates ausgesetzt. Gegen zwanzig nach zwölf, als sich viele auf den Weg zur Reichstagssitzung machten, stürzten sich im Plenarsaal Dutzende Abgeordnete auf zwei rechtsgerichtete Politiker, einer von ihnen ein früherer Weltkriegsgeneral, und schlugen mit Fäusten auf sie ein, da sie den Eindruck erweckt hatten, sich über das tragische Geschehen lustig zu machen. Mit Mühe gelang es dem General, durch den Stenografenausgang davonzukommen. Wenig später erklärte Reichstagspräsident Löbe, die Plenarsitzung aus aktuellem Anlass auf den Nachmittag zu verschieben, und appellierte an die Abgeordneten, den Sitzungssaal zu räumen, um weitere Handgemenge zu verhindern. In der folgenden Wartezeit ließ vor den Sitzreihen der Rechten ein junger Mann einen Eichenlaubstrauß mit Bändern im kaiserlichen Schwarz-Weiß-Rot für den Abgeordneten Helfferich abgeben. »Herrn Helfferich, dem Verteidiger deutscher Ehre«, wie auf der Schleife zu lesen war.

Reichskanzler Wirth rief, nachdem er den Reichstag über Rathenaus Tod in Kenntnis gesetzt hatte, sein Kabinett zusammen, um bis zum Abend über die Auswirkungen des Mordes auf die Lage im Inneren und über Maßnahmen zur Verteidigung des Staates zu beraten. Am Nachmittag unterbrach er, um im Plenum der Trauerkundgebung für Walther Rathenau beizuwohnen. Nach und nach fanden sich sämtliche Minister seines Kabinetts in dunkler Kleidung neben dem Kanzler auf der Regierungsbank ein. Nur der Platz des Außenministers blieb unbesetzt. Man hatte ihn mit schwarzem Flor eingefasst. Als Reichstagspräsident Paul Löbe eröffnen wollte, musste er sich gegen den Tumult stemmen, der in den Reihen der Abgeordneten wieder aufgeflammt war, sobald sich der Plenarsaal gefüllt hatte. Verworrene Unruhe, Geschrei und Gegengeschrei, Drohgebärden und Beleidigungen, »Mörder Helfferich!«, gellte es immer wieder.

Helfferich, noch immer kreidebleich, hatte unter Skandalszenen seinen Platz vor der Regierungsbank eingenommen, ein weiteres Mal wollte er sich nicht zu einem Abgang erniedrigen lassen. Rund um die Stuhlreihen der Rechten hatten sich Belagerungsknäuel gebildet. Während der Präsident sich zwanzig Minuten lang abmühte, die Würde des Hauses für die Ehrung des Toten wiederherzustellen, stieg auf einmal Joseph Wirth in seiner Trauerkleidung das Treppchen von der Regierungsestrade hinab in den Abgeordnetenraum, um auf die aufgebrachten Kommunisten einzuwirken und sie von weiteren Übergriffen abzuhalten. Ihm gelang es, den Krieg der Parlamentarier im Gedenken an seinen Freund für den Moment auszusetzen. Wenig später läutete der Reichstagspräsident die Glocke und gab den Abgeordneten das Zeichen, sich von den Sitzen zu erheben.

»Der Reichstag bot in diesem Augenblick ein ergreifendes Bild«, schrieb die SPD-Zeitung *Vorwärts* am nächsten Tag, »nur zwischen dem Kanzler und dem Vizekanzler klaffte eine kleine Lücke – Rathenaus gewöhnlicher Platz, von dem aus er noch am

Freitagnachmittag mit dem Ausdruck unsagbarer Traurigkeit und Verachtung den demagogischen Redestrom Helfferichs angehört hatte. Ein kleiner Blumenstrauß, weiße Rosen mit dunkelgrünem Lorbeer, schmückte diese Stelle des Regierungstisches, eine bescheidene, doch ergreifende Ehrung des Märtyrers.«

Hinter den Ministern standen Amtspersonen in mehreren Reihen, alle in dunklen Anzügen, keiner von ihnen trug eine Uniform. Sogar die Offiziere aus dem Reichswehrministerium besaßen den Takt, dieser Veranstaltung entweder in Zivilkleidung oder gar nicht beizuwohnen.

Nach dem Reichstagspräsidenten begann der Kanzler seine Trauerrede mit so leiser Stimme, dass ihn kaum einer verstehen konnte. Dann wurden seine Worte fester, während er Rathenau beschrieb als Diener der Republik und Bahnbrecher der Verständigung, als kindliche Seele und tiefsinnigen Freund, der den Hass seiner Feinde bis zum »Schlag tot den Walther Rathenau!« nie hatte begreifen können. »Von dem Augenblick an, wo er öffentlich in den Dienst des deutschen Volkes und in den Dienst der Deutschen Republik getreten ist, hatte er nicht nur Feinde, da hatte er Todfeinde.« Rathenaus Vorhaben zur Rettung Deutschlands und Europas gelte es unter allen Umständen fortzusetzen.

Selbst die Männer von der extremen Rechten hörten diese Rede im Stehen an. Nicht viel länger als fünf Minuten sprach Wirth, aber seine Worte waren von solcher Eindringlichkeit, dass der Reichstag beschloss, sie im ganzen Deutschen Reich öffentlich anschlagen zu lassen.

Keine fünf Stunden später stand Joseph Wirth noch einmal am Redepult neben dem leeren Platz des Außenministers. Um kurz nach acht Uhr am Abend war der Reichstag ein weiteres Mal zusammengetreten, um eine offizielle Erklärung der Reichsregierung entgegenzunehmen. Der Kanzler ließ keinen Zweifel daran, dass dieser Mordanschlag von einer zu allem bereiten Organisation ausgegangen sein musste. Er hatte schon damals bei seiner Ansprache am Grab von Ex-Finanzminister Erzberger dem Beschwichtigungschor von den verblendeten Einzeltätern widersprochen. »Ein Netz von Verschwörung droht den inneren Frieden, die Grundlage einer deutschen Erneuerung, zu zerstören«, wiederholte er ein knappes Jahr später im Deutschen Reichstag. »Der Mord an Rathenau ist nur ein Glied in einer Kette wohlvorbereiteter Anschläge auf die Republik. Zuerst sollen die Führer der Republik, dann soll die Republik selbst fallen.« Diese Anschläge, so deutete es Wirth, sollten das linke Lager zum Aufstand provozieren und den Anlass für eine rechtsautoritäre Regierungsübernahme liefern. Dem entgegenzutreten war die Forderung des Augenblicks.

Anders als auf der Trauerkundgebung trug der Reichskanzler jetzt im trockenen Ton des politischen Geschäftsführers vor, was er in den Stunden seit dem Mord im Kabinett an Maßnahmen zum Schutz der Republik erarbeitet hatte. Das Verbot von republikfeindlichen Vereinigungen, Schriften und Versammlungen gehörte dazu, verschärfte Strafverfolgung von Gewalttaten gegen die Republik und deren Vertreter und die Errichtung eines neuen Staatsgerichtshofs zum Schutz der Republik und seiner Repräsentanten. Nach nicht einmal fünfzehn Minuten war die Sitzung geschlossen. Auf der Grundlage dieser Erklärung erließ der Reichspräsident eine Verordnung, aus der wenige Wochen später das erste Republikschutzgesetz hervorgehen sollte.

Hunderttausende Berliner folgten am nächsten Morgen dem Aufruf der Gewerkschaften zu einer Demonstration für den toten Rathenau im Berliner Lustgarten. »Ein Meer von Menschen, über dem zahllose rote und schwarz-rot-goldene Fahnen wehten.« Durch die Menge schob sich Harry Graf Kessler zum Reichstagsgebäude, wo für mittags die Debatte über die Regierungserklärung zum Schutz der Republik angesetzt war. Ziemlich verlassen wirkte das Haus am Tag nach dem Erdbeben, das Kessler von der Tribüne beobachtet hatte und das selbst ihn, den weltläufigen Diplomaten, mit Rachegefühlen und Ahnungen eines Epochenbruchs erfüllt hatte.

Als er jetzt Wirth sich von der Regierungsbank erheben sah, zum dritten Mal innerhalb von 24 Stunden, rechnete er mit einer kurzen Schlussbemerkung jenes Mannes, der ihn zwei Monate zuvor bei ihrer ersten Begegnung in Genua so enttäuscht hatte, quallig, versoffen und weichlich. Er habe etwas nachzuholen, begann Wirth, doch aus dieser Beiläufigkeit erwuchs, geplant oder nicht, eine brennende Abrechnung mit der Rechten, während deren sich der Plenarsaal zusehends füllte und in neue vibrierende Spannung steigerte. »Schliesslich hatte er drei Fünftel des dicht gefüllten Hauses auf den Beinen und gegen die Rechte gewendet, die blass und schweigend dasass, wie auf einer Angeklagten Bank«, schrieb Kessler in sein Tagebuch. »Man fühlt, es kommt ihm wirklich aus der Tiefe seiner Überzeugung. Ich habe dem Mann Unrecht getan; er ist doch Jemand.« Wirth türmte Vorwurf auf Vorwurf und wandte sich direkt an seine Gegner auf der Rechten, denen er wenige Armlängen entfernt gegenüberstand. Er zählte ihre Lügen auf, nannte sie persönlich beim Namen, und am Ende wies er mit dem Finger auf sie, als er seine Wutrede in dem Scheidemann-Zitat gipfeln ließ, das erst durch ihn zur nie vergessenen Formel des deutschen Parlamentarismus werden sollte: »Da steht der Feind – und darüber ist kein Zweifel: dieser Feind steht rechts!«

Joseph Wirth handelte sich mit diesem Generalangriff nicht nur, wie das Reichstagsprotokoll vermerkt, stürmischen, lang anhaltenden Beifall ein, sondern auch anhaltende Kritik von den gemäßigten Konservativen selbst aus seiner eigenen Partei. Bei aller Entschlossenheit, die er angesichts des Rathenau-Mordes im Kampf um die Republik an den Tag legte, gab er damit nicht den Versöhner einer tief gespaltenen Nation. Auch wenn die Diagnose dieses Tages richtig war: Der Feind stand rechts.

Harry Graf Kessler wartete das Ende der Sitzung nicht ab, da er nachmittags einen Termin in Grunewald, Koenigsallee 65 hatte, um sich dort von seinem toten Freund zu verabschieden. Er fand Rathenau in einem offenen Sarg im Studierzimmer liegen, ein Tuch über die zerstörte Gesichtshälfte gebreitet, der gestutzte graue Oberlippenbart ragte darüber hinaus. Kessler meinte in Rathenaus Zügen einen friedlichen Eindruck wahrzunehmen. »Und doch in dem zerfurchten, toten, wunden Gesicht eine unausmessbare Tragödie.«

Es war die Tragödie eines Unvollendeten, dessen Lebenslinie, da sie in den letzten Monaten nach oben gewiesen hatte, abgebrochen war. Zu den Blumen auf seiner Brust legte Kessler ein paar Rosen. In der Stille dieses Raumes wurde ihm bewusst, dass Walther Rathenau über sein Ende hinaus der Mann der vielen Gesichter bleiben würde. »Sein Tod entspricht diesem Schicksalszug: er hinterlässt als Staatsmann kein Werk, aber ein Vermächtnis, das in die Zukunft weist, eine Hoffnung, deren Verwirklichung von Andren abhängt.«

Draußen vor der Haustür stand der Diener Hermann Merkel mit einem Mädchen, das dem Herrn Doktor noch einen Strauß Feldblumen vorbeibringen wollte.

Ein Sarkophag für den Minister

Dienstag, 27. Juni 1922, gegen Mittag

Auch an diesem Tag übt der Himmel über Berlin kein Nachsehen. Er hält sich bedeckt, zwischendurch täuscht ein kleiner Sonnenstrahl, dann fällt wieder starker Regen. Zu kühl, weiterhin, für die längsten Tage des Frühsommers. Drinnen im Plenarsitzungssaal des Reichstags ist alles hoch geschmückt zu Ehren des deutschen Außenministers, der noch einmal zurückgekehrt ist an den Ort, der ihm höchste Anerkennung und tiefste Verletzung beschert hat. Da, wo sonst der Stuhl des Reichstagspräsidenten steht, liegt Walther Rathenau in seinem Sarg, darauf ausgebreitet die Reichsfahne in Schwarz-Rot-Gold, darüber hängt zehn Meter von der Decke herab ein gewaltiger schwarzer Baldachin, der alle Blicke auf sein Inneres lenkt und aus dem Sarg die Erscheinung eines Sarkophags macht, wie es das Reichstagsprotokoll formuliert. Kaskaden von Blumengestecken und Blätterpflanzen türmen sich zu seinen Füßen über dem verschleierten Rednerpult und den Stenografenplätzen, während sich in den Gängen hüfthohe Blumenkränze mit Kondolenzschleifen aneinanderreihen. Ein Dutzend Herren im Frack, die als Legationssekretäre des Auswärtigen Amts die Totenwache übernommen haben, gehen in diesem Blätter- und Blütenmeer fast unter.

Das Arrangement für diesen Staatsakt ist das Werk von Reichskunstwart Edwin Redslob. Er hat sich durchgesetzt gegen die Auffassung, für diese Trauerfeier sei die Wandelhalle mit dem Denkmal des Hohenzollernkaisers Wilhelm I. schon ausreichend. Redslob hat sie in den großen Saal gelegt, die Mitte des demokratischen Deutschland, und inszeniert wie eine letzte Plenarsitzung in Anwesenheit des verstorbenen Ministers. An der Regierungsbank direkt neben dem Baldachin haben die Minister Platz genommen, die Reihen der Abgeordneten sind bis auf den letzten Sitz gefüllt, auch die der Deutschnationalen, dazu haben sich die Männer des Reichsrats eingefunden und zahlreiche Abgeordnete des Preußischen Landtags. Die Tribünen für die Trauergäste aus allen Kreisen der Hauptstadt sind mit schwarzem Flor bespannt und von farbigen Hortensien gesäumt. An der Rückwand des Saales, hinter den Bänken von Regierung und Reichsrat, scheinen vier gewaltige Fächerpalmen zwischen Lorbeerbüschen direkt aus der Holzvertäfelung in den Raum hineinzuwachsen. Rathenaus Tod hat den Reichstag in ein schwarz bevölkertes Gewächshaus verwandelt.

Um zwölf Uhr geleitet Reichskanzler Wirth Mathilde Rathenau, die Mutter des Toten, mit ihren Verwandten in die Kaiserloge zu ihrem Sessel, von wo aus sie unter ihrem Schleier hindurch die ganze Zeit über reglos nach unten starrt, wo ihr Sohn im Sarg liegt. In derselben Minute, um Punkt zwölf, beginnt im ganzen Deutschen Reich ein Proteststreik bis zum folgenden Morgen, den die Gewerkschaften zusammen mit den linken Parteien zu Ehren des Mannes ausgerufen haben, der als Konzernlenker, Großkapitalist und Kriegsrohstofforganisator einmal zu ihren natürlichen Feinden gezählt hat. Die Behörden der preußischen Regierung haben sich dem Streik angeschlossen, und die Reichsregierung lässt ihre Beamten, soweit abkömmlich, auf die Versammlungen gehen. In den Städten Deutschlands, in Hamburg, München, Breslau, Essen, Chemnitz, ziehen Demonstrationszüge von Hunderttausenden durch die Straßen.

Kanzler Wirth, Reichspräsident Ebert und Reichstagspräsident Löbe, die drei ranghöchsten Vertreter des Reiches, treten in den Plenarsaal, wo die mit Kreppbändern umflorten Saallampen aufflammen. Vor und nach den Trauerreden spielt, unsichtbar hinter dem Baldachin verborgen, die Kapelle der Staatsoper eingangs eine Ouvertüre von Beethoven und beim Auszug den Trauermarsch aus Wagners *Götterdämmerung*. »Die Wirkung war aus den Umständen heraus ungeheuer. Man hörte Schluchzen, viele um mich herum weinten«, so erlebt es der Trauergast Harry Graf Kessler auf der Tribüne, während die Männer den Sarg durch die Wandelhalle zur Freitreppe tragen, durch das sonst verschlossene Hauptportal hinaus zum Königsplatz, zwischen den sechs riesigen korinthischen Säulen hindurch.

Im Tiergarten, ums Brandenburger Tor und vor dem Reichstag hat sich eine unübersehbare Menge angesammelt. Hunderttausende Berliner sind gekommen, die unter einem Meer von aufgespannten Regenschirmen den Moment erwarten, wo der Sarg des Außenministers aus dem Portal getragen wird. Eine Ehrenformation der Reichswehr steht am Fuß der Treppe, grau in Uniform und Stahlhelm, Gewehre geschultert, aus ihrer Mitte steigt ein Trommelwirbel auf. Die Mitglieder des Reichskabinetts folgen dem Sarg auf dem Weg zum motorisierten Leichenwagen. »Langsam setzte sich unter Trommelschlägen der Zug in Bewegung. Trotz des Regens, oder vielleicht wegen dieser grauen Regenschleier, die zum dumpfen Ton der Trommelwirbel passten, war der Eindruck fast noch mächtiger als im Saal.« Vom Politiker und Beamten über den Wachmann und Soldaten bis zum Bürger und Zuschauer hat jeder seinen Platz in dieser Choreografie. Niemand kann an diesem Tag den Vorwurf erheben, die Demokratie verstünde sich nicht auf Symbole, erhabene Gefühle und ein großes Wir.

Walther Rathenau, der Automann, der in seinem zerschossenen Cabriolet gestorben ist, legt seine letzten Autokilometer in einem mit Rosengirlanden verzierten Sargwagen zurück. Die Kolonne macht sich auf den Weg zum Familiengrab auf dem

Waldfriedhof Oberschöneweide, an einem langen Spalier aus trauernden Bürgern vorbei. Die Beerdigungszeremonie ist nur für die engsten Familienmitglieder, zuvor jedoch haben sich im Reichstag, auf den Straßen und Plätzen von Berlin und in ganz Deutschland Millionen von ihrem Außenminister verabschiedet, der im Tod mehr als im Leben zur Symbolfigur des neuen Staates geworden ist. Nie haben sich in diesem Land so viele Menschen zu einer so machtvollen Demonstration für Demokratie und Republik zusammengeschlossen wie an diesem Tag.

Ende der Dreißigerjahre schrieb Sebastian Haffner, nachdem er Deutschland verlassen hatte, in seinen Jugenderinnerungen über diesen Tag in Berlin: »Zur Bestattung fanden sich, ohne Zwang und ohne Drohung, ein paar hunderttausend Menschen ein. Und nachher gingen sie nicht auseinander, sondern zogen stundenlang durch die Straßen, in nicht endenden Zügen, schweigend, grimmig, fordernd. Man spürte: Hätte man diese Massen an diesem Tag aufgefordert, Schluß zu machen mit denen, die damals noch ›Reaktionäre‹ hießen und in Wahrheit bereits die Nazis waren, sie hätten es ohne weiteres getan, rasch, durchgreifend und gründlich.«

Auch wenn sich darin das nachholende Wunschdenken des Exilanten äußerte, war seine Stimmungsbeschreibung nicht abwegig. Der hohe Rang des Anschlagsopfers ebenso wie die erschütternden Tatumstände hatten das Reich aufgerüttelt wie kein anderer der fast vierhundert politischen Morde in den vier Jahren zuvor. Abscheu herrschte selbst in großen Teilen des konservativen Milieus. Bei den radikalen Linken dagegen grassierte Lynchstimmung.

Die Szenen aus dem Reichstag, wo rechte Abgeordnete wie Karl Helfferich beschimpft und körperlich angegriffen wurden, wiederholten sich nicht nur im Preußischen Landtag, sondern in Städten und Straßen im ganzen Land. Gewalttätige Aktionen richteten sich gegen Abgeordnete der beiden rechten Parteien DNVP und DVP, gegen ihre Geschäftsstellen, aber auch gegen Polizei und Presse. Rund um die Rathenau-Demonstrationen vom 27. Juni entlud sich die Spannung in Schlägereien und Feuergefechten. In Darmstadt gab es bei Ausschreitungen Tote und Verletzte, in Hamburg feuerte ein Polizeitrupp in die aufgebrachte Menge, in Zwickau starben Menschen bei Straßenkämpfen vor der Polizeikaserne, in Peine setzten Demonstranten zum Sturm auf ein Zelt der Schützengilde an, in Marienburg wurde die Frau eines Zeitungsredakteurs von Linksradikalen erschossen. Für ein paar Tage regte sich wieder Umsturzstimmung im Land. »Wir rufen zur brutalen Gewalt auf! Gegen jeden deutschnationalen, deutschvölkischen oder nationalistischen Rummel«, war es in der sozialdemokratischen *Volksstimme* im Ruhrgebiet zu lesen. »Folgt daraus der Bürgerkrieg, nun, so müssen wir ihn eben durchfechten.«

Der Bürgerkrieg – das Ziel, das sich die Verschwörer der Organisation Consul von Kapitän Ehrhardt mit ihren Terroranschlägen gesetzt hatten, um ihren militärischen Apparat mobilisieren und gemeinsam mit der Reichswehr eine autoritäre Regierung an die Macht bringen zu können. Sie hatten zutreffend eingeschätzt, dass ein Mordanschlag auf den bekanntesten deutschen Politiker mitten in Berlin die Republik aufwühlen musste. Falsch eingeschätzt aber hatten sie die Reaktionskraft der Regierung und Republik, die dieser Provokation entgegenzutreten entschlossen waren. Nicht vorhergesehen hatten sie die Welle der Ablehnung in weiten Teilen der Bevölkerung, die sich anders als nach dem Erzberger-Mord und dem Anschlag auf Scheidemann gegen sie selber richtete. In der Berliner Polizei schließlich trafen sie auf einen Gegner, der keine Minute verstreichen ließ, das Verbrechen aufzuklären und die Schuldigen aufzuspüren.

Kurz nach dem Anschlag stellten Polizeibeamte am Tatort die Patronenhülsen aus der Maschinenpistole, den Abzugsring und die Schlaufe der Handgranate sicher. Sie befragten Zeugen über die Täter, ihr Fahrzeug und den Fluchtweg über die Wallotstraße in Richtung Schmargendorf. Um zwölf Uhr, eine Stunde nach dem Mord, besichtigten der Berliner Polizeipräsident und der Chef der Kriminalpolizei persönlich die S-Kurve an der Koenigsallee, in Begleitung eines schmächtigen Mannes mit runder Brille, dünnem Schnurrbart und einer auffälligen Fehlstellung der Augen. Er hatte seinen Urlaub abgebrochen, um die Ermittlungen persönlich leiten zu können. Oberregierungsrat Bernhard Weiß war der Leiter der Abteilung I A des Polizeipräsidiums, der »Politischen Polizei«, die sich mit der Verfolgung politischer Straftaten und der Überwachung antirepublikanischer Personen und Organisationen befasste. Mit einem Gutachten über den Zustand der Kriminalpolizei hatte Weiß kurz nach Kriegsende den Anstoß zu einer Neuordnung des preußischen Polizeiwesens im Interesse der Sicherheit der Republik gegeben, woraus die neue Politische Polizei unter seiner Führung hervorgegangen war. Ihre Aufgabe definierte er als Kampf gegen die Feinde des bestehenden Staates mit allen Mitteln des Rechts. Er führte ihn mit niemals erlahmender Energie. Unerschütterlich stand er hinter der neuen demokratischen Verfassung, über deren Gefährdung durch Extremisten er sich keinen Illusionen hingab.

Wie sehr sich Bernhard Weiß, der weder seine jüdische Herkunft verleugnete noch den öffentlichen Auftritt scheute und sich mit Veröffentlichungen und Interviews in Szene zu setzen wusste, damit selbst in den Zielkorridor stellte, konnte er an der Hasspost in seinem Briefkasten ablesen. In seinem Buch über *Polizei und Politik* widmet er dem einige Zeilen. »Zur bleibenden Erinnerung an jene Jahre bewahre ich nicht nur einen Stoß entsprechender Zeitungsäußerungen, sondern auch ein stattliches Päckchen lieblicher Schmäh- und Drohbriefe.« Im Fall

Bernhard Weiß, 1930

Walther Rathenau musste Weiß mit einem Pressestatement dem Vorwurf von linksliberaler Seite begegnen, seine Behörde sei von rechten Kräften unterwandert, und andererseits dem Verdacht, er sei politisch befangen, da Rathenau wie er selbst Jude und obendrein Mitglied in derselben Partei gewesen sei. Die deutsche Polizei, schnarrte Weiß im Interview mit dem *Berliner Tageblatt*, sei eine objektive Behörde, der es einzig um die Aufklärung des Attentats zu tun sei und die die Suche nach den Tätern bis ins Kleinste organisiert habe.

Rathenau war gerade eine Stunde tot, als Bernhard Weiß an der Spitze eines Heers von Beamten einen Ermittlungsapparat in Gang setzte, der sein vielmaschiges Fahndungsnetz nach allen Richtungen auswarf. Im Umkreis des Tatorts stiegen uniformierte Polizisten auf ihre Fahrräder und radelten die Koenigsallee, die Erdener und die Wallotstraße entlang mutmaßliche

Fluchtwege ab. Im Großraum Berlin durchsuchten die Beamten Büroräume der nationalistischen Verbände und Wehrorganisationen, beschlagnahmten stapelweise Unterlagen und setzten notorische Figuren aus dem rechten Milieu, Freikorpsmänner und völkische Aktivisten fest, so wie jenen nationalistischen Studenten, der am Nachmittag im Reichstag den Blumenstrauß an den DNVP-Abgeordneten Karl Helfferich überbracht hatte. Eine Einheit ging den Hinweisen aus der Bevölkerung nach. Eine Million Mark Belohnung lobte die Behörde für die Hilfe zur Festnahme der flüchtigen Täter aus. Gleichzeitig schloss sich Weiß' Mordkommission mit den badischen und hessischen Ermittlungsbehörden in den Anschlagsfällen von Matthias Erzberger und Philipp Scheidemann kurz.

Die Auswertung der Vernehmungen im Kasseler Scheidemann-Fall, drei Wochen vor dem Attentat im Grunewald, führten zu den ersten Verhaftungen von Führungspersonen der Organisation Consul in verschiedenen Städten des Reiches, darunter der Leiter des Aktionskommandos Carl Tillessen in Flensburg sowie in München Alfred Hoffmann, Stellvertreter der ewigen Eminenz Hermann Ehrhardt. In Frankfurt nahm die Polizei den Leiter der lokalen O.-C.-Gruppe, Leutnant Friedrich Wilhelm Heinz, fest. In Berlin schnappte die Polizei den jungen Aufschneider Willi Günther, der auf einer deutschnationalen Jugendversammlung nach dem Mord mit Täterwissen geprahlt hatte und in das Komplott verwickelt war. Diese Spur führte sie zu einer Garage im Stadtteil Schmargendorf, wo sie den braunen Mercedes-Benz-Sechssitzer mit Klappverdeck sicherstellten. Es war ein entscheidender Durchbruch noch am Tag der Trauerfeier für den Minister im Reichstag.

»Die Namen der Mörder Rathenaus ermittelt«, titelten am 29. Juni das *Berliner Tageblatt* und die anderen Morgenzeitungen, gefolgt vom detaillierten Steckbrief der Täter Kern (hohe Stirn, breites Gesicht, kräftige Gestalt), Fischer (Hakennase, spitzer Mund, sächsische Mundart) und Techow (voller Mund, rundes Kinn, schlanke Gestalt). Alle drei, so bestätigte die amtliche Meldung, seien Mitglieder der Organisation Consul. Fahndungsleiter Weiß stellte fest, dass damit die Mordverschwörung in ihren Hauptzügen aufgedeckt und die Täter identifiziert, wenn auch flüchtig waren. Über das Netz der Verschwörer, die sich ihrer Sache im Untergrund sicher gewesen waren, legte sich nun ihrerseits ein Netz mit starken Maschen, die sich Tag für Tag enger zusammenzogen.

Das Moment der Überrumpelung, der Erfolgsfaktor jeder terroristischen Aktion, wechselte die Seiten, und damit auch die Angst. Als die Zeitungen mit den Täterbeschreibungen aufmachten, wurde am selben Tag der Attentatsfahrer Ernst Werner Techow in einem Gutshof bei Frankfurt an der Oder verhaftet, wo er bei seinem Onkel Unterschlupf gesucht hatte. Dieser hatte die Beamten selbst verständigt. Zeitgleich meldete die Polizei aus dem Ostseebad Prerow die Festnahme des militärischen Leiters der Organisation Consul Manfred von Killinger, der erst Anfang des Monats nach seinem Freispruch im Erzberger-Mordprozess aus der Haft entlassen worden war. Sein Name war wieder in Aussagen und Papieren gefallen, und jeder Name führte zu weiteren Verdächtigen. Vor den Augen der Öffentlichkeit, die die Pressestelle der Polizei mit täglichen Entwicklungen auf dem Laufenden hielt, fiel der Geheimnisschleier einer Terrororganisation in sich zusammen, an deren Dimensionen selbst die wildesten Gerüchte der vergangenen Monate kaum herangereicht hatten. »Es ist kaum zu beschreiben, wie lang die Liste der Verschwörer, der Mittäter und der Mitwisser ist«, schrieb das *Berliner Tageblatt* am 30. Juni 1922. »Die Organisation C hatte ein Spreng- und Mordkommando, das die Beseitigung politischer Persönlichkeiten auszuführen hatte. Dem Kommando gehörten u. a. die vom Polizeipräsidium genannten Mörder Rathenaus an. Es war beabsichtigt, etwa zwölf führende Persönlichkeiten zu beseitigen.«

Erwin Kern und Hermann Fischer, die Mörder von der Koenigsallee, waren zwar noch nicht gefasst, aber die reichsweite Verbreitung ihres Steckbriefs riss sie aus ihrer Selbstgewissheit. Nach dem Anschlag waren sie noch drei Tage in Berlin geblieben, um auf den Ausbruch des Bürgerkriegs zu warten. Als dieser ausblieb, setzten sie sich zu Gesinnungsfreunden nach Rostock ab. Heftig traf sie der Schock ihrer Enttarnung, wie es ihr Quartiermacher aus der Rostocker O.-C.-Ortsgruppe schilderte. »Da sehen wir auf einmal die Namen von Kern und Fischer! Wir glauben, unseren Augen nicht trauen zu können.«

Mit einigen Stunden Verspätung war die Morgenzeitung in ihrem Kaffeehaus angekommen, in dem sie sich, bis eben noch in der Behaglichkeit ihres Inkognito, niedergelassen hatten. »Sie konnten jeden Augenblick – und wir mit ihnen – gefaßt werden. An den Anschlagsäulen prangten bereits große Plakate mit ihren Fotografien und der Prämie, die auf ihren Kopf ausgesetzt war.« Nun waren sie die Gehetzten, nicht nur von ein paar Hundertschaften Polizisten, sondern von Millionen Augenpaaren einer ganzen Nation, die zur Suche nach den Staatsfeinden mit aufgerufen war.

Die Flucht von Fischer und Kern war eine wilde Verfolgungsjagd kreuz und quer durch deutsche Landschaften, mit hektischen Aufbrüchen und vielen Kleidungswechseln, falschen Fährten, Finten und Störmanövern. Die Welle an Verhaftungen hatte das Netzwerk der Organisation Consul durchlöchert und seine Kräfte so weit geschwächt, dass es die beiden nicht mehr auffangen konnte. Zwar gab es noch Helfer auf ihrem Weg, die vielleicht die Gesinnung, aber nicht mehr alle Ziele teilten, die keinen Eid auf den Consul und die Feme geschworen hatten. Erst zu Fuß, dann auf zwei Fahrrädern kämpften sie sich von der Ostseeküste aus nach Süden, von Kühlungsborn über Wismar und Schwerin bis hinunter zur Elbe bei Dömitz. Dort fielen sie, verraten von einem Fluchthelfer, am 8. Juli um Haaresbreite der örtlichen Polizei in die Hände, die vom Ufer aus zusehen musste, wie Kern und Fischer auf einem Fährboot den Strom überquerten und sich auf dem Ufer drüben in die Wälder schlugen.

Bald rollte in der altmärkischen Stadt Gardelegen an der Elbe ein schwerer brauner Mercedes-Benz-Tourenwagen ein, Sechssitzer mit Klappverdeck, in dem zwei Polizeibeamte, der Einsatzleiter Bernhard Weiß sowie ein Zeitungsreporter saßen. »Es ist für mich zuerst ein etwas schauriges Gefühl, diesen Wagen zu besteigen«, schrieb der Autor des *Vorwärts* in seiner Reportage über die Jagd nach Kern und Fischer, »von dem Platze aus, auf dem ich sitze, wurde Walther Rathenau erschossen. Jetzt ist der Wagen beschlagnahmt und dient der Verfolgung der flüchtigen Mörder.«

In einem Amtsgebäude hatte Weiß die Zentrale seines Fahndungsapparates von 150 Männern eingerichtet, die die Altmark mit Patrouillen und Spürhunden durchkämmten und Straßen und Bahnhöfe abriegelten. 20 000 Flugblätter trugen den Steckbrief der Täter bis in entlegenste Dörfer. Trotzdem gelang es Kern und Fischer, während sie sich tagsüber versteckt hielten, sich in nächtlichen Gewaltfahrten dem Zugriff zu entziehen. Weiß und sein Altmark-Kommando mussten eingestehen, dass sie die Spur verloren hatten. Wenn die beiden O.-C.-Männer erst die Grenze nach Bayern passierten, konnten sie auf das Wohlwollen der konservativen Regierung und die Hilfe ihrer Organisation setzen.

Die Burg Saaleck gegenüber der Rudelsburg bei Naumburg in Thüringen, mit zwei Rundtürmen und einer Umfassungsmauer hoch über dem Saalestrom gelegen, war in Besitz des Juristen und Freizeitdichters Hans Wilhelm Stein. Mitte Juli verabschiedete er sich kurzfristig für ein paar Tage nach München. Dort drang er auf eine Unterredung mit dem Geheimbundführer Hermann Ehrhardt, dem berühmten »Consul«. Hans Wilhelm

Stein, selbst nicht Mitglied der O. C., teilte dessen politische Einstellung. Von ihm erfuhr Ehrhardt, dass Erwin Kern und Hermann Fischer nach Tagen der Flucht bei ihm in der Burg Saaleck Aufnahme gefunden hatten. Damit war der gerissene Faden zwischen der O.-C.-Spitze und ihren beiden Aktivisten wiederhergestellt, und sie waren ihren Gegnern einen Schritt voraus. Ehrhardt schnürte für seine Männer ein Fluchtpaket mit Pässen, Geld und Waffen und schickte Stein damit zurück nach Saaleck. Aber ehe die Geschichte von Kern und Fischer ausgehen konnte wie die der Erzberger-Attentäter Tillessen und Schulz, die noch immer ein unbehelligtes Boheme-Leben in Ungarn führten, verließ sie auf den letzten Metern ihr Instinkt.

Am 16. Juli meldeten zwei Urlauber bei der Polizeidienststelle in Halle einen Lichtschein im Wohnturm der Burg Saaleck – obwohl doch der Burgherr bekanntermaßen auf Reisen sei. Während eines Spaziergangs hätten sie dort zwei junge Männer angetroffen, deren Aussehen mit den Fahndungsplakaten übereinstimme. Mit dreißig Mann umstellte die Polizei das Anwesen, belagerte den Turm und ging mit Schusswaffen in Stellung. Fischer und Kern, von ihrer Entdeckung überrumpelt, verschanzten sich im dritten Stockwerk und kletterten von dort aus auf die Dachplattform. Einer Besuchergruppe im Burghof rief Kern ein Hoch auf Kapitän Ehrhardt zu. Sie warfen ein paar Zettel mit letzten Botschaften vom Turm, die der Wind in alle Richtungen verwehte. Einer von ihnen rief noch: »Wir wissen, wie wir zu sterben haben, wir sterben für unsere Ideale, unsere Nachfolger werden sich einstellen.« Dann zogen sie sich ins Innere des Turms zurück.

Ein Polizist feuerte ein paar Karabinerschüsse ins Turmfenster im obersten Stockwerk. Einer der Schüsse traf Kern am Kopf, der mit dem Rücken an der Wand zu Boden sackte. Fischer schleppte den Kameraden zum Bett und hob ihn hinein. Dann legte er sich daneben und erschoss sich selbst. Als die Polizisten die Tür zum obersten Stockwerk aufbrachen, betraten sie eine unwirkliche Szenerie, die die Polizeifotografen festgehalten haben. Zu sehen sind zwei junge Männer, Seite an Seite in aneinandergerückten Himmelbetten mit geschnitzten Säulen und Dreieckswimpeln an den Ecken. Sie liegen auf dem Rücken, über ihre Körper sind Bettdecken bis zu den Schultern ausgebreitet. Auf den Bildern hinterlassen sie den Eindruck, in Schlaf versunken zu sein.

»Es wurden viele verhaftet, fast alle, die im Dunstkreis der Tat gestanden, und darüber hinaus«, schrieb Ernst von Salomon, der Kurier und Kundschafter, der als Einziger noch auf freiem Fuß war. »Nur den geheimnisvollen Unbekannten suchten sie noch, der mit Kern und Fischer bis zum Augenblick der Tat zusammen gewesen war.« Am 10. August 1922 stand die Polizei auch in seiner Frankfurter Wohnung. Für ihn war es, wie er später sagte, ein Moment der Erleichterung.

Justiz

»Die Geschichte wird die Richter richten. Die Geschichte wird zeigen, ob sie hier einen Mann verurteilen, der das Böse unserer Zeit aufhalten wollte. Die Geschichte zeigt, dass man manchmal etwas Entsetzliches tun muss, um das noch Entsetzlichere zu verhindern.«

Anders Breivik, norwegischer Attentäter, 22. Juni 2012

Weniger als vier Wochen hatten die Einsatzkräfte von Bernhard Weiß' Politischer Polizei nach dem Mord an Walther Rathenau benötigt, um mehr als ein Dutzend Tatbeteiligte und Hintermänner der Verschwörung zu fassen. Sie hatten den Beweis geliefert, dass sich ein moderner Fahndungsapparat einem weitverzweigten, hoch organisierten Terrornetz gewachsen zeigen konnte. Die Ermittlungsbehörden hatten keinen Zweifel gelassen, dass sie sich als ein Organ der Republik verstanden und alle Mittel der Rechtsordnung für ihre Verteidigung gegen Angriffe auch von der rechten Seite ausschöpften. »Von einem Versagen der Polizei kann man nicht sprechen«, bestätigte Emil Julius Gumbel, der Chronist des politischen Mordes in der Weimarer Republik, der als Ankläger gewöhnlich niemanden schonte. »Dieser Teil des Staatsapparates funktionierte glänzend. Die Entdeckung der Mörder Erzbergers und Rathenaus sind polizeiliche Glanzleistungen.«

Aufseiten der Exekutive hatte Reichskanzler Joseph Wirth mit Unterstützung der Parteien das »Republikschutzgesetz« durch das Gesetzgebungsverfahren gebracht, um den Staat künftig wirksamer gegen terroristische Angriffe wie den der Organisation Consul zu rüsten. Der auf dieser Grundlage eingerichtete Staatsgerichtshof war für Angriffe auf die Republik und auf Mitglieder der Regierung zuständig. Zum ersten Mal sollte sich ein Gericht ausschließlich um Strafprozesse mit politischem Hintergrund kümmern. Nachdem Regierung und Reichstag so die Fundamente für einen neuen Staatsschutz gelegt hatten, war es an der dritten Gewalt, dem rechtsextremen Terror den Prozess zu machen.

Zu den Fundamenten des demokratischen Systems gehört eine Justiz, die nur dem Geist seiner Verfassung und den Gesetzen des Staates verpflichtet ist. Sie soll unabhängig vom Willen der Mächtigen, von politischen Einflüssen und gesellschaftlichen Interessen Recht durchsetzen und Unrecht ahnden. Das gilt umso mehr, wenn vor Gericht das Politische selbst zu verhandeln ist, etwa im Prozess um Verbrechen gegen den Staat und seine Vertreter. Hier offenbaren sich die Stärken und Schwächen der Rechtsinstitutionen in ihrem Verhältnis zur Politik und dem Gebot der Neutralität. Im politischen Prozess zeigt sich der innere Zustand eines Staates, seine Ergebnisse wirken als Signal in die Gesellschaft zurück. Hinter den Mauern der Justizpaläste und den abstrakten Formeln der Gesetzbücher sind es die Menschen in den Amtsroben, die das Rechtswesen prägen. Wie ein Staat mit politischen Verbrechern verfährt, hängt daher neben den Gesetzen von den Organen der Rechtspflege ab, den Richtern und Staatsanwälten und ihrer Einstellung zum Staat. Um diesen wirksam gegen seine Feinde im Innern verteidigen zu können, müssen sie selbst fest in den Werten seiner Verfassung verankert sein.

Wenn ein Staat untergeht und ein anderer an seine Stelle tritt, stellt sich die Frage nach der Loyalität der Beamten in der Gerichtsbarkeit. Ihre von Haus aus staatstragende Haltung, die Staatsanwälte und Richter unter den alten Verhältnissen eingeübt haben, kann zum inneren Konflikt mit den neuen Gegebenheiten führen. Ihr konservativer Korpsgeist fügt sich nicht ohne Weiteres in die veränderte Ordnung. Wenn das neue System diesen Zwiespalt verhindern will, muss es die Justiz von den alten Köpfen säubern, will es nicht Gefahr laufen, seine Rechtspflege überkommenen Haltungen auszuliefern. In Deutschland entschied sich der neue republikanische Staat nach 1918 dafür, die Angehörigen der Justiz aus dem Kaiserreich in ihren Ämtern zu belassen. Die Artikel der Weimarer Verfassung erklärten die Richter für unabhängig, unabsetzbar und wie alle Beamte frei in ihrer Gesinnung. Unpolitisch wurden sie dadurch nicht.

Die Justiz in der Weimarer Republik erwarb sich schnell den Ruf, politischen Straftätern von links mit unnachgiebiger Härte zu begegnen, denen von rechts hingegen mit Milde und Wohlwollen, wenn nicht offener Unterstützung. Nach den Morden an den Kommunistenführern Karl Liebknecht und Rosa Luxemburg im Januar 1919, die nicht einmal vor ein ordentliches Gericht kamen, sprach ein Kriegsgericht die beteiligten Freikorpsoffiziere frei. Als dem verhinderten Offiziersanwärter Oltwig von Hirschfeld 1920 wegen seines Mordversuchs an Reichsfinanzminister Erzberger der Prozess gemacht wurde, billigten ihm die Richter strafmildernde Umstände zu in Anbetracht seiner ehrenwerten Motive zum Wohle Deutschlands. Von den mehr als dreißig Mitgliedern der Geheimorganisation Consul, die im Zuge der Ermittlungen um den Erzberger-Mord 1921 verhaftet worden waren, musste sich am Ende nur deren militärischer Leiter Manfred von Killinger wegen Beihilfe zum Mord einem Gerichtsverfahren stellen. Dass er in Anbetracht eines Berges von Beweismaterial im Juni 1922, wenige Tage vor dem Rathenau-Mord, freigesprochen wurde, ging als folgenloser Justizskandal durch die deutsche Öffentlichkeit. Dies waren die prominentesten Beispiele einer langen Reihe politisch motivierter Straftaten, deren juristische Aufarbeitung dem Muster gehorchte, linke Täter zu verfolgen und rechte laufen zu lassen.

Kurz nach dem Attentat auf Rathenau veröffentlichte Emil Julius Gumbel im Oktober 1922 die Fortsetzung seiner politischen Mordchronik unter dem Titel *Vier Jahre politischer Mord*. Darin verzeichnete er, wieder aufgelistet in seitenfüllenden Tabellen, nunmehr 354 von Rechten begangene Morde, von denen 326 ungestraft geblieben seien. Diesen Zahlen stellte er 22 linksmotivierte Morde gegenüber, vier davon ungesühnt. Gumbel gab sich nicht der Hoffnung hin, seine Statistiken könnten die Verhältnisse ändern. »Obwohl die Broschüre keineswegs unbeachtet blieb, ist von behördlicher Seite kein einziger Versuch gemacht worden, die Richtigkeit meiner Behauptungen zu bestreiten. Im Gegenteil, die höchste zuständige Stelle, der Reichsjustizminister, hat meine Behauptungen mehrmals ausdrücklich bestätigt. Trotzdem ist nicht ein einziger Mörder bestraft worden.«

Nachdem er die erste Fassung seiner Schrift an alle Staatsanwaltschaften Deutschlands einschließlich des Berliner Generalstaatsanwalts verschickt hatte, erklärten diese sich für nicht zuständig. Der Reichsjustizminister bestätigte zwar seine Erhebungen, doch die angekündigte offizielle Reichstagsdenkschrift sollte niemals erscheinen.

Das Vertrauen in eine neutrale Justiz war da schon längst unterhöhlt, und der Vorwurf ihrer politischen Parteilichkeit nicht mehr nur Gegenstand von internen Fachdebatten, sondern weit hinaus in die Öffentlichkeit gedrungen. »Warum versagt die Justiz?« Unter diesem Titel veröffentlichte Ende 1921 der SPD-Abgeordnete im Preußischen Landtag Erich Kuttner eine vernichtende Streitschrift über eine Rechtsprechung, die sich in Widerspruch mit dem demokratischen Staatswesen befände. »Wir erkennen unsere heutige Justiz als ein Überbleibsel des alten Obrigkeitsstaates, beseelt und durchtränkt von seinem Geist, unfähig nach jeder Richtung, das Ideal wirklicher Gerechtigkeit zu erfüllen.« Auf hundert Seiten führte Kuttner den Nachweis, dass sich die deutsche Gerichtsbarkeit nach wie vor am Esprit der kaiserlichen Rechtspflege orientierte, die dem Schutz der Autoritäten mehr verpflichtet sei als der Herstellung von Gerechtigkeit.

Vier Jahre nach Abschaffung der Monarchie saßen in den Amtsstuben Richter und Staatsanwälte, denen ihr vordemokratisches Weltbild nicht über Nacht abhandengekommen war. Für sie waren die politischen Rachefantasien ehemaliger Offiziere oft genug nachvollziehbar, bewegten sie sich doch in ähnlichen Vorstellungswelten. »Unzählige soziale Bande verknüpfen den Mörder-Offizier mit dem Richter, der ihn freisprechen wird, dem Staatsanwalt, der das Verfahren einstellen wird«, schrieb

Emil Julius Gumbel im Schlusswort seiner neuen Broschüre. »Sie sind Fleisch von einem Fleisch, Blut von einem Blut. Der Richter versteht ihre Sprache, ihr Fühlen, ihr Denken. Zart schwingt seine Seele unter der schweren Maske des Formalismus mit den Mördern mit. Der Mörder geht frei aus.«

Das waren die Vorzeichen, unter denen im Oktober 1922 der neue Staatsgerichtshof seinen ersten politischen Prozess bestreiten sollte: das Verfahren um die Ermordung von Reichsaußenminister Walther Rathenau. Wenige Stunden nach den Schüssen in Grunewald hatte Kanzler Wirth im Reichstag verkündet, ein Sondergericht beim Reichsgericht in Leipzig einzurichten. Von dieser Minute an war der neue Gerichtshof Gegenstand heftiger Kontroversen. Richter, Staatsanwälte und Gerichtspräsidenten im ganzen Reich befürchteten eine Politisierung der Justiz, verwahrten sich gegen das Misstrauen der Regierenden gegenüber ihren ordentlichen Gerichten und leugneten die Notwendigkeit, für die strafrechtliche Verteidigung der Republik eine besondere Instanz ins Leben zu rufen. Das Reichsgericht in Leipzig sah sich aus seiner Ruhe gerissen und ins Licht ungebührlicher Debatten gezerrt. Demgegenüber beharrte der Justizminister auf diesem Standort, um der neuen Institution jeden Anschein eines selbstermächtigten »Revolutionstribunals« zu nehmen.

Streit gab es ferner um die Beisitzer aus den politischen Parteien, um den Ausschluss von Deutschnationalen und Kommunisten, und im Mittelpunkt aller Kritik stand die Person des Oberreichsanwalts und Chefanklägers Ludwig Ebermayer, der sich dem Vorwurf des Rechtsdralls wie auch der Linksblindheit ausgesetzt sah. »Die Dreckbomben flogen mir damals unaufhörlich um die Ohren«, erinnerte sich Ebermayer, der nach dem Urteil seines Justizministers in seinem bayerischen Wesen eine selbstgewisse Wurstigkeit mit Furchtlosigkeit kombinierte und daraus eine Überlegenheit gewann, die jedem Fanatismus eine nussknackerische Skepsis entgegensetzte. »Schade, daß ich die unzähligen Schmäh- und Drohbriefe, die ich zu jener Zeit erhielt, stets sofort in den Papierkorb wandern ließ.« Dabei schwankte der Oberreichsanwalt selbst in seiner Loyalität zur Republik. Den Staatsgerichtshof in Leipzig musste der Justizminister gegen Ebernayers Votum durchsetzen.

So warf dieser politische Mordprozess, lange bevor er begonnen hatte, Erwartungen und Fragen von grundlegender Tragweite auf. Wo stand die Demokratie im Kampf gegen ihre Feinde? Wie würde sie sich ihrer Mörder erwehren und ihre Vertreter beschützen? Wer beherrschte die Mehrheiten, wer führte das Wort, wer hatte wirklich die Macht in diesem Staat? Noch einmal stand die Persönlichkeit Walther Rathenaus im Zentrum des politischen Dramas der Weimarer Republik. Noch einmal entzündete sie, die im Leben niemanden kaltgelassen hatte, drei Monate nach seinem Tod die Fantasie und Leidenschaft der Deutschen.

Die großen Zeitungen schickten Sonderkorrespondenten nach Leipzig, um beim politischen Ereignis des Jahres, wenn nicht des Jahrzehnts, vor Ort dabei zu sein. Für die *Neue Berliner Zeitung*, die unter dem Beinamen *12-Uhr-Blatt* erschien, machte sich ein junger Österreicher auf den Weg mit dem Auftrag, während der gesamten Prozessdauer täglich einen Bericht aus dem Gerichtssaal nach Berlin zu kabeln. Joseph Roth war erst zwei Jahre zuvor aus Wien in die Zeitungsmetropole Berlin gekommen und hatte sich in Dutzenden Artikeln vom Stadtreporter zum Star-Reporter emporgeschrieben. Zu den Abnehmern seiner Texte zählten der *Berliner Börsen-Courier*, die SPD-Zeitung *Vorwärts*, das *Berliner Tageblatt*, das *Prager Tagblatt*, die *Frankfurter Zeitung* und eben die *Neue Berliner Zeitung*, die sich nach dem Krieg als Neugründung im linksdemokratischen Spektrum als Boulevardblatt mit Anspruch etabliert hatte.

Der erfahrene Gerichtsreporter Roth wusste um die Zustände in der deutschen Justiz ebenso wie um die Bedrohung des Staates von rechts außen. Seine Ankunft in Berlin war in die Chaosstimmung kurz nach dem Kapp-Putsch gefallen. In seinen Reportagen aus dem Alltag jenseits der Etablierten, bei den Randständigen und Absteigern, den Kranken, Kriegskrüppeln und Verlierern, hatte er ein Sensorium für den Vormarsch der Völkisch-Nationalen ausgebildet, mit dem Jargon der deutschen Offiziere und ihrem staatsfeindlichen und antisemitischen Furor war er wohlvertraut. Die Redakteure seiner Zeitung wussten, warum sie ihn, den Meister des Alltagsdramas, für die Gerichtsreportage vom Leipziger Prozess ausgewählt hatten.

Joseph Roth setzte den Schwerpunkt anders als die meisten Zeitungskollegen, denen er das Feld der politischen Analyse und des feierlichen Kommentars überließ. Seine Haltung war die des Beobachters, dem während der Verhandlung kein Mienenspiel entging und der Seite um Seite mit seinen stenografischen Aufzeichnungen füllte. Manchmal machte er ein Thema nach Art des Boulevardreporters auf, um die Aufmerksamkeit auf das zu lenken, was ihn eigentlich interessierte, die Atmosphäre im Raum, Gesagtes wie Verschwiegenes, Äußerliches und Nebensächliches, worin er den Schlüssel suchte für die Gedankenwelt der Angeklagten, Zeugen, Anwälte, Richter, Wachsoldaten und Zuschauer.

»Um 8 Uhr lebhaftes Gewimmel auf dem herrschaftlich breiten Platz vor dem Reichsgericht; hastende Berichterstatter mit Brieftaschen; schrille Radfahrer; feierliche Polizisten mit Pickelhauben; zur Verstärkung heranziehende Schutzpolizei; Rechtsanwälte in Automobilen und Richter zu Fuß.«

Der Auftakt seiner neunteiligen Serie von Artikeln, die das *12-Uhr-Blatt* meistens auf der Titelseite brachte, schildert im Leipziger Musikviertel den Andrang auf das Reichsgerichtsgebäude, vor dem sich an jedem Morgen Hunderte Schaulustige in langer Reihe aufstellten. Das Bauwerk, in dem der neue Staatsgerichtshof tagte, war von Kaiser Wilhelm II. kurz nach dem Berliner Reichstag im Jahr 1895 eröffnet worden und in vielerlei Hinsicht dessen Ebenbild: in seiner einschüchternden Größe, der historisierenden Stilkombination mit Anleihen aus Antike, Renaissance und Barock, der zentralen Kuppel auf dem wuchtig hingestreckten Baukörper und dem Dreieck des Portalgiebels über den sechs korinthischen Kolossalsäulen. Eine höhere Ironie fügte es, dass nach der Trauerfeier im Berliner Reichstag auch der allerletzte Akt im Drama um den »Märtyrer der Republik« Walther Rathenau in einem Repräsentationsgebäude des untergegangenen Kaiserreichs gegeben wurde.

Durch eine Eingangshalle in Marmor und Stuck, durch Korridore mit symbolbeladenem Dekor schoben sich die Besucher zum großen Sitzungssaal. Kaisergemälde, Wappenschmuck und goldene Kronen über den Richterstühlen beschworen eine Epoche, deren Geist in den nächsten Tagen zur Verhandlung stand. An der Saalwand nahe dem Richtertisch zeigte eine aufgehängte Skizze die Mordstelle an der S-Kurve der Koenigsallee in Berlin-Grunewald. Eine halbe Stunde vor Prozessbeginn war der Zuhörerraum derart überfüllt, dass sich Zuschauer zwischen die Stühle und in die Gänge stellten. Mehr als sechshundert verteilten sich auf zwei Ebenen. Rückwärtig über seinem Reporterplatz beim Richtertisch blickte Roth in der oberen Galerie in ein Gewirr von Köpfen, gereckten Hälsen und offenen Mündern. »Man sieht kein Ende. Dort oben wogt ein Meer menschlicher Sensationsbegier.« Dieser Gier versprach der Prozess gleich dreifache Befriedigung: im Einblick in die fremd-vertraute Persönlichkeit Rathenaus, die nie aufgehört hatte zu faszinieren; im Erschauern über das monströse Verbrechen, Verfolgungsjagd in voller Fahrt, Handgranaten und Maschinenpistole, die Mörder tot im Bett vereint; schließlich in Enthüllungen um die Geheimorganisation Consul, die seit einem Jahr durch Deutschlands Gerüchteküchen waberte und die Neugier des Publikums anstachelte.

Auf einem erhöhten Podium, flankiert von den Verteidigern und eingerahmt von Polizeiuniformen, saßen gegenüber dem Staatsanwalt die Angeklagten, die ein vergittertes Gefängnisauto jeden Morgen durch ein Seitentor zum Gebäude brachte. Dreizehn Männer, deren Anblick den Zuschauern vor Augen führte, wie kindhaft jung sich der mörderische Aufstand gegen die deutsche Republik ausnahm. Kaum älter als zwanzig waren die meisten von ihnen, Roth blickte in bleiche Jungengesichter, »bartlos und ohne Geist, Nasen, die unreif in die Höhe zielen, typische Primanernasen«. Der wegen Beihilfe und Begünstigung angeklagte Gymnasiast Hans Gerd Techow, der Bruder des Mordautofahrers Ernst Werner, war erst 17 Jahre alt, »von einer fast herzbeklemmenden Unfertigkeit, mit runden Bewegungen, wie er sich in der Anklagebank Notizen auf ein Blatt Papier kritzelt; es ist, als säße er in der Schulbank und zeichnete verbotene Dinge, die der Herr Klassenlehrer nicht sehen darf«.

Der Angeklagte Ernst von Salomon, ein paar Tage vor Prozessbeginn zwanzig geworden, beschrieb Jahre später, wie er sich mit zugeschnürter Kehle wie ein ertappter Gassenjunge im Gerichtssaal sitzend fand. »Wir hatten natürlich keine Ahnung von der ganzen juristischen Maschinerie, die Verhandlung rollte ab wie eine Vorstellung im Theater, und es ging um Dinge und Einzelheiten, deren Bedeutung wir gar nicht begriffen.« Durch die Schilderungen in den Zeitungen fühlten sich die Angeklagten dagegen beleidigt, wenn sie da von glatten Gesichtern und sauber gescheitelten Stirnen lasen, von einer Kinderbande entgleister Bürgersöhne. Nicht ernst genommen zu werden war für diese jungen Männer schlimmer als die drohende Todesstrafe. »Wenn man nicht schlagen kann, versucht man lächerlich zu machen«, schrieb Hans Gerd Techow über den Prozess, »hier mußte das Lebensalter herhalten. Dabei handelt es sich bei fast allen Angeklagten um Männer, die das Erlebnis des Krieges und des Novemberverrates in sich trugen.«

Die Anklagen im Leipziger Rathenau-Prozess lauteten im Fall des Autolenkers Ernst Werner Techow auf Mord, in sieben Fällen auf Beihilfe zum Mord wie bei Techows jüngerem Bruder Hans Gerd und bei Ernst von Salomon, in zwei Fällen auf Begünstigung und in drei auf Nichtanzeige eines geplanten Verbrechens wie im Fall von Carl Tillessen. Nicht auf der Anklagebank saßen der ehemalige Kapitänleutnant Manfred von Killinger und der ehemalige Leutnant Friedrich Wilhelm Heinz, die beide nach ihrer Verhaftung wieder auf freien Fuß gesetzt worden waren. Heinz hatte trotzdem, so wie der Ex-Kapitänleutnant und Ehrhardts Münchner Stellvertreter Alfred Hoffmann, die Reise nach Leipzig angetreten und saß im Zuschauerraum, wo er den Prozessverlauf und die Aussagen der Angeklagten mit größter Aufmerksamkeit verfolgte.

Abwesend und dennoch als geheimnisvolles Phantom präsent war der Korvettenkapitän, Brigadegründer und staatlich gesuchte Putschkommandeur Hermann Ehrhardt. Seit seiner Rückkehr aus dem ungarischen Exil führte er in München seine Doppelexistenz als Kaufmann Hugo von Eschwege und Geheimverschwörer Ehrhardt. »Es schien, als ob mein Doppelleben ruhig weiterfließen könnte. Die Spannung, die ich verbrauchen mußte, um mich jeweils umzustellen, tagsüber als Geschäftsführer die Pflichten gegen meine Gesellschaft zu erfüllen oder abends Entscheidungen zu treffen in der Organisation, war nicht so schlimm als das ewige Gehetztsein.« Immer wieder hatten Kriminalbeamte der Reichsbehörden oder Abgesandte des Staatsgerichtshofs versucht, ihm in der bayerischen Landeshauptstadt auf die Spur zu kommen. Seine politischen Bestrebungen hatte er nie aufgegeben, auch wenn seine Bürgerkriegsstrategie mit dem Rathenau-Mord gescheitert war und anschließend auch alle Versuche, mithilfe des Consul-Netzwerks die Attentäter vor dem Zugriff der Polizei zu retten.

Wie schon während der Voruntersuchungen fiel im Gerichtssaal von Leipzig, in den Aussagen der Angeklagten und bei der Rekonstruktion der Tat kaum ein Name öfter als der Hermann Ehrhardts und seiner Organisation. Sämtliche Befragten standen in Beziehung zu seiner Person und seinem Netzwerk, sodass dem Oberreichsanwalt Ebermayer von Beginn an bewusst war, wie weit dieser Prozess über die Aburteilung von ein paar irregeleiteten Bürgersöhnen hinauswies. »Man dachte an die Möglichkeit von Beziehungen zur ›Organisation Consul‹, einer weitverzweigten Verbindung, der der obenerwähnte Korvettenkapitän Ehrhardt nicht fernstand; diese Organisation war verdächtig, von rechts her auf den Umsturz der bestehenden Verhältnisse hinzuarbeiten; eine bis ins einzelne gehende, umfangreiche Untersuchung wurde eingeleitet.«

Zur Verteidigungslinie der Angeklagten gehörte es, die geistige Urheberschaft und praktische Verantwortung für den Mordanschlag den auf Burg Saaleck getöteten Attentätern Kern und Fischer zuzuschieben. Ihre eigene Beteiligung reduzierten sie auf einen völkisch-nationalistischen Gefühlsüberschuss. Am zweiten Prozesstag beobachtete Joseph Roth den Angeklagten Ernst Werner Techow, als der, mit der tödlichen Tatwaffe konfrontiert, im Ton eines amtlichen Gutachters über die Funktionsweise der Bergmann-Maschinenpistole referierte wie über ein beliebiges Küchengerät. »Merkwürdig, daß die Sachverständigkeit des Mörders sofort aufhört, wenn das Thema politisch wird. Da vernimmt man, daß er überzeugt war von Rathenaus Zugehörigkeit zu den 300 Weisen von Zion«, schrieb Roth in seiner Reportage vom 5. Oktober 1922, »vom ›schleichenden Bolschewismus‹ und von der Schädlichkeit des Judentums.« Ernst von Salomon hörte Roth in großen Worten vom Hass schwadronieren, wenn schon nicht auf Rathenau, so doch auf die von ihm verkörperte »Judenregierung«.

Wandte sich die Befragung aber der Organisation Consul zu,

so gaben sich alle Angeklagten zugeknöpft und verweigerten die Aussage mit dem Hinweis auf ihren Eid. »Es wurde uns auferlegt, wir sollten schweigen über die Sachen, die irgendwie etwas anderer Natur sind, daß sie nicht jeder hören soll«, erklärte Ernst Werner Techow offen gegenüber dem Gerichtspräsidenten. »Ihre Weigerung auszusagen hält väterlichen und drohenden Ermahnungen stand«, bemerkte Roth, als sich der Prozess seinem Ende zuneigte. »Das Schweigen der Jungen wird geradezu erbittert.«

»Verräter verfallen der Feme.« – Wie sehr dieses Grundgesetz der Organisation Consul selbst vor dem Staatsgerichtshof in Kraft blieb, zeigte ein Vorfall am Nachmittag des vierten Prozesstages, als der Angeklagte Günther sich plötzlich mitten im Gerichtssaal erbrach und die Verhandlung verlassen musste. In der Nacht kämpften auch Ernst Werner Techow, Carl Tillessen und drei weitere Angeklagte mit Magenkrämpfen, Herzbeschwerden, Erbrechen und Durchfall. Eine Packung mit Schokoladenpralinen, die als Geschenk an Willi Günther im Reichsgericht zugestellt worden war, fanden die Gerichtsmediziner mit tödlichem Arsen versetzt. Günther war jener Tathelfer, der der Polizei in Berlin in die Falle gegangen war, nachdem er mit seiner Mordbeteiligung herumgeprahlt hatte. Seine Aussagen hatten die Ermittler zum Mordwagen, dem Chauffeur Techow und in der Folge zur Identifikation der beiden Täter Erwin Kern und Hermann Fischer geführt. Vor dem Gericht in Leipzig hatte Günther, der dem Oberreichsanwalt als psychopathischer Großsprecher auffiel, bis zu diesem Tag vor den Augen und Ohren der im Zuschauerraum anwesenden O.-C.-Führer mehr ausgeplaudert als alle anderen Mitangeklagten. Ihn wollten sie zum Schweigen bringen, wobei nicht vorgesehen war, dass er die vergifteten Pralinen mit seinen Mitgefangenen teilte. Als am folgenden Prozesstag die erkrankten Angeklagten zur Erholung in ihren Zellen blieben, war auch der Platz von Friedrich Wilhelm Heinz im Zuschauerraum unbesetzt. Er war abgereist, nachdem er mit dem Giftanschlag auf Günther seine Mission beendet sah.

Die Sensationsatmosphäre über dem Rathenau-Prozess in Leipzig bekam durch diese Vergiftungsaffäre einen Zusatz von Geheimnis und Gefahr. Mit noch größerer Spannung fieberte die Prozessgesellschaft auf die Plädoyers und den Urteilsspruch über die Attentäter von Walther Rathenau hin. Am achten Verhandlungstag gegen Mittag schloss die Beweisaufnahme. Gegen 13 Uhr erhob sich der Oberreichsanwalt, seine Amtsrobe und das Barett hoben sich ab als rote Flecken vor dem vergoldeten Eichenpaneel des Sitzungssaals. Für einen feierlichen Augenblick erstarb die gewohnte Begleitmusik aus Stühlerücken, Hüsteln und Murmeln. Ludwig Ebermayer war ein Mann in den Sechzigern, von hagerer Gestalt und kerzengerader Haltung, die Gesichtszüge unter dem grauen Borstenhaar aus dem Hartholz der bayerischen Provinz geschnitzt. Der Chefankläger des Reichs hatte über die Prozessdauer hinweg alle Richter und Verteidiger und auch den zahmen Gerichtspräsidenten an Sichtbarkeit in den Schatten gestellt. Er versteckte sich nicht hinter juristischer Fachgrammatik. Sein Urteil war so scharf wie sein Humor. Der auch nach zwanzig Jahren am Reichsgericht kaum abgeschliffene bayerische Zungenschlag zwang seine Zuhörer zu erhöhter Konzentration.

Dem verstorbenen Walther Rathenau war Ebermayer ein einziges Mal im Leben begegnet, bei einem Festabend in den Berliner Amtsräumen von Justizminister Gustav Radbruch. Kurz zuvor hatte der Außenminister in einem ironisch gefärbten Aufsatz die Abschaffung des Strafrechts gefordert, worüber sich die beiden vor der Ministergesellschaft einen vernehmlichen Schlagabtausch geliefert hatten. »Man kann sich in der Tat keinen größeren Gegensatz denken als diese Männer, von denen der eine nur als einen praktischen Vorschlag deuten konnte, worin der andere lediglich eine Idee und ein Symbol sah«, schloss Gustav Radbruch seine Erinnerung an diese Episode. Als Staatsanwalt Ebermayer im Rathenau-Prozess zu seinem Plädoyer ansetzte, hielt der Sitzungssaal den Atem an.

Der Mord an Rathenau, mit diesen Worten setzte er den Ton seiner Rede, sei als Verbrechen nicht nur an dessen Person, sondern am ganzen deutschen Volk zu betrachten. Dem sei einer seiner besten und fähigsten Köpfe entrissen worden. Rathenau selbst habe in einer prophetischen Äußerung nach dem Erzberger-Mord die Psychologie seiner Mörder aus dem bürgerlichen Mittelstandsmilieu vorgezeichnet. »Ihre Söhne aber, die konservativ erzogen worden seien, würden dann rechtsradikale Reaktionäre der Tat.« Feige und hinterhältig nannte Ebermayer diese Tat, verwerflich die Beweggründe der Täter – Rathenau der Jude, der Verräter, der Volksschädling, der Bolschewist. »Es ist ja nichts zu dumm, daß es nicht in diesen fanatischen Köpfen Widerhall findet.« Für die dreizehn Angeklagten ließ der Oberreichsanwalt weder höheres Motiv noch ehrenhafte Gesinnung

Ludwig Ebermayer

gelten. Der Anschlag auf Rathenau sei nichts als ein gemeiner, ehrloser Mord. »Mit ein paar Strichen charakterisiert er Verworfenheit und Prahlsucht«, beschrieb Joseph Roth den Auftritt Ebermayers. »Wenn der Oberreichsanwalt gegen Techow die Todesstrafe beantragt, senkt sich seine Stimme. Wenn er gegen Günther loszieht, bekommt sie eine laugige Schärfe.« Seine Strafanträge waren hart, doch seine Ausführungen überzeugten die Richter mehr als die Plädoyers der Verteidiger.

Neun Stunden berieten die Mitglieder des Staatsgerichtshofs, bis sie am 14. Oktober 1922 das Urteil gegen die Rathenau-Verschwörer fällten. Drei Lastzüge mit Polizisten waren vor dem Reichsgericht vorgefahren, um die Eingänge und den Anfahrtsweg der Angeklagten gegen die Menschenmenge zu sichern. Jeder Zuschauer musste sich mit Pass und Lichtbild ausweisen, ehe er den stark gesicherten Sitzungssaal betreten durfte. Am Nachmittag trug der Senatspräsident das Urteil vor.

Ernst Werner Techow bekam 15 Jahre Zuchthaus wegen Beihilfe zum Mord und zehn Jahre Verlust der bürgerlichen Ehrenrechte; sein Bruder Hans-Gerd vier Jahre wegen Beihilfe und Begünstigung; Carl Tillessen musste wegen Nichtanzeige eines Verbrechens für drei Jahre ins Gefängnis; Ernst von Salomon erhielt fünf Jahre Zuchthaus und fünf Jahre Ehrverlust; von den übrigen sieben Angeklagten wurden drei freigesprochen, vier bekamen Freiheitsstrafen. Als der vergitterte Wagen mit den Gefangenen vom Gerichtshof fuhr, teilte sich die wartende Menge in eine Gasse aus gellenden Pfiffen auf der einen und Hochrufen auf der anderen Seite.

Wie es der Oberreichsanwalt gefordert hatte, wertete das Gericht das Verbrechen als gemeinen Mord und nicht als ehrenhaft motivierte politische Tat. Den Ermittlern war die genaue Rekonstruktion des Tathergangs mit der Rolle jedes Angeklagten gelungen, und sie hatten damit die Grundlage für die drastischen Haftstrafen geliefert. Der Rathenau-Prozess gegen die dreizehn Angeklagten stellte klar, dass die These vom verirrten Einzeltäter eine bequeme Verharmlosung war. Er schärfte den Blick für die Verknüpfungen zwischen den Beteiligten, die zusammengenommen eine viel größere Wirkung entfalten konnten, als der radikalste Einzelgänger es vermocht hätte. »Es besteht eben eine gewisse Verbindung bei all diesen Gewalttaten, es sind immer dieselben Kreise wieder, aus denen die einzelnen Täter hervorgehen«, sagte Oberreichsanwalt Ebermayer in seinem Plädoyer im Saal des Staatsgerichtshofs. »Sie haben alle eine Menge von persönlichen Beziehungen, sei es von früher her, sei es infolge ihrer Zugehörigkeit zu all den verschiedenen Verbänden. Man hat so unwillkürlich das Gefühl, es handelt sich hier um Glieder einer Kette, um eine gewisse Gruppe, innerhalb deren sich die einzelnen befinden.«

Der rechte Terror in Deutschland, das war die Erkenntnis dieser Leipziger Verhandlung, war viel größer als der Einzelne. Seine Macht beruhte auf Milieus und Mentalitäten, auf gewachsenen Strukturen und Netzwerken, die überall möglich waren und die niemals wieder verschwinden würden. Seine Taktik war die Zerrüttung von Staat und Gesellschaft, sein strategisches Ziel die Herrschaft über das Reich, wie es Ludwig Ebermayer in seiner Anklagerede darstellte: »Es sollte zu einem Bürgerkrieg kommen, in dem jene Kreise mit Waffengewalt auftreten wollten, um sich den Sieg und damit auch die Macht zu verschaffen.«

Trotz dieser erdrückenden Erkenntnisse versäumte es der Staatsgerichtshof jedoch, daraus den naheliegenden Handlungsschritt abzuleiten. Das Urteil gegen die Rathenau-Attentäter, so hart es im Einzelfall war, beschränkte sich auf die Schuldbewertung der einzelnen Angeklagten, ohne das Verfahren auf den dahinter agierenden rechtsextremen Geheimbund auszudehnen. Die Organisation Consul, so häufig ihr Name in diesem Prozess zur Sprache kam, so auffällig sich die Angeklagten dem Komplex verweigerten, so unübersehbar sie sich mit einem Giftanschlag im Gerichtssaal zu erkennen gegeben hatte, blieb als Gegenstand aus der Verhandlung ausgeklammert. Oberreichsanwalt Ebermayer beließ es in seinem Plädoyer dabei, organisierte Verbindungen im Hintergrund anzudeuten, um diese im gleichen Atemzug für nicht feststellbar zu erklären. »Ich habe noch nicht einmal die subjektive Ansicht, daß es so ist, wie die Gerüchte wissen wollen.«

Im Urteil des Leipziger Staatsgerichtshofs spielte die Tatsache einer verschworenen Untergrundorganisation gegen die Republik, in deren Auftrag Kern und Fischer, Techow und von Salomon gehandelt hatten, keine Rolle. Die Chance des Rechtsstaats auf den großen Gegenangriff war verspielt.

Zwei Jahre später bot sich die Gelegenheit, dieses Versäumnis am selben Ort nachzuholen. Der bereits im Zuge der Erzberger-Mord-Ermittlungen von 1921 durch die badische Staatsanwaltschaft angestrengte Prozess gegen Dutzende Mitglieder der Organisation Consul wegen des Vorwurfs der »Geheimbündelei« war immer wieder aufgeschoben worden. Mit Berufung auf das neue Reichsschutzgesetz zog der Oberreichsanwalt dieses Verfahren an sich und brachte es im Oktober 1924 am Leipziger Staatsgerichtshof zur Verhandlung.

Noch in seinen Ausführungen beim Rathenau-Mordprozess hatte Chefankläger Ludwig Ebermayer das Walten der geheimen Terrororganisation lediglich andeuten, nicht aber vertiefen wollen. Nun erwarteten die Kritiker der deutschen Justiz, von Emil Gumbel bis zu Erich Kuttner, die in zahlreichen Pamphleten die Verantwortungslosigkeit der Juristenkaste angeprangert hatten, dass dieser Nachweis endlich geführt werde. Die Vorgänge in der Republik seit der Ermordung Walther Rathenaus gaben keinen Anlass, die Bedrohung von rechts für überwunden zu halten.

Vieles war passiert in Deutschland seit dem Sommer 1922. Vier Reichskanzler – Wirth, Cuno, Marx und Stresemann – waren im Stakkato der kaum beherrschbaren Ereignisse gekommen und gegangen. Das Katastrophenjahr 1923 begann mit dem Einmarsch von 60 000 französischen Soldaten ins Ruhrgebiet, nachdem sich die Lieferung von Reparationen verzögert hatte. Die deutsche Bevölkerung leistete über Monate aktiven und passiven Widerstand gegen die Besatzer, in dessen Verlauf sich die Wirtschafts- und Ernährungskrise verschärfte und die entfesselte Hyperinflation aus dem Ruder lief. Kommunistische Aufstände in Sachsen und Thüringen bedrohten die Republik von links. In München brach ein rechter Putschversuch des Nationalsozialisten Adolf Hitler am 9. November 1923 unter den Kugeln der Polizei zusammen. Hitler hatte den General Erich Ludendorff, einen der Väter der Dolchstoßlegende, an seiner Seite. Der anschließende Hochverratsprozess endete für Hitler mit fünf Jahren Festungshaft und für Ludendorff mit Freispruch.

Erst im Jahr 1924 regten sich Zeichen für eine Stabilisierung der inneren und äußeren Lage. Die neu eingeführte Rentenmark brachte die Inflation unter Kontrolle, während sich im Dawes-Plan die Deutschen mit den Alliierten auf einen Ausweg aus dem Reparationsdilemma verständigten. Sechs Jahre nach ihrer Gründung begann die taumelnde Republik langsam Boden unter den Füßen zu gewinnen. Eine Generalabrechnung der deutschen Justiz mit den mörderischen Feinden der Demokratie konnte in dieser Lage ein unübersehbares Signal in die Gesellschaft senden.

Oberreichsanwalt Ebermayer aber, der Chefankläger am Staatsgerichtshof, delegierte die Vertretung der Anklage an einen Stellvertreter, anstatt den losen Faden seiner Andeutungen im Rathenau-Prozess aufzunehmen und straff zu spannen. Der Reichsanwalt Emil Niethammer, der früher fast zwanzig Jahre im Justizdienst des Kaiserreichs gestanden und im Weltkrieg als

Offizier gekämpft hatte, sympathisierte mit der Sache der Angeklagten weit mehr als mit den Anliegen der Republik. Die Anklageschrift gegen 26 Mitglieder der Organisation Consul, darunter Hoffmann und von Killinger, liest sich wie das leidenschaftliche Plädoyer eines Verteidigers. Auf 151 Seiten desavouiert sie alle Belastungszeugen, leugnet den konspirativen Geist der Organisation und jede hochverräterische Absicht, verharmlost ihren militärischen Charakter und ihre geheimen Statuten und betont stattdessen die patriotische Gesinnung der im Kampf um die Heimat bewährten Ehrhardt-Truppen. Niemals habe die O. C. über Waffen verfügt, niemals auf den Umsturz hingearbeitet, sondern nur auf den Zweck, die deutschen Grenzen in Oberschlesien zu verteidigen. Den Vorwurf einer »Mörderorganisation Consul« erklärte sie als Auswuchs von Irrtümern, Fälschungen und Übertreibungen.

»Der Stoff wurde geprüft; auch dem unwahrscheinlichsten wurde bis an die Wurzel nachgeforscht. Das Ergebnis war, daß nicht der geringste tatsächliche Anhalt übrig blieb.« Selten in der Rechtsgeschichte hat sich eine Anklagebehörde erst von ihrem eigenen Vorwissen distanziert und dann auch noch offen auf die Seite der Angeklagten geschlagen. Die Verteidiger waren überrascht, wie weit ihnen die Staatsanwaltschaft die Arbeit abnahm. Unter dem Schriftstück dieser Anklage steht in schwungvoller Handschrift der Name »Ebermayer«.

Der Leipziger Prozess wegen Geheimbündelei, der drei Jahre Vorbereitung in Anspruch genommen hatte, war nach drei Tagen abgeschlossen. Der Staatsgerichtshof, auch wenn er über die absurd niedrigen Strafanträge von Reichsanwalt Niethammer hinausging, sah die Verbindungen der Organisation Consul zu den Anschlägen auf Erzberger, Scheidemann und Rathenau als nicht erwiesen an. Die Richter verurteilten Hoffmann und von Killinger zu je acht Monaten und 14 andere Angeklagte zu sechs Monaten Gefängnis. Keiner von ihnen musste die Haft antreten, in Vorwegnahme einer bald in Kraft tretenden Amnestie. Die juristische Aufarbeitung der Terrorserie war mit der höchstrichterlichen Feststellung abgetan, dass es eine Mordorganisation Consul wohl niemals gegeben habe.

Wo nun alles ohne Folgen bleiben sollte, konnte sich Friedrich Wilhelm Heinz im Rückblick einen zynischen Schlusssatz unter seine jahrelange Konspirationstätigkeit nicht verbeißen. »Da das Reichsgericht als die höchste Rechtsinstanz des deutschen Volkes bekanntlich nicht zu irren vermag, muß auch der Verfasser notgedrungen sich zur Auffassung bekennen, daß seine Tätigkeit in den Jahren 1920 bis 1923 nur ein Traumerlebnis darstellt.« Wer mit den Republikgegnern nicht sympathisierte, schwankte zwischen Unglauben und Resignation. Ein Berliner Zeitungskommentator hatte in Leipzig einen Prozess eher für als gegen die Organisation miterlebt. »Fast sah es so aus, als walte über dem Ganzen eine Regie, die mit aller Kraft danach strebe, dem großen Geheimbund der Ehrhardt-Leute vor der deutschen Öffentlichkeit zu einer glänzenden Rechtfertigung zu verhelfen.«

Tatsächlich hatte der oberste Ankläger des Reiches Ludwig Ebermayer, indem er seinem Stellvertreter in diesem entscheidenden Prozess die Anklageführung überließ, einen politisch motivierten Plan verfolgt. Nach aufgeladenen Monaten mit Ruhrkrieg, Kommunistenaufstand und Hitlerputsch setzte er darauf, die Republik mit ihren rechten Feinden zu versöhnen, anstatt sie noch stärker gegen sich aufzubringen. In einem konfrontativen Verfahren hätten die Angeklagten mit außenpolitisch heiklen Enthüllungen aufwarten können, da die Republik selbst in die Aktivitäten der Organisation Consul verstrickt war. Reichswehr und Regierung hatten sie mit Geldmitteln für Geheimdienst- und Freikorpseinsätze gegen Frankreich und Polen unterstützt. Doppelt unklug schien es, sich mit den nationalen Kräften anzulegen, da man vielleicht noch einmal auf sie angewiesen sein würde. Innerer Friede statt alter Rechnungen, wie Ebermayer seine Absichten dem Justizminister in einem Brief erläuterte: »Ein Urteil, das versöhnend wirkt, hilft der Republik mehr.«

So einfach war es, den Republikschutz zugunsten einer taktischen Annäherung an die Republikgegner zu kassieren. Zwei Jahre nach seiner Gründung hatte der Staatsgerichtshof seinen Auftrag zur Verteidigung der Demokratie aufgekündigt.

Die Geister der Villa Rathenau

Dienstag, 24. Juni 1924, am Morgen, am Mittag

Wieder ein grauer Juni in Berlin, an dem die Wolken tief über der Stadt aufgehängt sind. Heute ist der zweite Jahrestag des Grunewald-Attentats, den die Demokraten als »Rathenau-Tag« begehen. Seit dem frühen Morgen sind an Rathenaus Grab auf dem Waldfriedhof in Oberschöneweide zwei Männer der Frontkämpfergruppe der Republikanischen Partei als Ehrenwache angetreten. Durch die Berliner Straßen fahren Lastautos mit schwarz-rot-goldenen Fahnen und aufgespannten Bannern, darauf der Name »Rathenau«, in Richtung Oberschöneweide. Nach und nach kommen an die fünftausend Menschen hier heraus in die AEG-Vorstadt Berlins.

Zwei Jahre, in denen viel passiert ist. Vor 18 Monaten musste Joseph Wirth von seinem Amt als Reichskanzler zurücktreten, nachdem es ihm nicht mehr gelungen war, eine große Koalition zu bilden. Den Rückhalt des Reichspräsidenten hatte er verloren, und seine Erfüllungspolitik gilt als gescheitert. Hugo Stinnes, der Industriebaron aus Mülheim, ist vor zwei Monaten nach einer missglückten Gallenoperation unvermittelt verstorben. Genau wie Rathenau wurde er 54 Jahre alt. Ebenfalls seit zwei Monaten tot ist Karl Helfferich. Er starb beim Zusammenstoß zweier Eisenbahnzüge im schweizerischen Bellinzona. Den Vorwurf, für Rathenaus Tod verantwortlich zu sein, ist er nicht mehr losgeworden. Immerhin haben seine Vorschläge zur Bewältigung der Hyperinflation bei der Einführung der Rentenmark noch eine Rolle gespielt.

Hermann Ehrhardt ist im November 1922 in München schließlich doch verhaftet worden, aber seine Anhänger haben ihm schon bald zur Flucht aus dem Untersuchungsgefängnis in Leipzig verholfen. Er wird nie in seinem Leben vor Gericht stehen. Seine Münchner Vermieterin – und spätere Ehefrau – Margarete Prinzessin zu Hohenlohe lässt er dagegen zurück in den Händen der Leipziger Justiz, die die Prinzessin wegen Begünstigung Ehrhardts und Meineids für ein halbes Jahr ins Gefängnis schickt.

Manfred von Killinger ist nach dem missglückten Hitler-Putsch in München 1923 zurück zur Familie und seiner Frau Gertrud nach Sachsen gezogen, wo er den Bauernhof des Vaters übernimmt, weitere Kinder bekommt und sich an die Spitze des sächsischen »Bunds Wiking« setzt, einer rechtsradikalen Nachfolgeorganisation der aufgelösten Organisation Consul.

Friedrich Wilhelm Heinz ist mittlerweile Ziviloffizier der Reichswehr, ebenfalls Funktionär im »Bund Wiking« und führendes Mitglied der nationalsozialistischen SA. Ernst von Salomon und Ernst Werner Techow sitzen weiter in Haft wegen ihrer Beteiligung am Rathenau-Mord.

Auf dem Waldfriedhof Oberschöneweide legt Mathilde Rathenau einen Strauß dunkelroter Rosen, die Lieblingsblumen ihres Sohnes, auf das Grab. Wenig später lässt Reichspräsident Friedrich Ebert einen Eichenkranz mit einer Schleife in den Nationalfarben zu den vielen anderen Kranzgebinden legen, es ist ein Teppich in Schwarz-Rot-Gold. Um 8 Uhr beginnen die Ansprachen am Grab, ein Chor singt, bis als Letzter Philipp Scheidemann an der Reihe ist. Er sagt ein paar Worte, er erinnert an das, was Rathenau nicht mehr habe vollenden können, dann ruft er ein Hoch auf die Deutsche Republik. Trotzig steigt das Echo aus einigen hundert Kehlen.

In der *Frankfurter Zeitung* erscheint an diesem Morgen ein Artikel von Joseph Roth, dem damaligen Leipziger Prozessreporter, der anlässlich des heutigen Todestages einen Besuch im »Rathenau-Museum« in dessen früherem Wohnhaus in der Koenigsallee 65 in Berlin-Grunewald unternommen hat. Mathilde Rathenau hat die unbewohnte Stadtvilla in der Zwischenzeit an den deutschen Staat übergeben mit der Auflage, darin ein Gedenkmuseum für ihren Sohn einzurichten. Wer es besichtigen will, muss allerdings zuvor beim Innenministerium im Büro des Reichskunstwarts Edwin Redslob, der vor zwei Jahren die Trauerfeier im Reichstag organisiert hat, eine Erlaubnis einholen. Wohl aus diesem Grund kommen nicht allzu viele her, um zu sehen, wie der berühmte Mann gelebt hat.

»Er hat wunderbar gelebt«, stellt Roth gleich fest, als er das Haus betritt und durch die Räume streift, das repräsentative Untergeschoss mit dem großen Arbeitszimmer und Schreibtisch, das private Obergeschoss mit Schlafzimmer, Waschraum und noch mal Arbeitszimmer und Schreibtisch in klein. Seltene Gegenstände sieht der Besucher, Antiquitäten, nutzlose, zarte, erhabene Dinge, alles instinkt- und geschmackssicher arrangiert. Hier hat das Exotische seinen Platz genauso wie das Vertraute, nichts verwirrt, nichts stößt sich ab. »Allen Dingen, den Büchern, den Schränken, den Tischen ist der verborgene geheime Rhythmus der natürlichen Ordnung zärtlich und liebevoll entlockt.« Dazwischen hängen die von Rathenau selbst gemalten Bilder. Das ganze Haus kommt Joseph Roth wie ein fein ausbalancierter Organismus vor.

Viele Bücher sieht er hier, edle Bücher, es fehlt kaum ein Name der Geistesgeschichte, es gibt zahlreiche Bücher mit persönlicher Widmung voll Achtung und Ergebenheit. Ein großer Kopf im ständigen Austausch mit den Gehirnen der Gegenwart. Mehrmals stößt Roth auf Ausgaben der Bibel, im Schrank und auf dem Schreibtisch und über dem Bett sogar. Hier ist das Neue Testament im griechischen Text, da die Übersetzung von Luther, zum Vergleich nebeneinandergelegt, an den Rand hat Rathenaus Hand Pfeile und Fragezeichen gekritzelt. Auf einem anderen Tisch findet Roth jüdische Texte und Gesangbücher. »Durch das ganze Haus und durch das ganze Wesen dieses Mannes ging dieser versöhnende Geist«, bemerkt er an dieser Stelle. »Es weht ein starker Akkord der Versöhnlichkeit durch die Bücher, die er las und schrieb.«

Ganz sich selbst überlassen ist der Reporter Roth in der Villa nicht. Rathenaus ewiger Diener hat ihm die Tür aufgemacht, führt ihn umher und erzählt ihm kleine Anekdoten von seinem Dienstherrn. Hermann Merkel wohnt zwar nicht mehr hier mit seiner Familie, dafür hat ihn der Staat angestellt als Führer durchs Rathenau-Haus. Er blättere gelegentlich in dessen Büchern, gibt er zu. »Ich verstehe nicht alles. Aber ich denke mir: Auch wenn man nicht alles versteht – dümmer wird der Mensch auf keinen Fall davon.« Ein halbes Leben mit Rathenau muss abfärbend gewirkt haben, wenn selbst der Diener in Sentenzen spricht.

Auf dem Schreibtisch im oberen Stockwerk entdeckt Roth ein Buch über die deutsche Jugend. Vier Jahre vor seinem Tod hatte Walther Rathenau ein Buch an Deutschlands Jugend geschrieben, in dem er alle Hoffnung in die Jungen setzte, die es einmal besser machen sollten als seine eigene, gescheiterte Generation. »Er überschätzte den Teil der deutschen Jugend, dessen Opfer er wurde«, fällt dem Besucher dazu ein. Die drei Männer, die ihn seinerzeit in der nächstgelegenen S-Kurve ermordet hatten, waren 20, 24 und 26 Jahre alt. Nach seinem Besuch geht Joseph Roth zu Fuß ein paar hundert Meter weiter an genau der Stelle vorbei, wo es damals passiert ist, Koenigsallee Ecke Erdener Straße und Wallotstraße. »Es ist nicht wahr, daß jeder Mord ein Mord ist. Dieser hier war ein tausendfacher, nicht zu vergessender, nicht zu rächender.«

Gegen Mittag begrüßen sich in der Rathenau-Villa die Kuratoriumsmitglieder der Walther-Rathenau-Stiftung, Reichspräsident Ebert ist darunter und auch Mathilde Rathenau. Sie beschließen, eine neue Gesellschaft einzurichten, die seine kulturellen Werte pflegen und seine politischen und wirtschaftlichen Visionen vertiefen soll. Damit wollen sie das Andenken Walther Rathenaus im deutschen Volk wachhalten.

Die Wiederkehr in Bildern

Korvettenkapitän Hermann Ehrhardt, um 1917

In der kaiserlichen Marine kultivierten die Seeoffiziere ihr Selbstbild als Elite der Nation. Nach der unerwarteten Niederlage im Weltkrieg traf sie der Untergang ihrer Weltordnung besonders schwer. Alles, wofür sie gelebt hatten, schien mit der Revolution von 1918 dahin. Männer wie Ehrhardt, die an ihren soldatischen Werten und Überzeugungen festhielten, fanden nichts davon in der demokratischen Gesellschaft der Weimarer Republik wieder. Unbeirrt arbeitete er mit allen Mitteln daran, diese Veränderungen rückgängig zu machen.

Anders Breivik, Selbstdarstellung aus seinem Manifest »2083: A European Declaration of Independence«, 2011

Wie ein Soldat auf den Kriegsfall hat sich Anders Breivik in einem jahrelangen Prozess der emotionalen Abstumpfung und Vereisung auf seine Taten vom 22. Juli 2011 vorbereitet, bei denen er 77 Menschen tötete. Zuvor war er zu dem Schluss gekommen, dass alle friedlichen Mittel für die Verteidigung Norwegens gegen die multikulturelle und islamische Invasion ausgeschöpft seien. »Ich habe in Notwehr gehandelt, im Auftrag meines Volkes, meiner Stadt, meines Landes.«

Freikorps Roßbach in Wismar, März 1920

Freibeuter, Landsknechte, Sprengstoff – die Freiwilligen in den mehr als 350 deutschen Freikorpsverbänden gefielen sich in ihrer Pose als rücksichtslose Aufräumer, als härtester Kern der Nation. Sie gehorchten nur dem Wort ihres Anführers und den Gesetzen des Kampfes, immer mit einem Bein jenseits des Erlaubten. Gefahr und Gewalt gehörten unbedingt zu diesem Lebensstil. Eine Welt von Männern für Männer. Frauen, Kinder und Zivilisten existierten darin nicht.

Wehrsportgruppe Hoffmann, 1981

Die paramilitärische Strzelec-Gruppe, Polen 2014

Die Kampfsportgruppe Noricum, 2018

Der Freikorpsgeist hat nichts eingebüßt von seiner Anziehungskraft auf rechtsextreme Männerbünde. Einschüchternde Gestalten in Uniformierung – die Beine fest in den Boden gestemmt, richten sie den Blick herausfordernd nach vorn, ins Unbedingte. Fern und fremd sind ihnen die Gesetze und Kompromisse des Staates, der Demokratie und der bürgerlichen Welt.

Karl Helfferich (links), Paul von Hindenburg und Erich Ludendorff, November 1919

Im Postkartenstil posierten Politiker der Rechten mit populären Gegnern der Demokratie, ein Schulterschluss, von dem beide Seiten profitierten. Der deutschnationale Helfferich, der sich hier mit der Prominenz zweier Feldherren schmückte, eroberte einen Sitz im Deutschen Reichstag und wurde zum Wortführer der Rechten. Hindenburg und Ludendorff machten mit Helfferichs Hilfe die Legende vom Verrat am deutschen Heer durch finstere Verschwörer salonfähig. Später putschte Ludendorff an der Seite von Adolf Hitler gegen die Republik. Noch später ernannte Hindenburg als Reichspräsident Hitler zum Reichskanzler. Damit war die Republik endgültig erledigt.

Björn Höcke (links) mit Pegida-Funktionären beim Trauermarsch in Chemnitz, 1. September 2018

Ursprünglich galt in der rechtskonservativen AfD der Beschluss, die Parteilinie sei mit den fremdenfeindlichen Parolen der Pegida-Bewegung unvereinbar. Nach dem tödlichen Messerangriff zweier Asylbewerber in Chemnitz marschierten beide Gruppen zum ersten Mal in einer gemeinsamen Demonstration miteinander. Indem sich Thüringens AfD-Vorsitzender Höcke offen an der Seite von Pegida-Gründern wie Siegfried Däbritz (Mitte) und Lutz Bachmann (rechts) zeigte, wertete er sie auf und nutzte zugleich die Stimmung für seine politische Agenda gegen die Flüchtlingspolitik der Regierung. Die Bewegung von der Straße und der politische Arm im Parlament treten zusammen auf.

Männer der Marinebrigade Ehrhardt beim Kapp-Putsch in Berlin, März 1921

In ihren Schriften und Liedern verbreiteten rechte Freikorps wie die Brigade Ehrhardt das Feindbild vom »Volksverräter«. Danach hätten demokratische Politiker wie Finanzminister Erzberger, Reichskanzler Wirth oder Außenminister Rathenau die deutsche Nation an ausländische Mächte verkauft. In ihren Hassversen, die sich über ganz Deutschland verbreiteten, reimten sie »Erzberger« auf »Erzverderber«, »Rathenau« auf »gottverfluchte Judensau« und »Haut immer feste auf den Wirth, haut seinen Schädel, dass er klirrt!«. Erzberger und Rathenau wurden von Veteranen der Ehrhardt-Brigade ermordet.

Pegida-Demonstration in Dresden, 12. Oktober 2015

»Volksverräter« steht auf dem Gerüst des symbolischen Galgens, den ein Pegida-Demonstrant während des Marsches in die Höhe hielt. Die Schlingen sind »reserviert« für den SPD-Vorsitzenden und späteren Außenminister Sigmar Gabriel und die Bundeskanzlerin und CDU-Vorsitzende Angela Merkel. Ein Händler aus dem Erzgebirge vertrieb später Nachbildungen im Miniaturformat, bis ein Gericht dies untersagte. Der Kläger Sigmar Gabriel hatte argumentiert, der Galgen sei ein Aufruf zur Lynchjustiz.

Trauerakt für Außenminister Rathenau im Reichstag, 27. Juni 1922

Nicht nur in der Hauptstadt Berlin, sondern im ganzen Deutschen Reich zogen Millionen Menschen durch die Straßen, um für den ermordeten Außenminister und gegen rechtsradikalen Terror zu demonstrieren. Erst sein gewaltsamer Tod machte Walther Rathenau, der in Deutschland nie wirklich beliebt gewesen war, zur Symbolfigur der Demokratie. In diesen Tagen zeigte die Republik, wie viel Entschlossenheit und Widerstandskraft sie gegen ihre Todfeinde zu mobilisieren vermochte.

Laut Erhebungen des Statistikers Emil Julius Gumbel waren bis zu diesem Tag in den ersten vier Jahren der Weimarer Republik 354 politische Morde von rechts begangen worden.

Trauerfeier für Regierungspräsident Lübcke in der Kasseler Martinskirche, 13. Juni 2019

Als pragmatischer Macher im Flüchtlingsjahr 2015 hatte sich der hessische CDU-Politiker Walter Lübcke viele Feinde auf der rechten Seite eingehandelt. Ihren Beschimpfungen, unter denen auch Aufrufe zum Lynchen waren, setzte er die Grundwerte seines Landes entgegen. »Und wer diese Werte nicht vertritt, kann dieses Land jederzeit verlassen.« Dieser Satz, geäußert auf einer Bürgerversammlung, vielfach gepostet, geteilt und kommentiert, kostete ihn vier Jahre später das Leben. Das Attentat auf Lübcke ist der erste rechtsextrem motivierte Mord an einem bundesdeutschen Politiker.

Nach Recherchen der Amadeu Antonio Stiftung forderten rechtsradikale Tötungsdelikte in Deutschland seit dem Wendejahr 1990 bis zum Anschlag in Hanau im Februar 2020 208 Todesopfer.

Joseph Wirth (Zentrumspartei),
zweimal Reichskanzler: 1921 und 1921–1922

Zu Unrecht gilt Wirth als der Erfinder einer der bekanntesten Krisenformeln des Parlamentarismus. Mit den Worten »Der Feind steht rechts!« hatte nämlich schon Jahre vor ihm der SPD-Politiker Philipp Scheidemann an öffentlicher Stelle gewarnt. Am 22. Juni 1922, nur Stunden nachdem Walther Rathenau ermordet worden war, rief Wirth in den voll besetzten Reichstag dann sein »Dieser Feind steht rechts!«. Er löste damit einen Tumult bis in seine eigene Partei aus. Seither ist der Satz in zahlreichen Variationen zum vielbeschworenen Menetekel der deutschen Demokratie geworden.

»Dieser Feind steht rechts.«
Peter Tauber, CDU
19.6.2019 in Die Welt

»Der Feind der Demokratie steht heute nicht irgendwo, sondern rechts.«
Sigmar Gabriel, SPD
27.6.2019 im Bundestag

»Dieser Feind steht rechts!«
Rolf Mützenich, SPD
19.10.2019 im Bundestag

»Der Feind sitzt rechts!«
Ralf Stegner, SPD
19.2.2020 im Landtag Schleswig-Holstein

»Ja, der Feind steht rechts.«
Armin Laschet, CDU
20.2.2020 bei »Maybrit Illner«/ZDF

»Der Feind steht rechts.«
Saskia Esken, SPD
26.2.2020 in Vilshofen

»Der Feind unserer Demokratie steht in diesen Tagen rechts.«
Ralph Brinkhaus, CDU
5.3.2020 im Bundestag

»Der Feind steht heute rechts.«
Bodo Löttgen, CDU
12.3.2020 im nordrhein-westfälischen Landtag

Die Anklagebank im Mordprozess Rathenau, Oktober 1922

Keine drei Monate nach der Tat verhandelte der neu errichtete Staatsgerichtshof von Leipzig gegen dreizehn Männer eines Geheimbundes wegen ihrer Verstrickung in das Rathenau-Attentat. Dem Gericht gelang eine lückenlose Aufarbeitung sowohl des Tathergangs als auch der jeweiligen Beteiligung der Angeklagten, die zu teils hohen Haftstrafen verurteilt wurden. Die Rolle der geheimen Terrororganisation Consul jedoch, deren auf vielen Ebenen gespanntes Netzwerk die eigentliche Gefahr für den republikanischen Staat darstellte, blieb aus den Verhandlungen ausgeklammert. Ein Versäumnis, das sich nicht wieder auffangen ließ.

Die Hauptangeklagte Beate Zschäpe im NSU-Prozess
am Tag der Urteilsverkündung, 11. Juli 2018

Mit fünf Jahren Dauer war es das größte und längste Verfahren wegen Rechtsterrors in der deutschen Geschichte. Zur Verhandlung standen zehn rassistisch und staatsfeindlich motivierte Mordfälle, drei Sprengstoffanschläge und 15 Raubüberfälle. Für Beate Zschäpe, die einzige Überlebende des NSU-Trios, lautete das Urteil auf lebenslange Haft, für die vier Mitangeklagten auf mindere Gefängnisstrafen. Unbeantwortet blieben viele Fragen nach dem Unterstützernetzwerk, das den Tätern ihr Leben im Untergrund ermöglichte, nach Gesinnungsgenossen und Hintermännern sowie nach der Rolle der Geheimdienste.

Gedenkstein für Hermann Fischer und Erwin Kern auf dem Dorffriedhof von Saaleck, um 1933

In rechten Kreisen bot die Flucht und das Ende der Rathenau-Attentäter auf Burg Saaleck Stoff für sentimentale Nachrufe und einen langlebigen Märtyrer-Mythos. Im Sommer 1933 weihte eine Festgesellschaft in Anwesenheit von Korvettenkapitän Hermann Ehrhardt eine Ehrentafel am Burgturm ein. Auf dem Friedhof von Saaleck stifteten prominente Nationalsozialisten einen wuchtigen Gedenkstein für ihre »Vorkämpfer«. Die Inschrift verschwand zwar in der DDR-Zeit, doch nach der Wende wurde der Steinblock erneut zum Wallfahrtsort der Altrechten und Neonazis, bis eine Einheit der Bundeswehr im Jahr 2000 das Denkmal abräumte.

»Ersatzgedenkstein« für Fischer und Kern auf dem Friedhof von Saaleck, Juli 2012

Zwölf Jahre nach der Räumung sind Fischer und Kern wieder da, ihre Namen in Runenschrift eingemeißelt auf einem mächtigen Findling. Aus Anlass ihres 90. Todestages am 17. Juli 2012 haben ihn Unbekannte in der Nacht auf den kleinen Friedhof von Saaleck geschleppt. Bemerkt haben ihn, in frischem Blumenschmuck, die Polizeibeamten, deren besonderes Augenmerk der Friedhof alljährlich um dieses Datum herum genießt.

Erkennungsdienstliche Fotos von Angehörigen der Organisation Consul, Polizei München, September 1921

Der Plan des Geheimbundes sah vor, mit einer Serie von politischen Morden das Land zu destabilisieren und in einen Bürgerkrieg zu stürzen. Im Anschluss wollte die O. C. gemeinsam mit der Reichswehr den Aufruhr niederschlagen, die Macht übernehmen und Deutschland in eine rechte Diktatur verwandeln.

Christchurch-Attentäter Brenton Tarrant vor Gericht, 16. März 2019

Kurz vor seinem Anschlag im neuseeländischen Christchurch, bei dem er 51 Menschen ermordete, stellte Tarrant sein Manifest »Der große Austausch« online. Ziel seiner Attacke sei es, gewaltsamen Aufruhr zu provozieren: »Um ein Klima von Angst und Umsturz zu schaffen, das drastische und kraftvolle umstürzlerische Aktion ermöglicht.«

Mitglied der »Revolution Chemnitz« auf dem Weg zum Generalbundesanwalt in Karlsruhe, 1. Oktober 2018

Laut Ermittlungen des Generalbundesanwalts wollte die Gruppe die Geschichte Deutschlands verändern, indem sie mit Terrorangriffen auf Ausländer und Vertreter der Zivilgesellschaft eine Revolution herbeiführt, durch die sich der demokratische Staat abschaffen ließe.

Mitglied der mutmaßlichen Terrorzelle »Gruppe S.«, 14. Februar 2020

Kurz vor ihrer Festnahme hatten die zwölf Männer den Plan gefasst, eine Serie von Anschlägen auf Moscheen in Deutschland zu verüben. Ihre Taten sollten Gegengewalt entfachen und so eine Kettenreaktion bis zum Bürgerkrieg auslösen – den dann das Militär beenden würde.

Zitatnachweise

Verlierer

12 *»Wir werden als Beute«:* Götz Kubitschek, Rede vom 10.4.2017 bei einer Pegida-Veranstaltung in Dresden.

14 *»Dieser Mensch höhnte mich noch«:* Friedrich Freksa (Hg.), *Kapitän Ehrhardt. Abenteuer und Schicksale. Nacherzählt von* ***, Berlin 1924, S. 27.

14 *»Der Kaiser brauchte Seekadetten«:* Freksa, *Kapitän Ehrhardt,* S. 28.

15 *»Wie ein elektrischer Schlag«:* Freksa, *Kapitän Ehrhardt,* S. 36.

17 *»Wir waren besiegt«:* Heinz Flügel, Wir träumten vom verborgenen Reich, in: Rudolf Pörtner (Hg.), *Alltag in der Weimarer Republik,* Düsseldorf/Wien/New York 1990, S. 175.

18 *»Aber der Verwesungsprozeß«:* Freksa, *Kapitän Ehrhardt,* S. 75.

20 *»Aber trotzdem man es nach diesen Feststellungen«:* Rudolf Mann, *Mit Ehrhardt durch Deutschland. Erinnerungen eines Mitkämpfers von der 2. Marinebrigade,* Berlin 1921, S. 5.

22 *»Mit 16 Jahren Kriegsfreiwilliger«:* Friedrich Wilhelm Heinz, *Die Nation greift an. Geschichte und Kritik des soldatischen Nationalismus,* Berlin 1933, S. 5.

22 *»Der alte Staat«:* Friedrich Wilhelm Heinz, *Sprengstoff,* Berlin 1930, S. 8.

24 *»Aufrufe von Friede«:* Heinz, *Sprengstoff,* S. 25.

25 *»Hier wurde erstmals Todesangst«:* Günther Gründel, *Die Sendung der Jungen Generation. Versuch einer umfassenden revolutionären Sinndeutung der Krise,* München 1932, S. 35.

28 *»Der äußerste Schmerz«:* Ernst von Salomon, *Die Kadetten,* Reinbek bei Hamburg 1979, S. 222 f.

29 *»Alles schal und leer«:* Ernst von Salomon, *Die Geächteten,* Reinbek bei Hamburg 1962, S. 26 f.

31 *»Rathenau wurde Wiederaufbauminister«:* Sebastian Haffner, *Geschichte eines Deutschen: Erinnerungen 1914–1933,* Stuttgart 2000, S. 49.

Heimat

35 *»Volk hat mit Abstammung zu tun«:* Alexander Gauland, Eröffnungsrede vom 30.6.2018 beim 9. AFD-Parteitag in Augsburg.

38 *»Am Tage nach dem Einmarsch der Truppen«:* Salomon, *Die Geächteten*, S. 29.

39 *»Feuer, Eisen, Dampf und Schrei«:* Salomon, *Die Geächteten*, S. 56.

39 *»Viel trinken, das wollten wir«:* Salomon, *Die Geächteten*, S. 47.

40 *»Jedem Führer, der sich berufen fühlte«, »So entstand bald ein Nebeneinander«:* Georg Maercker, *Vom Kaiserheer zur Reichswehr. Ein Beitrag zur Geschichte der deutschen Revolution*, Leipzig 1921, S. 41.

41 *»Ich sagte mir: Da ist ein Feld für dich«:* Freksa, *Kapitän Ehrhardt*, S. 89.

42 *»Kapitän Ehrhardt prägte seine Truppe«:* Hartmut Plaas, Das Kapp-Unternehmen, in: Ernst Jünger (Hg.), *Der Kampf um das Reich*, Essen 1929, S. 167.

42 *»Wir müssen überhaupt erst einmal wieder Ordnung haben«:* Freksa, Kapitän Ehrhardt, S. 90.

42 *»Es waren das Soldaten«:* Freksa, *Kapitän Ehrhardt*, S. 91 f.

44 *»Kampflos habe ich mein Torpedoboot«:* Manfred von Killinger, *Der Klabautermann. Eine Lebensgeschichte*, München 1936, S. 263.

44 *»Krieg ist Gewalt«:* Manfred von Killinger, *Ernstes und Heiteres aus dem Putschleben*, München 1943, S. 21.

45 *»Ein paar harte, rücksichtslose Schläge«, »Falsch angewandtes Mitleid«:* Freksa, *Kapitän Ehrhardt*, S. 125.

46 *»Stand doch das hohe Ziel vor Augen«:* Freksa, *Kapitän Ehrhardt*, S. 140.

47 *»Darf man sich diesem Kampf verweigern?«:* Heinz, *Sprengstoff*, S. 71.

47 *»Der kriegerische Klang der Tage«:* Heinz, *Sprengstoff*, S. 72.

48 *»Am 23. Juni nahm das Weimarer Unterwerfungsparlament«:* Heinz, *Die Nation*, S. 46.

49 *»Ich weiß nicht, ob wir es wollten«:* Salomon, *Die Geächteten*, S. 55.

49 *»Wir lagen nun hier in knisternder Finsternis«:* Salomon, *Die Geächteten*, S. 50.

49 *»Wir spürten auf einmal die Kälte«:* Salomon, *Die Geächteten*, S. 80.

49 *»Nun fühlten wir uns als die letzten Deutschen überhaupt«:* Salomon, *Die Geächteten*, S. 81.

52 *»Er macht es sich geistig zu bequem«:* Heinz, *Die Nation*, S. 89.

55 *»Wie stand er zu den Frauen?«:* Alfred Kerr, *Walther Rathenau. Erinnerungen eines Freundes*, Amsterdam 1935, S. 51.

55 *»Walther war nicht frauenfeindlich«:* Alfred Kerr, *Walther Rathenau. Erinnerungen eines Freundes*, Amsterdam 1935, S. 63.

56 *»Es ist ein Widerspruch«, »Denn dieses Doppeldasein«:* Walther Rathenau, *Gesammelte Reden*, Berlin 1924, S. 19.

56 *»Rathenau strahlt eine sonderbare Kühle aus«, »Das war sein Verhängnis«:* Harry Graf Kessler, *Walther Rathenau. Sein Leben und sein Werk*, Berlin 1928, S. 8.

56 *»Jesus im Frack«:* Die Republik, 19.12.1918, zitiert nach Ernst Schulin, *Walther Rathenau. Repräsentant, Kritiker und Opfer seiner Zeit*, Göttingen/Zürich/Frankfurt 1979, S. 98.

56 *»der moderne Franziskus«:* Die Republik, 19.12.1918, zitiert nach Schulin, *Walther Rathenau*, S. 98.

57 *»Nie wird der Augenblick kommen«:* Walther Rathenau, *Der Kaiser. Eine Betrachtung*, Berlin 1921, S. 28.

59 *»Das sind Dinge des Schicksals«:* Alfred Kerr, *Walther Rathenau. Erinnerungen eines Freundes*, Amsterdam 1935, S. 8.

Verräter

60 *»Ich sehe den Herrn Lübcke als Volksverräter«:* Demonstrant bei Pegida-Veranstaltung Dresden, in: *ARD Kontraste* am 4.7.2019.

62 *»Ich sprang dazu auf das Trittbrett«:* Carl Tillessen, Erinnerungen (unveröffentlicht), Krefeld-Verberg 1982, S. 104.

63 *»Ein englischer General sagte mit Recht«:* Paul von Hindenburg, Erklärung des Generalfeldmarschalls von Hindenburg vor dem Parlamentarischen Untersuchungsausschuss (»Dolchstoßlegende«), 18. November 1919, Bayerische Staatsbibl. München 2011, S. 7, http://1000dok.digitale-sammlungen.de/dok_0026_dol.pdf.

64 *»Ich muß einen Ausspruch Walther Rathenaus wiedergeben«, »Es waren also Strömungen«:* Erich Ludendorff, zitiert nach Kessler, *Walther Rathenau*, S. 287.

65 *»Jahrelange heimtückische Wühlarbeit«, »das war der Dolchstoß«:* Killinger, *Der Klabautermann*, S. 254.

68 *»Das Bleigewicht der Milliarden«:* Karl Helfferich im Reichstag am 20.8.1915, zitiert nach Frederick Taylor, *Inflation. Der Untergang des Geldes in der Weimarer Republik und die Geburt eines deutschen Traumas*, München 2013, S. 31.

68 *»Ich empfinde es vielleicht mehr«:* Karl Helfferich, *Reichstagsreden 1922–1924* (Hg. von J. W. Reichert), Berlin 1925, S. 19.

71 *»Er kannte keine Zurückhaltung«:* Arnold Brecht, *Aus nächster Nähe. Lebenserinnerungen 1884–1927*, Stuttgart 1966, S. 285.

72 *»Erst mach dein Sach«:* Matthias Erzbergers Gästebucheintragung im Gasthaus »Goldener Adler« vom 14.6.1919, zitiert nach Klaus Epstein, *Matthias Erzberger und das Dilemma der deutschen Demokratie*, Berlin 1962, S. 364.

72 *»Erzberger – Totengräber«:* Freksa, *Kapitän Ehrhardt*, S. 158.

72 *»Diese Eiterbeule am deutschen Volkskörper«, »Ein Mann, der dafür auch noch einmal«:* Freksa, *Kapitän Ehrhardt*, S. 144.

72 *»Ich stand unmittelbar hinter ihm«, »Allmählich wuchs«:* Harry Graf Kessler, *Das Tagebuch 1880–1937*, 7. Band: 1919–1923 (Hg. von Roland S. Kamzelak und Ulrich Ott), Stuttgart 2007, S. 252.

74 *»Das ist Herr Erzberger«:* Karl Helfferich, *Fort mit Erzberger!*, Berlin 1919, S. 83.

75 *»Meist Vertreter der höheren Gesellschaftsklassen«:* Fritz Zinnecke, zitiert nach Annika Klein, *Korruption und Korruptionsskandale in der Weimarer Republik*, Göttingen 2014, S. 103.

75 *»Warum dieser Kampf«, »Man will die Demokratie treffen«:* Matthias Erzberger, zitiert nach Epstein, *Matthias Erzberger*, S. 410.

79 *»Er war sich vollkommen bewußt«:* Stefan Zweig, zitiert nach Ernst Schulin (Hg.), *Rathenau. Hauptwerke und Gespräche*, München/Heidelberg 1977, S. 901.

82 *»Ging man abends mit ihm«, »dann flossen in der nächtlichen Stille«:* Stefan Großmann, zitiert nach Schulin, *Rathenau*, S. 735.

82 *»Walther Rathenau ist ein Prophet«:* Walther Lambach, *Diktator Rathenau*, Hamburg/Leipzig 1918, S. 25.

82 *»So wird Rathenau zum Verführer«:* Lambach, *Diktator Rathenau*, S. 64.

83 *»Auf der anderen Seite muss ich bezeugen«:* Ernst von Simson, zitiert nach Dieter Neitzert, »Das Amt« zwischen Versailles und Rapallo. Die Rückschau des Staatssekretärs Ernst von Simson, in: *Vierteljahrshefte für Zeitgeschichte* 3/2012, S. 478 f.

System

85 »*Still und heimlich arbeitet das System*«: Marine Le Pen, Wahlkampfrede vom 4.3.2017 in Rignac (Aveyron). Im Original: »*Le système travaille à sa survie, il essaie de le faire en toute discrétion, raté encore! Nous sommes là pour dénoncer ses manœuvres! Nous dénoncerons tous ses coups tordus … Tenez bon! Résistez au système qui veut en même temps affaiblir notre maison et nous déposséder de notre liberté, de nos valeurs, de nos patrimoines matériels et immatériels.*«
86 »*Wahrhaftig, Matthias Erzberger*«: Friedrich Wilhelm Heinz, Politische Attentate in Deutschland, in: Curt Hotzel (Hg.), *Deutscher Aufstand*, Stuttgart 1934, S. 204.
87 »*Gibt es auch nur einen Ton*«: Salomon, *Die Geächteten*, S. 134.
87 »*Das unsagbar läppische Gezänk*«: Heinz, *Sprengstoff*, S. 8.
88 »*Die einen stützten das System*«: Heinz, *Die Nation*, S. 77.
88 »*Das Liberale aber ist der geschworene Feind*«: Heinz, *Die Nation*, S. 78.
88 »*Der aus dieser Revolution geborene Staat*«: Heinz, *Sprengstoff*, S. 26.
89 »*Kampf der Regierung!*«: Heinz, *Sprengstoff*, S. 29.
89 »*Hätte ich den einzelnen gefragt*«: Freksa, *Kapitän Ehrhardt*, S. 172.
90 »*Das lasen wir ein paarmal hintereinander*«: Mann, *Mit Ehrhardt durch Deutschland*, S. 142.
90 »*Ich hatte das gute Gefühl*«: Freksa, *Kapitän Ehrhardt*, S. 172.
91 »*Viele Soldaten von uns*«: Mann, *Mit Ehrhardt durch Deutschland*, S. 181.
91 »*Also jetzt übernehmen Sie die Regierung*«: Hartmut Plaas, Das Kapp-Unternehmen. Aus dem Tagebuch eines Sturmsoldaten, in: Salomon (Hg.), *Das Buch vom deutschen Freikorpskämpfer*, S. 347.
92 »*Das Bürgertum hatte gar nicht kapiert*«: Manfred von Killinger, Neun Monate in Untersuchungshaft in Offenburg, in: Plaas (Hg.), *Wir klagen an!*, S. 155.
93 »*Nun saß ich mit meinen Männern*«: Freksa, *Kapitän Ehrhardt*, S. 186.
93 »*Anstatt im Namen der Revolution*«: Heinz, *Die Nation*, S. 91.

94 *»Was sollte man tun?«, »War denn alles umsonst?«:* Killinger, *Ernstes und Heiteres*, S. 120.

95 *»Hat man uns auch verraten«:* Ehrhardt-Lied, zitiert nach Gabriele Krüger, *Die Brigade Ehrhardt*, Hamburg 1971, S. 130.

95 *»Zuerst einen kommunistischen Putsch zu provozieren«:* Miss Hardinger, zitiert nach Kessler, *Das Tagebuch*, 3.5.1920, S. 305.

96 *»Was macht man mit dem Rock?«:* Mann, *Mit Ehrhardt durch Deutschland*, S. 218.

98 *»Seit dem ersten Eindruck 1921«:* Hans Wendt, Journalist im Krisenreichstag. Das parlamentarische System der Weimarer Republik, in: Pörtner (Hg.), *Alltag in der Weimarer Republik*, S. 70.

99 *»Wirth, den ich bei dieser Gelegenheit kennen lernte«:* Kessler, *Das Tagebuch*, 13.4.1922, S. 455.

100 *»Hinter Nebeln von Selbstberäucherung«:* Kessler, *Das Tagebuch*, 13.4.1922, S. 455 f.

101 *»Wir werden mit gutem Willen mitarbeiten«:* Rathenau, *Gesammelte Reden*, S. 341.

102 *»Wir wollen nicht mit eigener Hand«:* Karl Helfferich, *Deutschland in den Ketten des Ultimatums*, Berlin 1921, S. 19.

103 *»Respekt, gemischt mit Dämonenfurcht«:* Zitiert nach Rudolf Fischer, *Karl Helfferich*, Berlin 1932, S. 82.

104 *»Meine Mitteilung machte auf Minister Rathenau«, »Lieber Freund, es ist nichts«:* Joseph Wirth, Walther Rathenau vor seinem Tode, in: *Deutsche Republik,* 41. Heft, 13.7.1928, 2. Jahrgang (1927), S. 1307.

Untergrund

105 *»Lasst uns die hereinbrechende Nacht«:* Louis Beam, Leaderless Resistance, written in 1983, in: *The Seditionist,* 12 (Feb. 1992), S. 7. Im Original: *»Let the coming night be filled with a thousand points of resistance. Like the fog which forms when conditions are right and disappears when they are not, so must the resistance to tyranny be.«*

106 *»Die gerissenen Fäden zum Fabriksaal«:* Mann, *Mit Ehrhardt durch Deutschland,* S. 214.

107 *»Je mehr ich es mir überlege«, »Ich weiß auch«:* Salomon, *Die Geächteten,* S. 133.

108 *»Ich erfuhr, daß durch die Regierungsstellen«:* Freksa, *Kapitän Ehrhardt,* S. 211.

109 *»Zunächst waren es nur Brigadeangehörige:* Freksa, *Kapitän Ehrhardt,* S. 214.

110 *»Hier sammelten sich die Menschen«:* Salomon, *Die Geächteten,* S. 152.

110 *»Es war dasselbe Gemisch der Meinungen«:* Salomon, *Die Geächteten,* S. 151.

111 *»Die offene Kriegsführung«, »Die Verwandlung im Geiste«:* Heinz, *Die Nation,* S. 121.

112 *»Pöhner: undurchsichtig«, »trotz seiner fränkischen Redelust«:* K. A. v. Müller, zitiert nach Hans Fenske, *Konservatismus und Rechtsradikalismus in Bayern nach 1918,* Bad Homburg/Berlin/Zürich 1969, S. 141.

113 *»Pöhner wußte ganz genau«:* Freksa, *Kapitän Ehrhardt,* S. 216.

113 *»Der Kapitän brachte eine Art Hausmacht mit«:* Ernst von Salomon, *Der Fragebogen,* Reinbek bei Hamburg 1961, S. 328.

115 *»Die Holzhacker der Brigade Ehrhardt«:* »Der Kampf«, 3, 5.1.1921, zitiert nach Krüger, *Die Brigade Ehrhardt,* Anm. IV/32, S. 150.

115 *»Wir wollen: Männer«:* Hermann Ehrhardt, *Deutschlands Zukunft. Aufgaben und Ziele,* München 1921, S. 34.

115 *»Wir haben keine Männer«:* Ehrhardt, Deutschlands Zukunft, S. 23 f.

116 *»Man sitzt im Dunkeln«:* Hartmut Plaas, zitiert nach Gregor Michael Fröh-

lich, *Soldat ohne Befehl. Ernst von Salomon und der soldatische Nationalismus*, Paderborn 2018, S. 266.

117 *»Wir wissen es«:* Manfred von Killinger, *Kampf um Oberschlesien 1921. Bisher unveröffentlichte Aufzeichnungen des Führers der »Abteilung v. Killinger«, genannt »Sturmkompanie Koppe«*, Leipzig 1934, S. 34.

118 *»Viele junge Leute«:* Aussage Albert Böckel, ohne Datum, zitiert nach Martin Sabrow, *Der Rathenaumord. Rekonstruktion einer Verschwörung gegen die Republik von Weimar*, München 1994, S. 32.

119 *»Ich geriet in den gerechten Zorn«:* Freksa, *Kapitän Ehrhardt*, S. 218.

120 *»Es hat die ›O. C.‹ als Organisation«:* Heinz, *Die Nation*, S. 135.

120 *»Die schärfste Waffe in der Hand der O. C.«:* Salomon, *Die Geächteten*, S. 183.

121 *»Ich gelobe dem Obersten Leiter der Organisation«:* Zitiert nach Gotthard Jasper, Aus den Akten der Prozesse gegen die Erzberger-Mörder, in: *Vierteljahrshefte für Zeitgeschichte*, Jahrgang 10, Heft 4 (1962), S. 440.

121 *»Wir mussten viel chiffrieren bei Sachen«, »Ich wollte die Mitteilungen«:* Aussage Manfred von Killinger vom 7.6.1922, S. 38, in: Staatsarchiv Freiburg F 179/4, 22, S. 38.

122 *»Der Herr ›Consul‹ ist in letzter Zeit«:* Verfügung von Alfred Hoffmann vom 29.8.1921, in: StAF F 179/4, 105.

123 *»Die einzige vielleicht«, »als einziges Zeichen der neuen Zeit«:* Walther Lambach, *Die Herrschaft der Fünfhundert. Ein Bild des parlamentarischen Lebens im neuen Deutschland*, Hamburg/Berlin 1926, S. 20.

124 *»Vor innerer Aufregung zitternd«: Berliner Tageblatt* 293, 24.6.1922 Morgenausgabe.

125 *»Die Tagesordnung, die seit vorgestern«:* Karl Helfferich in: Verhandlungen des Reichstags. Reichstagsprotokolle 1. Wahlperiode 1920/24,12, 233. Sitzung 23.6.1922, S. 7988.

126 *»Die Politik der Erfüllung«, »hat uns – das will ich einmal kurz zusammenfassen«:* Karl Helfferich in: Reichstagsprotokolle 1920/24,12, 233. Sitzung, 23.6.1922, S. 7992.

127 *»Aber alles war in der Form so zügellos«: Berliner Tageblatt* 293, 24.6.1922 Morgenausgabe.

127 *»Und wir verlangen nicht nur das Wort«:* Karl Helfferich in: Reichstagsprotokolle 1920/24,12, 233. Sitzung 23.6.1922, S. 7999.

128 *»Mit einem Gesichtsausdruck«:* Hermann Pünder, zitiert nach Schulin, *Walther Rathenau*, S. 135.

Taten

129 *»Der Nationalsozialistische Untergrund ist ein Netzwerk«:* Bekennervideo des Nationalsozialistischen Untergrund (NSU), 2001–2008.
130 *»Tat allein aber kann uns retten«:* Ehrhardt, *Deutschlands Zukunft*, S. 37.
131 *»Worte verwehn – Taten bestehn!«:* Freksa, *Kapitän Ehrhardt*, S. 3.
132 *»Wir setzen die Tat vor die Idee«:* Heinz, Sprengstoff, S. 141.
132 *»Aktivismus der Tat«:* Heinz, *Die Nation*, S. 122.
132 *»Der Fatalismus ist die dem Nationalismus«:* Heinz, *Die Nation*, S. 122.
132 *»Alle unsere Taten geschahen aus Protest«:* Heinz, *Sprengstoff*, S. 10.
133 *»Um die Gestaltung des Reiches«:* Ernst von Salomon, Die Gestalt des deutschen Freikorpskämpfers, in: Salomon (Hg.), *Das Buch vom deutschen Freikorpskämpfer*, S. 11.
133 *»Wir haben durch die Tat bewiesen«:* Killinger, *Ernstes und Heiteres*, S. 9.
134 *»Unser Kampf richtet sich«:* *Der Wiking* 1. Jg., 2, 25.7.1921, S. 6.
134 *»Die bis zum Bersten mit Haß erfüllten«:* Heinz, *Die Nation*, S. 131.
134 *»Dem jungen Offizier«:* Heinz, *Die Nation*, S. 129 f.
135 *»Der bajuwarische Sonderhaß gegen Erzberger«:* Heinz, *Die Nation*, S. 131.
136 *»All dieses Gift«:* Aussage Heinrich Tillessen vom 19.7.1946, in: StAF F 179/4, 1.
136 *»Der Zettel hatte etwa folgenden Inhalt«, »Gemäß der in der Leitung stattgefundenen Auslosung«:* Aussage Heinrich Schulz vom 2.3.1950, S. 78, in: StAF F 179/4, 7.
138 *»Wir gingen dann zusammen in den Englischen Garten«:* Aussage Heinrich Schulz vom 2.3.1950, in: StAF F 179/4, 7.
139 *»Gegenseitig genierten wir uns voreinander«:* Brief Heinrich Tillessen vom 23.9.1946, zitiert nach Cord Gebhardt, *Der Fall des Erzberger-Mörders Heinrich Tillessen. Ein Beitrag zur Justizgeschichte nach 1945*, Tübingen 1995, S. 43.
140 *»Da ich das Gefühl hatte«:* Aussage Heinrich Tillessen vom 8.8.1946, in: StAF F179/4, 1.

140 *»So schieß doch, schieß doch«, »sonst war ja alles umsonst«:* Aussage Heinrich Schulz vom 12.4.1950, in: StAF F179/4, 7.

142 *»Wir wurden, wenn ich mich so ausdrücken darf«, »Es hat sehr viele Leute gegeben«:* Aussage Heinrich Tillessen vom 13.8.1946, in: StAF F179/4, 1.

144 *»Das ist die terroristische Methode des Nihilismus«: Berliner Tageblatt*, ohne Datum, in: *Der Erzberger-Mord. Dokumente menschlicher und politischer Verkommenheit*, Bühl 1921, S. 78.

144 *»Ich meine nicht nur die Republik«:* Joseph Wirth, *Reden während der Kanzlerschaft*, Berlin 1925, S. 173.

144 *»Haß müssen wir säen!«, »Und wie wir unsere Feinde von außen«: Oletzkoer Zeitung*, 27.8.1921, in: *Der Erzberger-Mord*, S. 15 f.

145 *»Die Erregung wuchs«:* Salomon, *Die Geächteten*, S. 180.

145 *»Viele brüsteten sich im vertrauten Kreise«:* Salomon, *Die Geächteten*, S. 181.

146 *»Durch die verhältnismäßig gut abgelaufene Erzberger-Affäre«:* Otto Schröder, zitiert nach Susanne Meinl, Nationalsozialisten gegen Hitler. Die nationalrevolutionäre Opposition um Friedrich Wilhelm Heinz, Berlin 2000, S. 52.

147 *»Rücksichtslos in seinen Forderungen«:* Salomon, *Die Geächteten*, S. 188.

147 *»Kern hinreißend, drängend«, »Kern glaubte an die Sache«:* Hans Gerd Techow, Minister Rathenaus Ende, in: *Der Angriff*, 5.11.1928.

148 *»Die Tage prasseln vorüber«:* Heinz, *Sprengstoff*, S. 78.

148 *»Alle ihre örtlichen Gruppen«:* Heinz, *Sprengstoff*, S. 89 f.

148 *»Wir sagen den Umsturz voraus«: Der Wiking* 2. Jg., 1, 15.2.1922, S. 3.

148 *»Meine geschäftliche Tätigkeit«:* Freksa, *Kapitän Ehrhardt*, S. 230.

151 *»Kein Redner. Eher Beobachter«:* Erich Dombroswki alias Johannes Fischart, zitiert nach Taylor, *Inflation*, S. 119 f.

152 *»Das Abendessen war auf acht Uhr angesetzt«:* Alanson (Allen) Houghton, zitiert nach Schulin, *Rathenau*, S. 903.

152 *»Zum Schluß unserer rein sachlichen Unterredung«:* Hellmuth von Gerlach, zitiert nach Schulin, *Rathenau*, S. 854.

153 *»Ich wußte auch, daß die Beziehungen«:* Alanson (Allen) Houghton, zitiert nach Schulin, *Rathenau*, S. 903.

154 *»Herr Dr. Rathenau konstatierte«:* Hugo Stinnes, zitiert nach Schulin, *Rathenau*, S. 907.

154 *»Das Gespräch hat allem Anschein nach«:* Alanson (Allen) Houghton, zitiert nach Schulin, *Rathenau*, S. 904.

Umsturz

155 *»Ich will Veränderung«:* Björn Höcke, Rede vom 17.1.2017 bei der Jungen Alternative für Deutschland in Dresden.

156 *»Sobald wir Herr im Lande sind«, »dann richten wir die Welt ein«:* Ferdinand Solf, *1934. Deutschlands Auferstehung*, Naumburg a. d. S. 1921, S. 45.

158 *»Ich persönlich habe vielleicht am meisten«:* Hermann Ehrhardt in: *Deutsche Allgemeine Zeitung*, 4.10.1921, Abendausgabe.

158 *»Die Mitglieder verpflichten sich«:* StAF F 179/4, 105.

159 *»Wir wollen keine Revolution von rechts«:* Aussage Alfred Hoffmann vom 24.9.1921, in: StAF F 179/4, 105.

159 *»Ein Linksputsch solle durch Anhänger«, »Nach Ausbruch eines Linksputsches«:* Aussage Herbert Lauch vom 1.10.1921, zitiert nach Sabrow, *Der Rathenaumord*, S. 42.

160 *»Wir dürfen nicht zuerst losschlagen«, »Wenn die Reichswehr mit dem Spuk nicht mehr fertig wird«:* Heinz, *Sprengstoff*, S. 76.

160 *»Er sagte, daß das natürlich seiner Meinung nach«:* Ernst Werner Techow, zitiert nach Karl Brammer, *Das politische Ergebnis des Rathenau-Prozesses*, Berlin 1922, S. 25.

161 *»Man muß Scheidemann, Rathenau«:* Heinz, *Sprengstoff*, S. 76.

163 *»Dabei läßt sich die eigenartige Tatsache feststellen«:* Bernhard Weiß, *Polizei und Politik*, Berlin 1928, S. 74 f.

165 *»Alles, was ich nachzuprüfen hatte«, »Er wollte auch den kleinsten Irrtum«:* Walter Fabian, Vorwort, in: Emil Julius Gumbel, *Vom Fememord zur Reichskanzlei*, Heidelberg 1962, S. 7.

165 *»E. J. Gumbel hat im Verlag Neues Vaterland«:* Kurt Tucholsky alias Ignaz Wrobel, *Weltbühne* 8.9.1921, 36, S. 237.

165 *»Und wie getötet!«, »Zerstampft, zu Tode geprügelt«:* Tucholsky, *Weltbühne* 1921, S. 237.

166 *»Die liberalen und humanitären Zeitalter neigen dazu«, »Jedes Leben ist nur soviel wert«:* Heinz, *Politische Attentate*, S. 199.

166 *»Es war schon für den deutschen Menschen«:* Heinz, *Politische Attentate*, S. 191.

166 *»So muß gleich das erste Attentat«:* Heinz, *Politische Attentate*, S. 191.

167 *»Der politische Mord, von Seiten der ›Rechten‹ begangen«, »wurde weithin von der innerlich verkrampften«:* Flügel, Wir träumten vom verborgenen Reich, in: Pörtner (Hg.), *Alltag in der Weimarer Republik*, S. 175 f.

167 *»Es dürfte wohl keinen politischen Mord«: »Ein weites Netz spannt sie«:* Emil Julius Gumbel, *Verschwörer. Beiträge zur Geschichte und Soziologie der deutschen nationalistischen Geheimbünde seit 1918*, Wien 1924, S. 79.

168 *»Der Feind steht rechts!«* Philipp Scheidemann, Rede vom 7.10.1919 in der Nationalversammlung, in: Scheidemann, *Der Feind steht rechts!*, Berlin 1919, S. 21.

168 *»Briefe, in denen man Dolche zückt«:* Philipp Scheidemann, *Zwischen den Gefechten*, Berlin 1920, S. 108.

169 *»Wer trägt die Schuld«:* Max Bauer, *Wer trägt die Schuld an Deutschlands Unglück?*, München 1922.

170 *»Hätte Scheidemann den dummen Jungen«, »so hätte er einen Totschlag auf dem Gewissen«: Deutsche Tageszeitung*, 6.6.1922, zitiert nach Gumbel, *Verschwörer*, S. 46.

170 *»Es ist gewiß als Einzelaktion vollkommen blödsinnig«:* Heinz, *Sprengstoff*, S. 124.

171 *»Wer sich ihm beugt«:* Lambach, *Diktator Rathenau*, S. 64.

171 *»Dreihundert Männer, von denen jeder jeden kennt«:* Walther Rathenau, *Zur Kritik der Zeit*, Berlin 1922, S. 207.

172 *»Wir sind zum äußersten entschlossen«:* Alfred Roth, *Rathenau. »Der Kandidat des Auslandes«*, Hamburg 1922, S. 32.

173 *»Walther Rathenau dagegen lebt in mehreren Welten«, »Dieses Leben in mehreren Welten«:* Lambach, *Diktator Rathenau*, S. 41.

173 *»Hinter den Kulissen des Staates«, »geisterte ein Mann«:* Ernst Werner Techow, *»Gemeiner Mörder – ?!« Das Rathenau-Attentat*, Leipzig 1934, S. 20.

174 *»Es ist dringend nötig«:* Rathenau, *Gesammelte Reden*, S. 318.

174 *»Niemals wieder können wir das Land so aufbauen«, »Wir können es in Zukunft nur aufbauen«:* Rathenau, *Gesammelte Reden*, S. 326.

175 *»Der Minister aber wandte sich zögernd«:* Salomon, *Die Geächteten*, S. 192.

175 *»Mit diesem Manne«, »Zwischen ihm und uns gab es kein Verstehen«:* Ernst Werner Techow, *»Gemeiner Mörder – ?!«*, S. 24.

176 *»Wir trafen Glieder, nicht das Haupt«, »Ich habe die Absicht«:* Salomon, *Die Geächteten*, S. 216.

177 *»Ich bin gewohnt, von allen Möglichkeiten«:* Salomon, *Die Geächteten*, S. 216.

177 *»schicker Bengel, der alles macht«:* Carl Tillessen, zitiert nach Kessler, *Walther Rathenau*, S. 359.

179 *»Ich sah Rathenau ganz kurz«:* Ernst von Salomon, zitiert nach Fröhlich, Soldat ohne Befehl, S. 262 f.

179 *»Peitschende Hast treibt den Wagen vorwärts«:* Ernst Werner Techow, *»Gemeiner Mörder – ?!«*, S. 26.

180 *»Ein Pharusplan liegt auf dem Tisch«:* Hans Gerd Techow, Minister Rathenaus Ende, in: *Der Angriff*, 5.11.1928.

183 *»In einigen Teilen meines Landes«, »marschieren Kompanien von Männern«:* Stewart Roddie, zitiert nach Schulin, *Rathenau*, S. 841.

183 *»Das wiederholte er langsam«, »er lächelte ein wenig«:* Stewart Roddie, zitiert nach Schulin, *Rathenau*, S. 841.

183 *»Gesamtrahmen d. Pol.«, »Unerfüllbar«:* Walther Rathenau, *Politische Briefe*, Dresden 1929, S. 343.

184 *»Fahren Sie los«:* Zitiert nach *Vorwärts*, 4.10.1922, Morgenausgabe.

185 *»Als ich ihn überholte«:* Ernst Werner Techow, zitiert nach Sabrow, *Der Rathenaumord*, S. 108.

185 *»Der in der Fahrtrichtung links sitzende Mann«:* Ein Berliner Bauarbeiter, zitiert nach Sabrow, *Der Rathenaumord*, S. 87.

185 *»›Wir haben Rathenau erschossen‹«, »kurz nach diesen Worten hörte ich einen dumpfen Knall«:* Ernst Werner Techow, zitiert nach Sabrow, *Der Rathenaumord*, S. 108.

186 *»Er sah mich mit großen starren Augen an«:* Helene Kaiser, zitiert nach *Vorwärts*, 10.10.22, Abendausgabe.

186 *»Ich stützte den Herrn«:* Helene Kaiser, zitiert nach Sabrow, *Der Rathenaumord*, S. 88.

Schock

188 *»Ich werde schnell vergessen sein«:* Brenton Tarrant, *The Great Replacement*, März 2019, S. 14. Im Original: *»I will be forgotten quickly. Which I do not mind. After all I am a private and mostly introverted person. But the aftershock from my actions will ripple for years to come, driving political and social discourse, creating the atmosphere of fear and change that is required.«*

189 *»Ich eiskalt vor Entsetzen«, »Der Diener packt losweinend meine Hand«:* Hermann Sudermann, zitiert nach Martin Sabrow, Mord und Mythos. Das Komplott gegen Walther Rathenau 1922, in: Alexander Demandt (Hg.), *Das Attentat in der Geschichte*, Köln/Weimar/Wien 1996, S. 322.

190 *»›Sie haben Rathenau erschossen‹«:* Kerr, *Walther Rathenau*, S. 11.

190 *»Was hat er gefühlt?«:* Kerr, *Walther Rathenau*, S. 11 f.

190 *»Auf diese Art wurde es wirklich unheimlich«:* Haffner, *Geschichte eines Deutschen*, S. 52 f.

191 *»Die beiden Nachbarn besprachen das Ereignis«:* Rudolf Pörtner, zitiert nach Taylor, *Inflation*, S. 204.

192 *»Sie sind der Mörder!«: Berliner Tageblatt*, 24.6.1922, 294, Abendausgabe.

194 *»Der Reichstag bot in diesem Augenblick«, »nur zwischen dem Kanzler und dem Vizekanzler«: Vorwärts*, 25.6.1922, Morgenausgabe.

195 *»Von dem Augenblick an«:* Joseph Wirth in: Reichstagsprotokolle 1920/24,12, 234. Sitzung, 24.6.1922, S. 8035.

196 *»Ein Netz von Verschwörung«, »Der Mord an Rathenau«:* Joseph Wirth in: Reichstagsprotokolle 1920/24, 12, 235. Sitzung, 24.6.1922, S. 8037.

196 *»Ein Meer von Menschen«:* Kessler, *Das Tagebuch*, 25.6.1922, S. 526.

197 *»Schliesslich hatte er drei Fünftel des dicht gefüllten Hauses«, »Man fühlt, es kommt ihm wirklich aus der Tiefe«:* Kessler, *Das Tagebuch*, 25.6.1922, S. 526 f.

197 *»Da steht der Feind«:* Joseph Wirth in: Reichstagsprotokolle 1920/24,13, 236. Sitzung, 25.6.1922, S. 8058.

198 *»Und doch in dem zerfurchten, toten, wunden Gesicht«, »Sein Tod entspricht diesem Schicksalszug«:* Kessler, *Das Tagebuch*, 25.6.1922, S. 527.

201 *»Die Wirkung war aus den Umständen heraus ungeheuer«:* Kessler, *Das Tagebuch*, 27.6.1922, S. 529.

201 *»Langsam setzte sich unter Trommelschlägen«:* Kessler, *Das Tagebuch*, 27.6.1922, S. 529.

202 *»Zur Bestattung fanden sich«:* Haffner, *Geschichte eines Deutschen*, S. 53.

203 *»Wir rufen zur brutalen Gewalt auf!«, »Folgt daraus der Bürgerkrieg«: Volksstimme*, 26.6.1922, zitiert nach Wilhelm Gellert, *Der Zusammenbruch der Demokratie. Zum Tode Rathenaus. Sozialisten und Demokraten im Spiegel ihrer Worte und Taten*, Berlin 1922, S. 39.

204 *»Zur bleibenden Erinnerung an jene Jahre«:* Weiß, *Polizei und Politik*, S. 8.

206 *»Die Namen der Mörder Rathenaus ermittelt«: Berliner Tageblatt*, 29.6.1922, Morgenausgabe.

207 *»Es ist kaum zu beschreiben«, »Die Organisation C«: Berliner Tageblatt*, 30.6.1922, Morgenausgabe.

208 *»Da sehen wir auf einmal die Namen«:* Kurt Blome, *Arzt im Kampf. Erlebnisse und Gedanken*, Leipzig 1942, S. 133.

208 *»Sie konnten jeden Augenblick«:* Blome, *Arzt im Kampf*, S. 135.

209 *»Es ist für mich zuerst ein etwas schauriges Gefühl«, »von dem Platze aus, auf dem ich sitze«: Vorwärts*, 16.7.1922, 1. Beilage.

210 *»Wir wissen, wie wir zu sterben haben«:* Zitiert nach Sabrow, *Der Rathenaumord*, S. 102.

211 *»Es wurden viele verhaftet«, »Nur den geheimnisvollen Unbekannten«:* Salomon, *Die Geächteten*, S. 235.

Justiz

212 *»Die Geschichte wird die Richter richten«:* Anders Breiviks Schlusswort vor Gericht in Oslo, 22.6.2012. Nach der englischen Übersetzung von Andrew Hamilton: *»History will judge the judges in this case. History will tell whether they convicted a man who tried to stop the evils of our time. History shows that sometimes one must implement a barbarity to stop an even greater barbarism.«*

213 *»Von einem Versagen der Polizei«, »Dieser Teil des Staatsapparates funktionierte«:* Gumbel, *Verschwörer*, S. 62.

215 *»Obwohl die Broschüre keineswegs unbeachtet blieb«:* Emil Julius Gumbel, *Vier Jahre politischer Mord*, Berlin 192, S. 6.

216 *»Wir erkennen unsere heutige Justiz«: Erich Kuttner, Warum versagt die Justiz?*, Berlin 1921, S. 5.

216 *»Unzählige soziale Bande«, »Sie sind Fleisch von einem Fleisch«:* Gumbel, *Vier Jahre politischer Mord*, S. 149.

217 *»Die Dreckbomben flogen mir damals«, »Schade, daß ich die unzähligen«:* Ludwig Ebermayer, *Fünfzig Jahre Dienst am Recht. Erinnerungen eines Juristen*, Leipzig/Zürich 1930, S. 178.

219 *»Um 8 Uhr lebhaftes Gewimmel«:* Joseph Roth, *Werke 1. Das journalistische Werk 1915–1923* (Hg. Klaus Westermann), Köln 1989, S. 872.

220 *»Man sieht kein Ende«:* Roth, *Werke 1*, S. 879.

221 *»bartlos und ohne Geist«:* Roth, *Werke 1*, S. 873.

221 *»von einer fast herzbeklemmenden Unfertigkeit«:* Roth, *Werke 1*, S. 873.

221 *»Wir hatten natürlich keine Ahnung«:* Salomon, *Fragebogen*, S. 112.

221 *»Wenn man nicht schlagen kann«, »hier mußte das Lebensalter herhalten«:* Hans Gerd Techow, Minister Rathenaus Ende, in: *Der Angriff*, 5.11.1928.

222 *»Es schien, als ob mein Doppelleben«:* Freksa, *Kapitän Ehrhardt*, S. 232.

223 *»Man dachte an die Möglichkeit von Beziehungen«:* Ebermayer, *Fünfzig Jahre*, S. 185.

223 *»Merkwürdig, daß die Sachverständigkeit«, »vom ›schleichenden Bolschewismus«:* Roth, *Werke 1*, S. 875.

234 *»Es wurde uns auferlegt«:* Ernst Werner Techow, in: Brammer, *Das politische Ergebnis*, S. 33.

224 *»Ihre Weigerung auszusagen«, »Das Schweigen der Jungen«:* Roth, *Werke 1*, S. 883.

225 *»Man kann sich in der Tat keinen größeren Gegensatz«:* Gustav Radbruch, *Der innere Weg. Aufriß meines Lebens*, Stuttgart 1951, S. 166.

226 *»Ihre Söhne aber«:* Ludwig Ebermayer, zitiert nach *Vorwärts*, 12.10.1922, Morgenausgabe.

226 *»Es ist ja nichts zu dumm«:* Ludwig Ebermayer, zitiert nach *Vorwärts*, 12.10.1922, Morgenausgabe.

227 *»Mit ein paar Strichen«, »Wenn der Oberreichsanwalt«:* Roth, *Werke 1*, S. 886.

228 *»Es besteht eben eine gewisse Verbindung«:* Ludwig Ebermayer, zitiert nach Brammer, *Das politische Ergebnis*, S. 40.

228 *»Sie haben alle eine Menge«:* Ludwig Ebermayer, zitiert nach Brammer, *Das politische Ergebnis*, S. 38.

228 *»Es sollte zu einem Bürgerkrieg kommen«:* Ludwig Ebermayer, zitiert nach *Vorwärts*, 12.10.1922, Morgenausgabe.

229 *»Ich habe noch nicht einmal«:* Ludwig Ebermayer, zitiert nach Brammer, *Das politische Ergebnis*, S. 37 f.

231 *»Der Stoff wurde geprüft«:* Anklageschrift des Oberreichsanwalts in Leipzig gegen Angehörige der Organisation Consul wegen Geheimbündelei vom 16.5.1924, S. 51, StAF F 179/4, 147.

232 *»Da das Reichsgericht als die höchste Reichsinstanz«:* Heinz, *Politische Attentate*, S. 207.

232 *»Fast sah es so aus«: Vossische Zeitung*, 26.10.1924.

233 *»Ein Urteil, das versöhnend wirkt«:* Ludwig Ebermayer am 10.2.1925 an Justizminister Frenken, zitiert nach Rudolf Heydeloff, Staranwalt der Rechtsextremisten. Walter Luetgebrune in der Weimarer Republik, in: *Vierteljahrshefte für Zeitgeschichte*, Jahrgang 32, Heft 4 (1984), Anm. 129, S. 393.

236 *»Er hat wunderbar gelebt«:* Joseph Roth, *Werke 2. Das journalistische Werk 1924–1928* (Hg. Klaus Westermann), Köln 19902, S. 205.

236 *»Allen Dingen, den Büchern«:* Roth, *Werke 2*, S. 205.

237 *»Durch das ganze Haus«, »Es weht ein starker Akkord«:* Roth, *Werke 2*, S. 207.

237 *»Ich verstehe nicht alles«:* Roth, *Werke 2*, S. 207.

237 *»Er überschätzte den Teil«:* Roth, *Werke 2*, S. 207.

237 *»Es ist nicht wahr«:* Roth, *Werke 2*, S. 208.

Die Wiederkehr in Bildern

241 *»Ich habe in Notwehr gehandelt«:* Anders Breivik vor Gericht in Oslo, 17.4.2012, zitiert nach *Frankfurter Allgemeine Zeitung Online* vom 17.4.2012.

277 *»Um ein Klima von Angst und Umsturz«:* Brenton Tarrant, *The Great Replacement.* Im Original: *»To create an atmosphere of fear and change in which drastic, powerful and revolutionary action can occur.«*, S. 8.

Quellen und Literatur

Der Rechtsterror gegen die erste deutsche Demokratie steht im Schatten von Hitlers Weg zur Macht. Das spiegelt sich in der Anzahl an Forschungsliteratur, auf die sich dieses Buch stützt. Hervorzuheben sind an erster Stelle Martin Sabrows Untersuchungen zur Organisation Consul und zum Rathenau-Mord sowie die frühe Studie von Gabriele Krüger zur Brigade Ehrhardt, Susanne Meinls Buch zum Kreis um Friedrich Wilhelm Heinz und Gottfried Jaspers Forschungen zum Republikschutz. Wichtige Ergänzungen sind die Biografien von Ernst von Salomon (Gregor Michael Fröhlich), Karl Helfferich (John Williamson), Matthias Erzberger (Klaus Epstein) und Joseph Wirth (Ulrike Hörster-Philipps).

Von den vielen Veröffentlichungen über Walther Rathenau sind die hier maßgeblichen unten aufgeführt.

Quellen

Max Bauer, *Wer trägt die Schuld an Deutschlands Unglück?*, München 1922.

Louis Beam, Leaderless Resistance, written in 1983, in: *The Seditionist*, 12 (Feb. 1992).

Gottfried zur Beek (Ludwig Müller von Hausen) (Hg.), *Die Geheimnisse der Weisen von Zion*, München 1929.

Andrew Berwick (Anders Breivik), *A European Declaration of Independence. De Laude Novae Militiae Paperes commilitones Christi Templique Salomonici*, London 2011.

Kurt Blome, *Arzt im Kampf. Erlebnisse und Gedanken*, Leipzig 1942.

Karl Brammer, *Das politische Ergebnis des Rathenau-Prozesses*, Berlin 1922.

Arnold Brecht, *Aus nächster Nähe. Lebenserinnerungen 1884–1927*, Stuttgart 1966.

Ludwig Ebermayer, *Fünfzig Jahre Dienst am Recht. Erinnerungen eines Juristen*, Leipzig/Zürich 1930.

Hermann Ehrhardt, *Deutschlands Zukunft. Aufgaben und Ziele*, München 1921.

Der Erzberger-Mord. Dokumente menschlicher und politischer Verkommenheit, Bühl 1921.

Heinz Flügel, Wir träumten vom verborgenen Reich, in: Rudolf Pörtner (Hg.), *Alltag in der Weimarer Republik*, S. 170–183.

Friedrich Freksa (Hg.), *Kapitän Ehrhardt. Abenteuer und Schicksale. Nacherzählt von* ***, Berlin 1924.

Wilhelm Gellert, *Der Zusammenbruch der Demokratie. Zum Tode Rathenaus. Sozialisten und Demokraten im Spiegel ihrer Worte und Taten*, Berlin 1922.

Günther Gründel, *Die Sendung der Jungen Generation. Versuch einer umfassenden revolutionären Sinndeutung der Krise*, München 1932.

Emil Julius Gumbel, *Vom Fememord zur Reichskanzlei*, Heidelberg 1962.

Emil Julius Gumbel, *Verschwörer. Beiträge zur Geschichte und Soziologie der deutschen nationalistischen Geheimbünde seit 1918*, Wien 1924.

Emil Julius Gumbel, *Vier Jahre politischer Mord*, Berlin 1922.
Emil Julius Gumbel, *Zwei Jahre Mord*, Berlin 1921.
Sebastian Haffner, *Geschichte eines Deutschen: Erinnerungen 1914–1933*, Stuttgart 2000.
Friedrich Wilhelm Heinz, *Die Nation greift an. Geschichte und Kritik des soldatischen Nationalismus*, Berlin 1933.
Friedrich Wilhelm Heinz, Politische Attentate in Deutschland, in: Curt Hotzel (Hg.), *Deutscher Aufstand*, S. 190–210.
Friedrich Wilhelm Heinz, *Sprengstoff*, Berlin 1930.
Karl Helfferich, *Deutschland in den Ketten des Ultimatums*, Berlin 1921.
Karl Helfferich, *Fort mit Erzberger!*, Berlin 1919.
Karl Helfferich, *Reichstagsreden 1922–1924*. (Hg. J. W. Reichert), Berlin 1925.
Wilhelm Herzog, *Menschen, denen ich begegnete*, Bern/München 1959.
Paul von Hindenburg, Erklärung des Generalfeldmarschalls von Hindenburg vor dem Parlamentarischen Untersuchungsausschuß (»Dolchstoßlegende«), 18. November 1919, Bayerische Staatsbibl. München 2011, http://1000dok.digitalesammlungen.de/dok_0026_dol.pdf.
Curt Hotzel (Hg.), *Deutscher Aufstand. Die Revolution des Nachkriegs*, Stuttgart 1934.
Ernst Jünger (Hg.), *Der Kampf um das Reich*, Essen 1929.
Alfred Kerr, *Walther Rathenau. Erinnerungen eines Freundes*, Amsterdam 1935.
Harry Graf Kessler, *Das Tagebuch 1880–1937*, 7. Band: 1919–1923 (Hg. Roland S. Kamzelak und Ulrich Ott), Stuttgart 2007.
Harry Graf Kessler, *Walther Rathenau. Sein Leben und sein Werk*, Berlin 1928.
Manfred von Killinger, *Ernstes und Heiteres aus dem Putschleben*, München 1943.
Manfred von Killinger, *Das waren Kerle!*, Berlin 1937.
Manfred von Killinger, *Der Klabautermann. Eine Lebensgeschichte*, München 1936.
Manfred von Killinger, *Kampf um Oberschlesien 1921. Bisher unveröffentlichte Aufzeichnungen des Führers der »Abteilung v. Killinger«, genannt »Sturmkompanie Koppe«*, Leipzig 1934.
Manfred von Killinger, Neun Monate in Untersuchungshaft in Offenburg, in: Hartmut Plaas (Hg.), *Wir klagen an! Nationalisten in den Kerkern der Bourgeoisie*, S. 152–160.
Erich Kuttner, *Warum versagt die Justiz?*, Berlin 1921.
Walther Lambach, *Die Herrschaft der Fünfhundert. Ein Bild des parlamentarischen Lebens im neuen Deutschland*, Hamburg/Berlin 1926.
Walther Lambach, *Diktator Rathenau*, Hamburg/Leipzig 1918.

Paul Löbe, *Der Weg war lang. Lebenserinnerungen*, Berlin 1954.
Georg Maercker, *Vom Kaiserheer zur Reichswehr. Ein Beitrag zur Geschichte der deutschen Revolution*, Leipzig 1921.
Rudolf Mann, *Mit Ehrhardt durch Deutschland. Erinnerungen eines Mitkämpfers von der 2. Marinebrigade*, Berlin 1921.
Ernst Norlind, *Gespräche und Briefe Walther Rathenaus*, Dresden 1925.
Hartmut Plaas, Das Kapp-Unternehmen, in: Ernst Jünger (Hg.), *Der Kampf um das Reich*, S. 164–189.
Hartmut Plaas (Hg.), *Wir klagen an! Nationalisten in den Kerkern der Bourgeoisie*, Berlin 1928.
Hartmut Plaas, Das Kapp-Unternehmen. Aus dem Tagebuch eines Sturmsoldaten, in: Ernst von Salomon (Hg.), *Das Buch vom deutschen Freikorpskämpfer*, S. 344–349.
Rudolf Pörtner (Hg.), *Alltag in der Weimarer Republik. Erinnerungen an eine unruhige Zeit*, Düsseldorf/Wien/New York 1990.
Gustav Radbruch, *Der innere Weg. Aufriß meines Lebens*, Stuttgart 1951.
Walther Rathenau, *Der Kaiser. Eine Betrachtung*, Berlin 1921.
Walther Rathenau, *Gesammelte Reden*, Berlin 1924.
Walther Rathenau, *Politische Briefe*, Dresden 1929.
Walther Rathenau, *Zur Kritik der Zeit*, Berlin 1922.
Alfred Roth, *Rathenau. »Der Kandidat des Auslandes«*, Hamburg 1922.
Joseph Roth, *Werke 1. Das journalistische Werk 1915–1923* (Hg. Klaus Westermann), Köln 1989.
Joseph Roth, *Werke 2. Das journalistische Werk 1924–1928* (Hg. Klaus Westermann), Köln 1990.
Ernst von Salomon (Hg.), *Das Buch vom deutschen Freikorpskämpfer*, Berlin 1938.
Ernst von Salomon, *Der Fragebogen*, Reinbek bei Hamburg 1961.
Ernst von Salomon, Die Geächteten, Reinbek bei Hamburg 1962.
Ernst von Salomon, *Die Kadetten*, Reinbek bei Hamburg 1979.
Philipp Scheidemann, *Der Feind steht rechts! Arbeiter, seid einig! Zwei Reden*, Berlin 1919.
Philipp Scheidemann, *Zwischen den Gefechten*, Berlin 1920.
Ernst Schulin (Hg.), *Rathenau. Hauptwerke und Gespräche*, München/Heidelberg 1977.
Ferdinand Solf, *1934. Deutschlands Auferstehung*, Naumburg a. d. S. 1921.
Staatsarchiv Freiburg (StAF), F 179/4 (Akten zum Mord an Matthias Erzberger).
Brenton Tarrant, *The Great Replacement*, März 2019.

Ernst Werner Techow, *»Gemeiner Mörder – ?!« Das Rathenau-Attentat*, Leipzig 1934.

Hans Gerd Techow, Minister Rathenaus Ende, in: *Der Angriff*, Artikelserie vom 22.10. bis 3.12.1928.

Carl Tillessen, *Erinnerungen* (unveröffentlicht), Krefeld-Verberg 1982.

Verhandlungen des Reichstags. Reichstagsprotokolle 1. Wahlperiode 1920/24,12 und 1920/24,13, Berlin 1905–1934.

Bernhard Weiß, *Polizei und Politik*, Berlin 1928.

Hans Wendt, Journalist im Krisenreichstag. Das parlamentarische System der Weimarer Republik, in: Rudolf Pörtner (Hg.), *Alltag in der Weimarer Republik*, S. 68–96.

Der Wiking (Hg. Fritzotto Heinrich), Juni 1921 bis August 1921, Februar 1922 bis Juni 1922.

Joseph Wirth, *Reden während der Kanzlerschaft*, Berlin 1925.

Joseph Wirth, Walther Rathenau vor seinem Tode, in: *Deutsche Republik*, 41. Heft 13.7.1928, 2. Jahrgang 1927, S. 1305–1308.

Darstellungen

Bernd Braun, *Die Reichskanzler der Weimarer Republik. Von Scheidemann bis Schleicher*, Stuttgart 2013.

Wolfgang Brenner, *Walther Rathenau. Deutscher und Jude*, München/Zürich 2005.

Tilmann Buddensieg, Thomas Hughes, Jürgen Kocka u. a., *Ein Mann vieler Eigenschaften. Walther Rathenau und die Kultur der Moderne*, Berlin 1990.

Alexander Demandt (Hg.), *Das Attentat in der Geschichte*, Köln/Weimar/Wien 1996.

Klaus Epstein, *Matthias Erzberger und das Dilemma der deutschen Demokratie*, Berlin 1962.

Gerald D. Feldman, Der unschlüssige Staatsmann. Rathenaus letzter Tag und die Krise der Weimarer Republik, in: Buddensieg u. a., *Ein Mann vieler Eigenschaften*, S. 84–98.

Hans Fenske, *Konservatismus und Rechtsradikalismus in Bayern nach 1918*, Bad Homburg/Berlin/Zürich 1969.

Rudolf Fischer, *Karl Helfferich*, Berlin 1932.

Franklin L. Ford, *Der politische Mord. Von der Antike bis zur Gegenwart*, Reinbek bei Hamburg 1992.

Gregor Michael Fröhlich, *Soldat ohne Befehl. Ernst von Salomon und der Soldatische Nationalismus*, Paderborn 2018.

Cord Gebhardt, *Der Fall des Erzberger-Mörders Heinrich Tillessen. Ein Beitrag zur Justizgeschichte nach 1945*, Tübingen 1995.

Herbert C. Goldscheider, Heinrich Tillessen und seine Welt, in: *Frankfurter Hefte*, Jg. 2 (1947), S. 349–357.

Rudolf Heydeloff, Staranwalt der Rechtsextremisten. Walter Luetgebrune in der Weimarer Republik, in: *Vierteljahrshefte für Zeitgeschichte*, Jahrgang 32, Heft 4 (1984), S. 373–421.

Ulrike Hörster-Philipps, *Joseph Wirth 1879–1956. Eine politische Biographie*, Paderborn/München/Wien/Zürich 1998.

Gotthard Jasper, Aus den Akten der Prozesse gegen die Erzberger-Mörder, in: *Vierteljahrshefte für Zeitgeschichte*, Jahrgang 10, Heft 4 (1962), S. 430–453.
Gotthard Jasper, *Der Schutz der Republik. Studien zur staatlichen Sicherung der Demokratie in der Weimarer Republik 1922–1930*, Tübingen 1963.
Gotthard Jasper, Justiz und Politik in der Weimarer Republik, in: *Vierteljahrshefte für Zeitgeschichte*, Jahrgang 30, Heft 42 (1982), S. 167–205.
Nigel H. Jones, *Hitler's Heralds. The Story of the Freikorps 1918–1923*, London 1987.
Annika Klein, *Korruption und Korruptionsskandale in der Weimarer Republik*, Göttingen 2014.
Hannsjoachim W. Koch, *Der deutsche Bürgerkrieg. Eine Geschichte der deutschen und österreichischen Freikorps*, Frankfurt/Berlin 1978.
Gabriele Krüger, *Die Brigade Ehrhardt*, Hamburg 1971.
Uwe Lohalm, *Völkischer Radikalismus. Die Geschichte des Deutschvölkischen Schutz- und Trutzbundes 1919–1923*, Hamburg 1970.
Susanne Meinl, *Nationalsozialisten gegen Hitler. Die nationalrevolutionäre Opposition um Friedrich Wilhelm Heinz*, Berlin 2000.
Dieter Neitzert, »Das Amt« zwischen Versailles und Rapallo. Die Rückschau des Staatssekretärs Ernst von Simson, in: *Vierteljahrshefte für Zeitgeschichte*, Jahrgang 60, Heft 3 (2012), S. 443–490.
Martin Sabrow, Märtyrer der Republik. Zu den Hintergründen des Mordanschlags vom 24. Juni 1922, in: Wilderotter (Hg.), *Die Extreme berühren sich*, S. 221–236.
Martin Sabrow, *Mord und Mythos. Das Komplott gegen Walther Rathenau 1922*, in: Demandt (Hg.), *Das Attentat in der Geschichte*, S. 321–344.
Martin Sabrow, *Der Rathenaumord. Rekonstruktion einer Verschwörung gegen die Republik von Weimar*, München 1994.
Martin Sabrow, Walther Rathenau als Zukunftshistoriker, *Freienwalder Hefte* 4, Bad Freienwalde 2000.
Ernst Schulin, Rathenaus treuer Diener. Ein Gespräch mit der Tochter von Hermann Merkel, in: *Mitteilungen der Walther Rathenau Gesellschaft*, 11 (2001), S. 13–17.
Ernst Schulin, *Walther Rathenau. Repräsentant, Kritiker und Opfer seiner Zeit*, Göttingen/Zürich/Frankfurt 1979.
Hagen Schulze, *Freikorps und Republik 1918–1920*, Boppard 1969.
Kurt Sontheimer, *Antidemokratisches Denken in der Weimarer Republik. Die politischen Ideen des deutschen Nationalismus zwischen 1918 und 1933*, München 1965.
Howard N. Stern, The Organisation Consul, in: *The Journal of Modern History*, Bd. 35, 1 (1963), S. 20–32.

Howard N. Stern, *Political Crime and Justice in the Weimar Republic*, Baltimore 1966.
Frederick Taylor, *Inflation. Der Untergang des Geldes in der Weimarer Republik und die Geburt eines deutschen Traumas*, München 2013.
Klaus Theweleit, *Männerphantasien*, München/Zürich 2005.
Shulamit Volkov, Überlegungen zur Ermordung Rathenaus als symbolischer Akt, in: Buddensieg u. a., *Ein Mann vieler Eigenschaften*, S. 84–98.
Shulamit Volkov, *Walther Rathenau. Ein jüdisches Leben in Deutschand 1867–1922*, München 2012.
Hans Wilderotter (Hg.), *Die Extreme berühren sich. Walther Rathenau 1867–1922*, Berlin 1994.
John Williamson, *Karl Helfferich 1872–1924. Economist, Financier, Politician*, Princeton 1971.

Bildnachweise

S. 16: Friedrich Freksa (Hg.), *Kapitän Ehrhardt. Abenteuer und Schicksale. Nacherzählt von* ***, Berlin 1924.
S. 23, 27, 32, 59, 69, 100, 177, 192, 248, 250: Ullstein Bild – Ullstein Bild
S. 43: Manfred von Killinger, *Kampf um Oberschlesien 1921. Bisher unveröffentlichte Aufzeichnungen d. Führers der »Abt. v. Killinger« genannt »Sturmkompagnie Koppe«*, Leipzig 1934.
S. 73: Ullstein Bild – Robert Sennecke
S. 112: Ullstein Bild – Philipp Kester
S. 137: Landesarchiv Baden-Württemberg, Staatsarchiv Freiburg, F 179/4 Nr. 188
S. 184: Ullstein Bild – Dephot
S. 205: Bundesarchiv, Bild 102–10213/Unbekannt
S. 226: Scherl/Süddeutsche Zeitung Photo
S. 240: Generallandesarchiv Karlsruhe, J-Ac E 52
S. 241: Anders Breivik, *A European Declaration of Independence*, London 2011, S. 1510.
S. 242: Bundesarchiv, Bild 119-2815-20/Unbekannt
S. 243 (oben): Ullstein Bild – Sven Simon
S. 243 (Mitte): picture alliance/Reuters | Kacper Pempel
S. 243 (unten): Sean Gallup/Getty Images
S. 244: Ullstein Bild – Süddeutsche Zeitung Photo/Scherl
S. 245: imago images/Kai Horstmann
S. 246: Bundesarchiv, Bild 183-R16976/Unbekannt
S. 247: picture alliance/dpa | Nadine Lindner
S. 249: Sean Gallup/Getty Images
S. 253: Marc Müller – Pool/Getty Images
S. 254: Ansichtskarte, Brück & Sohn Kunstverlag Meißen (1943)
S. 255: Torsten Biel
S. 256: Landesarchiv Baden-Württemberg, Staatsarchiv Freiburg, F 179-4 Nr. 20
S. 257 (oben): Getty/AFP/Mark Mitchell

S. 257 (Mitte): picture alliance/dpa | Christoph Schmidt
S. 257 (unten): picture alliance/dpa/Uli Deck